DESCRIPTION

HISTORIQUE ET CRITIQUE

DE L'ITALIE.

Contraste insuffisant
NF Z 43-120-14

Contraste hétérogène

Conforme à l'original

DESCRIPTION
HISTORIQUE ET CRITIQUE
DE L'ITALIE,
OU

NOUVEAUX MÉMOIRES
sur l'état actuel de son Gouvernement, des Sciences, des Arts, du Commerce, de la Population & de l'Histoire Naturelle.

PAR M. L'ABBÉ RICHARD.

Hæc olim meminisse juvabit,
Per varios casus, per tot discrimina rerum,
Æneid. I.

TOME III.

NOUVELLE ÉDITION.

A PARIS,

Chez DELALAIN, Libraire, près la Comédie Françoise.

M. DCC. LXX.

TABLE

DES TITRES ET PIECES

Contenus dans le troisieme Tome.

Préface pour les Tomes III & IV, pag. j

Chronologie des Peintres en Italie, xxxj

Ecole Romaine, xxxiv

═══ *Florentine,* xliij

═══ *de Lombardie ou de Bologne,* xlix

═══ *de Venise,* lviij

Grand Duché de Toscane, p. 1

1. *Route de Bologne à Florence,* ibid.
2. *Volcan de Pietra Mala,* 3
3. *Origine des Toscans Etrusques,* 9
4. *Epoque de la fondation de Florence,* 14
5. *Généalogie de la Maison de Médi-*

Tome III. a *

cis, 15

Grads-Ducs de Toscane, 18

6. Situation de Florence : son étendue, 20

7. Cathédrale. Tour du Giotto. Baptistere, 23

8. Autres Eglises. Saint Marc, l'Annonciata, Sainte Croix. Statues & Tableaux. Places publiques, 29

9. Saint Laurent. Statues de Michel-Ange. Magnifique Chapelle des Médicis. Bibliotheque de manuscrits, 39

10. Suite des Eglises: statues & tableaux. Enterremens, 48

11. Hôpitaux & Maisons de Charité, 54

12. Palais Pitti des Grands-Ducs, & Jardin Boboli. Tableaux précieux, 57

13. Palais & autres Edifices publics.

TABLE DES TITRES.   iij

Statues. Tableaux,   75
14. *Mosaïque de Florence*,   86
15. *Vieux palais*,   94
16. *Garde-robe des Grands-Ducs*,
                                               98
17. *Places, statues, fontaines, monumens publics*,
                                              102
18. *Dehors de Florence. Maisons royales. Promenades*,
                                              112
19. *Galeries des Grands-Ducs*,   126
20. *Statues & bustes antiques de la Galerie*,
                                              136
Suite des Empereurs & Impératrices,
                                              159
21. *Bustes antiques*,   ibid.
Cabinets de curiosités tenans à la Galerie,
                                              183
22. *Première Chambre des Peintres*,
                                              184
23. *Seconde Chambre des Porcelai-*

a ij

nes, 186

24. Troisieme Chambre des Idoles, 186

25. Quatrieme Chambre des Arts, 197

26. Cinquieme Chambre. Tableaux Flamands, 201

27. Sixieme Chambre des Mathématiques, 205

28. Tribune. Vénus Médicis. Autres statues, 206

29. Tableau de la Tribune, 218

30. Huitieme Chambre de l'Hermaphrodite, 223

31 Suite de la Galerie, 231

Gouvernement politique de Florence & de la Toscane, 235

32. Gouvernement. Tribunaux de Justice. Police, 236

33. Mœurs, 246

34. Sciences, Arts, Commerce, 34

TABLE DES TITRES.

35. *Route de Florence à Pise*, 261

36. *Pise. Université. Edifices*, 264

37. *Ordre de Saint Etienne à Pise*, 268

38. *Eglises. Baptistere. Tour penchante, & Campo Santo de Pise*, 272

39. *Livourne. Port. Commerce. Synagogue*, 286

40. *Route de Florence à Rome. Qualité du pays*, 297

41. *Ville de Sienne. Ses révolutions*, 300

42. *Cathédrale de Sienne. Statues & Tableaux*, 305

43. *Epoque du rétablissement de la Peinture*, 315

44. *Maison de Sainte Catherine de Sienne*, 317

45. *Observations sur la ville de Sienne & ses habitans. Poëtes improvi-*

seurs, 924

46. Suite de la route de Rome. Buonconvento. Montagne & château de Radicofani, 328

47. Etat ecclésiastique. Aquapendente. Bolsence & son lac, 337

48. Montefiascone. Viterbe, 342

49. Ronciglione. Chemin jusqu'à Rome, 350

Fin de la Table du Tome III.

PRÉFACE

POUR LES IIIe ET IVe VOLUMES DES MÉMOIRES D'ITALIE.

CETTE vaste plaine, connue anciennement sous le nom de Gaule Cisalpine, n'a eu celui d'Italie qu'après que les Romains l'eurent soumise à leur domination. C'est un pays riche, fertile, très-peuplé ; mais le spectacle de la nature y est d'une uniformité qui n'a rien de piquant. Par-tout on admire le même genre de beautés & la même parure dans la campagne; on ne s'en lasse point à la vérité, & même en côtoyant les Alpes, on trouve, sur-tout sur le bord des lacs, des situations délicieuses que l'on ne peut quitter qu'à regret.

Mais, quelque beau que soit ce pays, il n'a pas cette variété piquante; ces merveilles de l'art cumulées avec celles de la nature; ces phénomènes multipliés; ces points de vue pittoresques, qui commencent à frapper dès que l'on a pénétré dans les Apennins, & que l'on est entré dans l'ancienne Italie.

Plus on y avance, plus le spectacle devient intéressant; c'est un pays nouveau, un autre peuple, des mœurs différentes. On ne retrouve plus dans la Toscane mo-

PRÉFACE.

derne, ces dévots aruspices Etrusques, attachés uniquement à la science des sacrifices & à l'agriculture, qui dans les douceurs de la paix, dont ils jouirent très-long-temps, virent les beaux arts naître & se former chez eux, dans un goût original & propre à ce pays, qui ne dut rien, ni aux Grecs ni aux Egyptiens; mais qui se conserva où il étoit né, & que l'on distingue encore de tous les autres, dans la suite des collections antiques, comme l'ordre toscan dans l'architecture est distingué des ordres grecs.

A présent c'est un autre peuple sur lequel la superstition regne peu; mais qui a fourni une suite de grands hommes dans tous les genres, qui est célébre encore par l'étendue de ses lumieres, son goût & son attachement pour les sciences & les beaux arts. La ville de Florence les a vu renaître dans son sein sans aucun secours étranger. L'architecture y avoit déja des chefs-d'œuvres, pendant que le reste de l'Italie & Rome même étoit encore asservie au plus mauvais goût gothique. Le Cimabué parut dans le treiziéme siécle, & bientôt il fut suivi de Léonard de Vinci, du Masaccio, de Michel-Ange, de Fra Bartholomeo della Porta, d'André del Sarto, qui étoient à la perfection de l'art avant qu'on ne connût Raphaël & le Titien. Toutes les sciences ont eu dans la Toscane des amateurs éclairés, des auteurs profonds, & des protecteurs puissans qui les ont tirées de l'obscurité. C'est à Florence où se sont allumés ces flambeaux brillans qui ont éclairé les beaux siécles de Léon X & de François premier.

Ce qu'il y a de plus remarquable, c'est que les sciences & les arts s'y soutenoient dans le tumulte

PRÉFACE.

des révolutions, malgré la fureur des factions, & la division continuelle des partis différens qui portoient les derniers coups à la République expirante, qu'ils croyoient soutenir en chassant hors de son sein, en immolant même ses plus illustres citoyens. On auroit dû les ramener à des sentimens plus doux, & les conserver pour défendre cette même patrie, qui s'affoiblissoit par toutes les pertes forcées qu'elle faisoit dans le malheur des divisions.

Des temps plus pacifiques ont succédé à ces jours de désordre & de confusion. La nation a changé de face, & doit être plus heureuse; mais le pays est resté le même, il est riche & florissant, & peut le devenir encore davantage; il n'a rien à envier aux plus belles provinces de l'Europe, parmi lesquelles il est au premier rang.

Mais quels climats au monde sont à comparer au Royaume de Naples, pour la beauté de la situation, la fertilité des terres, l'abondance des productions, les merveilles de la nature, les phénomènes les plus rares & les plus singuliers ? C'est-là proprement que l'on retrouve cette belle Italie, que Virgile loue avec autant de magnificence que de vérité, en la mettant au-dessus des riches contrées de l'Inde & de la Lidie, arrosées par le Tage & l'Hermus; en la préférant à la Perse & à l'Arabie heureuse....

Nec pulcher Ganges, atque auro turbidus Hermus,

Georg.
liv. 2.
Laudibus Italiæ certent....

On n'y voit point, dit-il, ces taureaux qui respirent le feu, production formidable des dents de l'hydre; la terre n'y est point hé-

PRÉFACE.

riffée de lances & d'épées; mais on y remarque par-tout des moiſ-ſons abondantes, des vignes qui produiſent les vins les plus déli-cieux ; les montagnes ſont cou-vertes d'oliviers ; les troupeaux y ſont multipliés ; on y voit le jeune courſier bondir par les cam-pagnes, & n'attendre que l'inſ-tant où un guerrier habile faſſe paroître ſa bravoure, ſa force & ſon agilité......

Sed gravidæ fruges, & Bacchi Maſſi-cus humor
Implevere : tenent oleæque armentaque læta.
Hinc bellator equus, campo ſe ſe ar-duus infert.

C'eſt de là que Rome tire les victimes choiſies, qu'elle immole dans les ſacrifices les plus ſo-lemnels.

Mais ce qu'il y a de plus admirable, c'est que le printemps y regne toujours, & que les agrémens de l'été s'y font sentir, même dans les mois de l'année qui font les plus contraires à ses douceurs & à ses productions:

Hic ver assiduum, atque alienis mensibus æstas ...

Les troupeaux y portent deux fois; on recueille deux fois du fruit sur le même arbre.

A ces richesses naturelles, ajoutez tant de grandes & belles villes, où l'industrie humaine se montre avec plus de magnificence que dans aucune autre contrée de l'univers. Les grands fleuves qui les arrosent, ces lacs dont les bords fertiles & riants portent dans le centre même des terres les avantages de la mer, y établissent une navigation douce

& tranquille, des pêches abondantes & inépuisables, & servent à entretenir ces fleuves qui répandent au loin dans le pays l'abondance & la fraîcheur.

Adde tot egregias urbes, operumque laborem,
Tot congesta manu, præruptis oppida saxis,
Fluminaque antiquos subter labentia muros. . . .

De là si l'on porte ses regards sur les rivages de la mer, qui environnent l'Italie de trois côtés; si l'on examine la magnificence & la sûreté de ses ports, l'étendue du commerce qui s'y fait, la richesse & la population de ses villes maritimes, entourées de territoires abondans en toutes sortes de denrées, & sur-tout en fruits délicieux; où toutes les nations de la terre se plaisent a aborder, parce qu'elles y trouvent des rafraîchissemens admirables, & des soulagemens certains contre les maladies presque toujours attachées aux navigations de long cours ; si l'on a vu les pêches abondantes qui se font dans toutes ces mers, on est persuadé que l'avantage seul de la situation suffit pour enrichir cet excellent pays, déja si riche par lui-même, qu'avant que le commerce y fût établi, ses propres ressources suffirent à ses habitans pour établir l'empire de Rome & de l'Italie sur le reste de l'univers connu.

An mare, quod supra memorem, quoque
  alluit infra ?
Anne lacus tantos ?
An memorem portus ?

Ce pays si fertile & si heureusement situé, renferme encore dans

PRÉFACE.

son sein les veines de ces métaux précieux que l'on va chercher à présent si loin, & qui y étoient autrefois si abondans, qu'ils fournissoient à un luxe immense, & à l'entretien des trésors publics qui étoient en dépôt dans les temples. On a vu les Napolitains, pendant la seconde guerre punique, donner en présent aux Romains des sommes considérables d'or pour subvenir aux frais de la guerre. Il n'y avoit point alors de commerce étranger; cet or se tiroit des mines du pays, probablement de la Campanie. Les anciens habitans de Cumes l'employoient à la décoration de leurs temples, & à l'enrichissement de leurs maisons. Dans les temps les plus reculés, ils avoient une quantité de bijoux d'or à leur usage, & ils en rehauffoient leurs étoffes . . . . .

Hæc eadem argenti rivos, ærifque metalla
Oftendit venis, atque auro plurima fluxit. . . . .

Et que l'on n'imagine pas que le poëte, accoutumé à la fiction, a raffemblé toutes les qualités des pays les plus heureufement fitués, les plus abondans & les plus riches, pour les donner à l'Italie, & la repréfenter en fpectacle fous une couverture magnifique, mais empruntée & formée de mille piéces de rapport. Virgile a été autant hiftorien que poëte ; fon ftyle, quelque élégant, quelque pompeux qu'il foit, n'ajoute rien à la vérité. On retrouve encore dans les contrées qu'il a peintes, la même magnificence de fpectacle, la mê-

PRÉFACE.

me richesse & la même fertilité: tous les grands objets dont il parle subsistent. Le Royaume de Naples où il a passé la plus grande partie de ses jours, sous le climat le plus heureux, dans la température la plus douce, est encore le plus beau pays du monde & le plus riche. C'est dans la vue de ces régions charmantes qu'il puisoit ces idées agréables, ces descriptions riantes, qui, transportées ailleurs, ne peuvent plus servir que de comparaison, dont il est difficile de sentir la réalité; c'est-la, pour tout dire, qu'il composa ses Géorgiques; c'est sur les usages mêmes du pays qu'il fit ses observations excellentes, d'où résulterent ces préceptes si vrais & si utiles qu'il donna sur la culture des terres, l'éducation des troupeaux, & toute l'économie rustique qu'il avoit étudiée avec réflexion, & qu'il connoiſſoit parfaitement.

Quand on a parcouru ces contrées délicieuſes, quand on les a examinées, alors on ne voit plus dans Virgile qu'un géographe exact & circonſtancié, qu'un hiſtorien fidele, qui s'eſt ſervi du langage des Dieux pour donner à la poſtérité la plus reculée une idée juſte du pays qu'il avoit adopté, qu'il regardoit comme une autre patrie, où il paſſa des jours heureux & tranquilles, dans la jouiſſance des plaiſirs innocens qu'il trouvoit dans le commerce des muſes, l'obſervation de la nature & le culte des Dieux. Auſſi dans l'enthouſiaſme de ſa reconnoiſſance & de ſon attachement, il s'écrie.....

Salve magna parens frugum, Saturnia tellus.

Magna virum....

PREFACE. xv

Il joint ici les qualités morales aux physiques ; cette même terre si riche dans ses productions a donné la naissance aux plus grands hommes.

Hæc genus acre virum, Marsos pubemque Sabellum,
Assuetumque malo Ligurem, Volcosque verutos
Extulit: hæc Decios, Marios, magnosque Camillos,
Scipiadas duros bello, & te maxime Cæsar. . . . .
Georg. liv. 2.

Il ne pouvoit rien imaginer de plus grand dans ce genre. Tous ces hommes illustres qui avoient fait la destinée de l'univers, étoient nés dans l'Italie proprement dite. Il voyoit dans leurs grandes actions une preuve de leur descendance des Dieux mêmes, qui passoient pour avoir habité les premiers l'Italie; leurs vertus, leur prudence, leur force, ne lui permettoient de voir en eux que des mortels si heureusement nés, qu'ils pouvoient rapporter leur origine aux Dieux, sans avoir à en rougir . . . . . *Præstantissimos virtute, prudentia, viribus, Jovis filios poëtæ appellarunt* . . . . . Idée excellente qui ne pouvoit que porter les hommes à la vertu.

_{Aulug. l. 25, c. 21.}

Mais tous les Dieux n'avoient pas l'avantage de produire des descendans vertueux & honnêtes; cette prérogative paroissoit spécialement réservée à Jupiter & à sa ligne; car les hommes qu'une intrépidité décidée portoit à affronter les hazards de la mer, qui renonçoient en quelque façon au séjour délicieux de la terre pour vivre sur l'élément perfide & inconstant, passoient pour les fils de Neptune; on les regar-

PRÉFACE.

doit comme des gens féroces, barbares & sans humanité....
Ferociſſimos & immanes, & alienos ab omni humanitate tanquam à mari genitos, Neptuni filios dixerunt, cyclopa, leſtrigonas.... Il est vrai que ceux qui, dans les temps reculés, s'exerçoient à la navigation sur les côtes de Grece & d'Italie, couroient plutôt les mers pour faire le métier de pirates, que pour établir un commerce reglé & quelque correspondance entre la terre-ferme & les isles, l'Italie, la Grece & quelques côtes de l'Asie. Les Romains eux-mêmes firent passer en Italie le luxe & les richesses de l'Asie, plutôt comme dépouilles de pays vaincus & à titre de conquérans, que comme navigateurs ; ils ne songerent pas à établir les arts de la Grece & de l'Italie, dans les vastes Provinces où ils dominoient ; ils n'y porterent jamais

Aulug. l. 25, c. 21.

rien de leurs productions abondantes ; & leur navigation ne s'étendoit qu'autant qu'il étoit nécessaire pour faire passer leurs légions d'une Province à l'autre.

Virgile appelle l'Italie *Saturnia tellus, magna virûm* ; terre de Saturne, patrie des grands hommes. Ce Saturne, sous le nom duquel les anciens mythologistes ont tant débité de fables, qu'ils ont donné pour le pere des plus grands Dieux, étoit un philosophe habile & éclairé, qui avoit beaucoup voyagé ; qui avoit étudié dans les différens pays qu'il avoit parcouru, la maniere la plus utile de cultiver les terres, & d'en tirer plus de produit.

Janus, petit Prince d'Italie, dont on a fait un Demi-Dieu, que l'on a représenté avec deux visages, parce que les réflexions qu'il faisoit sur le passé, dont il avoit une grande connoissance, lui faisoient prendre des précautions si utiles pour l'avenir, qu'il sembloit le prévoir, reçut Saturne dans le cours de ses voyages; profita de ses observations, sur lesquelles il rectifia sa maniere de cultiver; donna de nouvelles lumieres à ses sujets; rendit son petit état plus florissant & plus riche, & ses sujets plus heureux. Voilà la veritable explication des fables qui ont été débitées sur Janus, & la raison pour laquelle on a dit qu'il avoit deux visages, & qu'il voyoit devant & derriere lui.

Tertullien, qui examinoit les choses en philosophe éclairé, convenoit que l'on ne trouvoit nulle part des preuves plus certaines de leur origine, qu'en Italie. Il cherchoit à convaincre les Romains de la fausseté du paganisme, en les amenant à des idées justes & raisonnables sur le prin-

cipe de leur culte, & en leur conservant la noble antiquité, & la prééminence sur les autres peuples, dont ils se glorifioient...
Si quæras rerum argumenta, nusquam invenio fideliora quam apud ipsam Italiam, in quâ Saturnus, Tert. Apo-*post multas expeditiones, postque Attica* log. c. 10. *hospitia concedit.....*

C'est donc très-anciennement que l'Italie a été appellée terre de Saturne. Quelques auteurs même, accoûtumés à regarder Saturne comme le plus ancien de tous les Dieux, en ont parlé sans daigner faire mention de Janus. Festus-Pompeïus dit que le mont Capitolin avoit eu autrefois le nom de Saturnien, comme étant sous la protection particuliere de ce Dieu. Les habitans du bourg situé au bas de cette montagne étoient appellés Saturniens; & on y voyoit un autel consacré à ce Dieu, bien avant la guerre de

(marginal: Liv. 17.)

Troie. Sans rejetter cette prodigieuse antiquité comme fabuleuse, je n'y vois qu'un événement tout ordinaire. Janus céda quelques terres de son petit état à Saturne, qui s'y établit & leur donna son nom.

Les Romains, accoutumés à voir tout dans un ordre extraordinaire, accablés en quelque sorte sous cette multitude de fables, dans la croyance desquelles on les élevoit, & dont ils n'osoient secouer le joug, aveuglés par l'éclat majestueux que leur puissance même avoit communiqué à ces êtres chimériques, il n'oserent plus rien y voir que de surnaturel; les Dieux avoient tout fait, & les hommes ne devoient y avoir contribué pour rien. Comme ils ne peuvent, dit Cicéron, porter leurs regards sur une antiquité si reculée, ils ne sauroient s'imaginer que les premiers auteurs des institutions les

Tusc. v. n. 2. & 3.

plus utiles ayent été des hommes... Quand on a dit qu'Atlas portoit le ciel fur fes épaules; que Prométhée avoit été attaché fur le Caucafe; que Cephée, fa femme, fon gendre & fa fille brilloient au nombre des aftres, quelle raifon auroit pu donner cours à ces opinions, fi la fcience divine de l'aftronomie qui avoit fait admirer ces grands hommes, n'eût fervi de prétexte à ceux qui ont imaginé ces fables?......

Ce paffage lumineux d'un des plus grands philofophes de l'antiquité, nous enfeigne la vraie maniere de donner un fens raifonnable à tous les myfteres de la théologie païenne, & à trouver la raifon même dans fon abfurdité. C'eft au moyen de ce fil que nous marcherons fur les traces de Saturne, de Janus, d'Hercule même; que nous les fuivrons dans leurs courfes en Ita-

PRÉFACE.

lie ; que nous y découvrirons le véritable sens de leurs exploits merveilleux, & que nous retrouverons encore les vestiges des établissemens qu'ils y ont fait : on verra dans la terre de-labour les champs phlégréens, où les géants oserent combattre contre les Dieux, & on reconnoîtra ce qui a donné lieu à la fable. Tant que le paganisme a subsisté, ces idées se sont conservées, & les auteurs les mieux instruits ont débité gravement les fables les plus absurdes ; il a fallu un nouvel ordre de choses, une religion pure & sainte qui éclairât les esprits en les élevant, & qui rendît à la raison qu'elle conduisoit, toute l'autorité que l'erreur lui avoit enlevée.

Quant aux mœurs anciennes de l'Italie, il n'est pas si aisé d'en retrouver les vestiges dans les mœurs actuelles. Les révolutions que les divers gouvernemens ont éprouvé, avant que de le fixer, ont changé totalement la face des choses. Si on peut encore se former à Venise une idée du sénat de Rome, c'est que cette république s'établit lorsque l'empire subsistoit, & que l'on parloit encore à Rome de la forme extérieure du sénat. Dans sa décadence, la Plûpart des villes éloignées & puissantes avoient repris une forme de gouvernement qui tenoit un peu de celui de cette ville, qui avoit donné des loix au reste de l'univers. Tous les autres états sont soumis à des Princes souverains, & dès-lors à la volonté d'un seul. L'espece d'aristocratie qui se conserve dans quelques villes principales, n'en a que le nom sans autorité; il faut en excepter les républiques de Gênes & de Luques, dont les gouvernemens sont assez connus.

La

La puissance temporelle de l'église est une aristocratie d'une forme nouvelle. Toutes ces variations ne permettent plus de reconnoître l'ancien état de l'Italie dans celui qui subsiste aujourd'hui; d'ailleurs la partie la plus fréquentée de l'Italie par les anciens, cette grande Grece qu'occupoit presque tout le royaume de Naples, est aujourd'hui fort ignorée. On ne voyage plus dans la terre d'Otrante & dans celle de Bari; à peine connoît-on les deux Calabres & la Basilicate; c'est cependant là qu'ont abordé les Pithagore & les Platon; c'est par les usages de ces Provinces qu'ils jugeoient du reste de l'Italie. La mollesse voluptueuse qui regnoit dans ces cantons, déplut infiniment au sage Platon, & lui fit dire qu'avec de telles mœurs, il n'étoit pas possible qu'un hom-

me devint jamais prudent & courageux, & qu'y étant habitué de jeunesse, il ne pouvoit jamais assez connoître la tempérance & la continence, pour s'en faire une idée & y aspirer....
In Italiam appuli.... quo cum pervenissem, mihi vita, nullo prorsus modo placuit, quam illic degebant, quia cibo se quotidie bis satiarent, nunquam soli dormirent noctu, & alia instituta sequerentur, quæcumque vitam hujusmodi comitari solent.... Cependant c'étoit alors la région la plus brillante & la mieux cultivée de l'Italie. Mais combien les choses y ont changé!..... Ces mœurs n'ont reparu que dans les temps les plus remarquables de la magnificence Romaine, & sous les premiers Empereurs; elles ont été une des causes les plus sensibles de la décadence de l'Empire Romain, comme elles avoient

[marginal note: Plato, in epist. cité par Athanée, l. 12.]

perdu le pays où elles s'étoient d'abord établies, & l'on peut dire que cette espece d'intempérance qui choqua si fort Platon, n'y regne plus. En général tous les Italiens sont fort sobres.

Mais toutes ces variations n'ont rien diminué des grandes prétentions de cette nation, tant par rapport à sa noblesse originaire, qu'à l'avantage de sa situation. Les régions situées dans une temperature moyenne, dit le sçavant Celius Rhodiginus, où le chaud & le froid ne dominent jamais exclusivement, mais où ils se tiennent respectivement dans une proportion juste entre les extrêmes, produisent les esprits les plus prudens & les plus sages, ceux qui sont les plus capables de gouverner.... Telle a paru être à Vitruve la situation de l'Italie. Les corps & les esprits

Lect. Ant. l. 18, c. 20.

y tiennent de cette température heureuse, qui les fait participer aux avantages des nations septentrionales & méridionales, sans rien avoir de leurs défauts. C'est sous ce point de vue que l'on doit considérer les peuples de l'Italie ; par leur prudence, ils viennent à bout des efforts redoutables du septentrion, & par leurs forces ils triomphent aisément des entreprises du midi... Aussi regarde-t-il l'Italie comme le sol le plus favorable à la noblesse & aux loix.....

<small>Lect. Ant. l. 23, c. 27.</small> *Itali fiunt semper regali nobilitate præfulgidi..... legibus & justitia insignes Itali.....* Avantages qu'il paroît rapporter à l heureuse situation de ce pays, comme à leur premiere cause ; ce qu'il discute sur-tout dans <small>L 18, c. 20.</small> le chapitre qui a pour titre, *Ex diversis cœli habitibus, diversos*

PRÉFACE.

evadere hominum mores.... (que la différence des mœurs vient de la diversité des climats)..... Doctrine qui a été bien solemnisée dans notre siécle.

Quant à moi, content d'examiner ces différens objets sans en juger, j'ai tâché de me mettre au rang de ceux qui, comme le dit Ciceron, venoient aux jeux publics uniquement pour voir ce qui s'y passoit, & faire leurs réflexions sur ce qui se présentoit à leurs yeux. Comme à l'égard de ces jeux, il n'y a rien de si honnête que d'y assister sans aucune vue intéressée ; de même en ce monde la profession la plus noble & la plus honnête, est celle d'une étude qui n'a d'autre but que de parvenir à la connoissance de tou-

Tufcul. v. tes choſes . . . . *In vitâ*
n. 3. *longè omnibus ſtudiis, contempla-*
tionem rerum, cognitionemque præ-
ſtare.

Nota. *L'abondance des matieres des deux premiers tomes a obligé de rapporter au commencement de celui-ci, l'ordre chronologique des Peintres des différentes Écoles de l'Italie, qui auroit dû être placé à la ſuite des Empereurs, comme on l'avoit annoncé dans le diſcours préliminaire.*

CHRONOLOGIE DES PEINTRES EN ITALIE.

ON distingue différentes écoles de peintres en Italie, dont il est important d'avoir une idée, pour les caractériser par le genre de peinture qui y a dominé, & par la suite des peintres célèbres qui en sont sortis, & dont les tableaux sont connus & recherchés par les curieux.

L'école Romaine est regardée comme la premiere, & date son existence du temps de Raphaël qu'elle reconnoît pour son chef. C'est la plus célèbre de toutes, pour la beauté & la correction du dessein, l'élégance des compositions, la vérité de l'expression, & l'intelligence des attitudes. Les habiles maîtres de cette école se sont formés principalement sur l'étude de l'antique. La plupart se sont moins appliqués au coloris, qu'à rendre avec une sorte de solemnité les grandes idées dont ils étoient pénétrés ; en quoi ils ont réussi d'une maniere supérieure : leurs tableaux tiennent le premier rang dans les collections de peintures.

L'école Florentine a eu pour fondateurs Léonard de Vinci, & Michel-Ange Buonarotti. Ces deux grands artistes ont transmis à leurs éleves un goût de dessein fier & décidé, une sublimité d'expression, qui donne quelquefois dans le gigantesque, & souvent semble outrée & hors de nature, & cependant toujours magnifique. André del Sarto, contemporain de ces grands hommes, a été excellent coloriste ; & une grande partie de ses tableaux ont encore un éclat admirable. Fra Bartholomeo della Porta, qui donna des leçons à Raphaël, & qui en étoit digne, a laissé peu de tableaux, mais qui sont excellens dans toutes leurs parties : il a vu l'école de Florence se former. Dans la suite des temps, sans abandonner le grand goût du dessein & de l'expression, le coloris s'est perfectionné dans cette école, qui est moins nombreuse que les autres.

L'école Lombarde a réuni toutes les qualités qui forment la perfection de l'art de peindre. A l'étude de l'antique sur lequel elle s'est formée pour le dessein, ainsi que les écoles Romaine & Florentine, elle a joint les beautés vivantes & sensibles de la nature, la richesse de l'ordonnance, la vérité de l'expression, la pureté & la finesse des contours, un coloris souvent aussi beau & aussi vrai que la nature même, une facilité de pinceau admirable:

enfin elle a rassemblé ce que la science & les graces de la peinture peuvent offrir de plus noble & de plus touchant. Le Corrége est regardé comme le premier peintre de cette école, qui compte parmi ses éleves, le Parmesan, le Schidone, les Carraches, le Guide, le Guerchin, le Dominiquin, l'Albane. Quels noms dans l'histoire de la peinture, & combien ces illustres ont travaillé! On en peut juger par cette quantité immense de tableaux de prix qui sont sortis de leurs mains.

L'école Vénitienne a produit des peintres excellens, dont plusieurs, dans le cours d'une longue vie, semblent en avoir consacré tous les instans à produire un nombre immense de chefs-d'œuvres de l'art. Ils ont imité la nature avec une perfection & une fidélité qui séduit les yeux. Leur coloris est savant & enchanteur; on y remarque la plus grande intelligence du clair obscur, une belle imagination, une ordonnance riche, les touches les plus gracieuses & les plus spirituelles; enfin une maniere qui enchante, sur-tout dans les belles & savantes compositions du Titien & de Paul Véronese. Ces grands artistes ont trop négligé le dessein, qui est essentiel à la peinture. Les Bellins, le Giorgion & le Titien sont regardés comme les fondateurs de cette école. Le Giorgion & le Titien sur-tout, ont porté la maniere vénitienne à une perfection que l'on a eu peine à égaler.

Ces quatre fameuses écoles ont produit cette quantité de peintres célébres, dont les noms & les ouvrages perceront la nuit des siécles, & serviront à former dans la suite des temps, des artistes qui les remplaceront en étudiant leurs ouvrages; lesquels, pour un génie né pour la peinture, sont la leçon la plus frappante, en ce que le modele & le précepte se trouvent réunis.

L'école Françoise, qui s'est formée sur celles d'Italie, a produit des artistes qui les ont imitées dans leurs différentes manieres. Le Poussin sur-tout a travaillé si bien dans le bon goût de l'école Romaine, que les Italiens même se plaisent à placer ses tableaux parmi ceux de leurs meilleurs maîtres. De tous les peintres François, c'est le plus connu à Rome. Rubens & Vandick, tous deux de l'école Flamande, sont regardés en Italie comme deux artistes illustres, dont les tableaux vont de pair avec ce que les plus habiles maîtres des différentes écoles ont produit de plus parfait. Vandick, pour le portrait, dispute le premier rang à tous ceux qui ont travaillé dans le même genre. Rubens, dans les tableaux d'histoire & les allégories, ne le céde à nul autre. Il a de plus un coloris si vrai & si éclatant, ses tableaux se conservent avec tant de fraîcheur, que son mérite semble croître avec les années. Les autres bons peintres de l'école Flamande sont recommandables par le travail achevé de leurs tableaux, l'imitation souvent trop fidele de la nature, une délicatesse d'exécution & de pinceau, une patience & un fini que l'on ne trouve que dans leurs ouvrages.

ÉCOLE ROMAINE.

Raphaël Sanzio, d'Urbin, né en 1483, mort en 1520. Aucun peintre n'a porté plus haut l'art de la peinture, & n'a plus approché de la perfection. Ses grands ouvrages sont à Rome au palais du Vatican. Ses tableaux tiennent le premier rang dans les collections, quoiqu'ils n'ayent ni l'éclat du coloris du Titien, ni la beauté des teintes du Corrége.

Jules Romain (Giulio Pippi) né en 1492, mort en 1546, disciple favori de Raphaël. Le caractere de ce peintre est la force & la hardiesse ; on a quelques morceaux de lui admirablement dessinés ; son coloris étoit foible & obscur : ses grands ouvrages sont à Mantoue & à Rome.

Jean-François Penni, dit il Fattore, né à Florence en 1488, mort en 1528. Il travailla heureusement sur les desseins de Raphaël son maître. Ses principaux ouvrages sont aux galeries du Vatican, & au petit Farnese à Rome. Après la mort de Raphaël, il ne fit plus rien de remarquable, que quelque tableaux de paysage dans lesquels il excelloit.

Polidore, de Caravage dans le Milanois, né en 1495, mort en 1543, portoit le mortier aux disciples de Raphaël, qui travailloient au Vatican, lorsque ce grand homme reconnut les talens de Polidore, & le mit au nombre de ses éleves. Il étoit bon coloriste : ses tableaux sont remarquables par la correction du dessein, la noblesse & la fierté des airs de tête.

Perrin del Vague Bonacorsi, né en Toscane en 1500, mort en 1547. Il a travaillé au Vatican sous les ordres de Raphaël. Il a si bien imité son maître, que plusieurs de ses tableaux passent pour être de Raphaël....

Innocentio da Imola; éleve de Raphaël, a

dessiné dans la premiere maniere de son maître. Son coloris étoit bon, & se conserve encore. Ses tableaux sont précieux.

Giulio Clovio, éleve de Jules Romain, dont il apprit à dessiner. Il s'en tint à la miniature, dans laquelle il excella. On voit de ses ouvrages à Florence, a Rome, & dans quelques cabinets : il est mort en 1578, âgé de quatre-vingts ans....

Frederic Barocci, né à Urbin en 1528, mort en 1612. Ses tableaux sont très-agréables ; il approche de la beauté du coloris du Corrége, & son dessein est plus exact, quoique ses attitudes soient quelquefois outrées. Il a bien entendu les effets de lumiere ; les airs de ses têtes sont riants & gracieux. On verra de ses ouvrages à Milan, à Bologne, à Pesaro, à Lorette & à Rome.

Thadée & Frederic Zuccharo, freres, nés dans le duché Urbin. Le premier, mort en 1566 ; l'autre en 1609. Thadée avoit le génie le plus heureux pour la peinture, & étoit bon coloriste. Frederic, moins habile que son frere, acheva la plupart des ouvrages qu'il avoit entrepris : on en voit à Venise, à la villa Estense, à Tivoli & a Rome.

Antonio Tempesta, né à Florence en 1555, mort en 1630. Il avoit du génie pour les sujets de mouvement, tels que les batailles, les marchés, les chasses. On voit plusieurs de ses tableaux dans les cabinets de Rome : ses tableaux de paysages & d'animaux sont recherchés.

Joseph-César d'Arpin, dit le Cavalier Joseppin, né en 1560, mort en 1640. On voit de lui quelques grands tableaux d'histoire au capitole, remarquables sur-tout par la beauté des chevaux. Il compofoit avec génie : fon coloris eft foible.

Michel-Ange Ameriggi da Cavarragio, né en 1569, mort en 1609. Il a beaucoup travaillé. Son deffein eft fier & précis. Il a rendu les figures de fes tableaux faillantes, & leur a donné du relief par fes ombres fortes & noires, ce qui donne un effet piquant à fes tableaux, & les fait aifément reconnoître. Il imitoit bien la nature, mais fon choix n'étoit pas beau ; la plupart de fes figures ont le tein olivâtre, & l'air de la baffeffe même. Ainfi il réuffiffoit merveilleufement à peindre les foldats, les payfans, les femmes du commun. On voit beaucoup de fes ouvrages à Rome & à Naples. Ses grands tableaux de dévotion peints dans ce goût, font ordinairement défagréables....

Jofeph Ribera, dit l'Efpagnolet, né à Valence en 1589, mort à Naples en 1656, éleve de Michel-Ange de Caravage, mais fupérieur à fon maître. Il a excellé dans les figures qui exigent de la force, de l'expreffion, & un pinceau vigoureux ; tels que les prophétes, les philofophes, les docteurs de l'églife, toutes les figures aufteres & chargées. On voit beaucoup de fes ouvrages à Naples, fur-tout dans l'églife des Chartreux, & dans toutes les belles collections, où ils tiennent un rang diftingué.

Dominique Féti, né à Rome en 1589, mort en 1624, imita l'antique & Jules Romain, ce qui lui donna un caractere de deffein fier & vigoureux. Il avoit l'imagination belle, beaucoup de génie. Ses tableaux, où l'on trouve fouvent des incorrections, font piquants & pleins d'efprit ; ce qui les fait rechercher & les diftingue des autres maîtres. Son ton de couleur est sombre.

Giovanni Lanfranc, né à Parme en 1581, mort à Rome en 1647. Il a excellé sur-tout dans les grandes machines, telles que coupoles & grands plafonds. On verra les peintures qu'il a faites à saint André della Vallé à Rome. On a peu de tableaux de chevalet de ce peintre; ses plus beaux ouvrages sont à Naples.

Pietro Berretini de Cortonne, né en 1596, mort en 1669, a excellé dans la composition, où il a mis beaucoup de noblesse. On verra dans la collection du capitole, son fameux tableau de l'enlevement des Sabines, & un autre de la bataille d'Arbelles, dont l'ordonnance & les grouppes principaux sont les mêmes que dans le tableau de Lebrun. Les plafonds qu'il a peints au palais Barberini à Rome, & à Florence au palais Pitti, sont d'une grande beauté : par-tout on reconnoît le grand peintre & l'homme de génie.

Mario Nuzzi di Fiori, né en 1599, mort en 1673, s'est fait une grande réputation en peignant des fleurs, & y a excellé. Ses tableaux sont très-recherchés : il peignoit quelquefois des bordures dans lesquelles d'autres peintres plaçoient des figures.

Michel-Ange Cerquozzi des Batailles & des Bambochades, né en 1602, mort en 1660, excella à peindre les batailles, les marchés, les foires de village. Son imagination plaisante & gaie se fait remarquer dans ses compositions qui sont estimées. Il étoit si habile dans sa maniere, qu'au récit d'une bataille ou de quelqu'autre événement, il en traçoit l'ordonnance sur la toile même où il devoit la peindre. Son coloris est vigoureux, sa touche légere : ses tableaux sont recherchés.

Claude Gelée le Lorrain, paysagiste, né en 1600, mort à Rome en 1682, est regardé comme le premier peintre de paysages. Ses tableaux sont très-estimés. Personne n'a mieux entendu que lui la perspective aërienne, & n'a mieux rendu les beautés différentes des vues qu'il a toujours peintes d'après la nature la plus piquante. Il peignoit mal les figures ; quand il y en a de bonnes dans ses tableaux, elles sont du Bourguignon son éleve. . . .

Andrea Sacchi, né à Rome en 1599, mort en 1661, peintre digne des plus beaux temps de la peinture. Ses tableaux sont admirablement dessinés ; on y voit les graces, la tendresse & le coloris de son maître l'Albane ; & plus de noblesse, de vérité d'expression & de finesse. Son tableau de saint Romuald passe pour l'un des plus beaux qui soient à Rome. Il y a une mort de sainte Anne *à san Carlo à Catinari* à Rome, qui est aussi un excellent morceau. . . . .

Dominique Passignani, mort environ en 1630, âgé de quatre-vingt ans, a peint avec goût & noblesse. Son coloris approche de celui de l'ancienne école Romaine ; mais la beauté d'expression de ses tableaux les fait rechercher. On voit beaucoup de tableaux de chevalet de ce maître, & quelques grands ouvrages à Florence.

Pietro Testa, né à Luques en 1611, se noya dans le Tibre, en voulant retenir son chapeau que le vent emportoit, en 1648. Il étudia long-temps les antiques de Rome, sur lesquels il se forma une bonne maniere de deſſiner, quoiqu'un peu roide. Son coloris eſt ferme. Il y a beaucoup de ſes tableaux à Rome, & on lui en attribue plus qu'il ne peut en avoir fait.

Salvator Roſa, né en 1614, mort en 1673. Ses tableaux de chevalet ſont répandus dans toute l'Italie, où ils ſont fort eſtimés. Il peignoit avec la plus grande vérité, & rendoit la nature telle qu'elle étoit. On a de lui d'excellens tableaux de batailles, de chaſſes, de payſages & d'animaux, qui étoient ſon vrai genre. Il en a fait quelques autres de caracteres marqués, où il a également bien réuſſi. Son coloris eſt vigoureux; ſon deſſein eſt quelquefois bizarre; mais tous ſes tableaux ont un air original, qui ne permet pas que l'on s'y méprenne. Son frere ou ſon neveu Pietro Roſa, a travaillé dans le même goût, mais d'une maniere bien inférieure. Salvator Roſa a gravé à l'eauforte tous ſes deſſeins, dont on trouve la collection chez ſes héritiers à Rome.

Carlin Dolce, né en 1616, a beaucoup travaillé à Rome. Son coloris eſt frais, & ſa compoſition gracieuſe.

Hiacinthe Brandi, né à Rome en 1623, mort en 1691. Ses tableaux y ſont communs; on les reconnoît à la beauté de l'ordonnance, à la fécondité de l'imagination, & à la facilité du faire. Ils ſont incorrects de deſſein & foibles de couleur. La maniere de Brandi étoit ſi peu décidée, que ſouvent les curieux ſe trompent à ſes tableaux, & les donnent à d'autres maîtres.

Carlo Maratta, né à Rome en 1624, mort en 1713, a deſſiné ſagement, & a plutôt cherché à plaire dans ſes compoſitions, qu'à étonner. Ses airs de tête sont très-agréables, son coloris est brillant, plus dans le goût du Barrocci que d'aucun autre peintre. Il a excellé à représenter les Vierges & les sujets de dévotion. Ses tableaux sont très-finis.

Luca Giordano, né à Naples en 1632, mort en 1705. L'Italie est pleine de tableaux de cet excellent artiste, qui travailloit avec une facilité & une célérité singuliere; mais ils ne sont pas tous de la même force: on en voit quelques-uns de la plus belle expression, & d'un coloris excellent.

Ciro Ferri, né en 1634, mort en 1689. Il se forma sur les ouvrages de Pierre de Cortone. Son coloris est frais & gracieux. Il peignoit avec propreté; mais il manquoit de ce feu d'imagination qui caractérise les grands artistes; ce qui fait que ses originaux ressemblent à d'excellentes copies travaillées avec soin.

Jean-Baptiste Bacici, né à Gênes en 1639, mort en 1709, vint à Rome, où il se fit connoître avantageusement. Il a peint la belle coupole de l'église du Jesus à Rome. On remarque dans ses tableaux un génie heureux, une grande facilité, & une belle couleur : il peignoit bien le portrait.

Mathias Preti, dit le Calabrese, né en 1643, mort en 1699, eut le génie le plus heureux pour l'invention, la beauté & les richesses des ordonnances. Ses tableaux sont d'un grand effet ; on y remarque dans tous quelque chose d'original & de gracieux. Son coloris est vigoureux....

Joseph Passari, né en 1654, mort en 1714,

éleve de Carle Maratte, a travaillé dans sa manière de même que Giuseppe Chiári....

François Solimeni, né à Naples, y est mort en 1747, âgé de quatre-vingt-dix ans. Ce peintre a eu la plus belle imagination & le génie le plus heureux; ses tableaux sont vraiment animés, & en mouvement. Il semble l'emporter dans ce genre sur tous les peintres. Son dessein est fier & beau, son coloris est gris, ses ombres sont bleuâtres ou noires, mais il y a tant d'expression & d'esprit dans ses tableaux, qu'on ne se lasse point de les examiner : il a beaucoup travaillé : c'est à Naples que sont ses plus beaux ouvrages.

Sebastien Concha, peintre Napolitain, mort depuis quelques années. Il semble qu'il ait voulu imiter la maniere de Solimeni ; mais son génie froid ne lui a pas permis de le suivre. Ses tableaux sont bien arrangés. Son coloris est frais & beau, en quoi il l'emporte sur Solimeni. Ce qu'il a fait de plus grand & de mieux entendu, est une belle peinture à fresque dans le fond de la Salle principale du grand hôpital de Sienne.

Paul Panini, vivant à Rome, peintre de vues & de paysages. Il est excellent pour les détails. Ses vues de l'église saint Pierre de Rome sont d'une vérité frappante. Son coloris est bon. Les figures dont il enrichit ses tableaux, sont touchées avec esprit.

Paolo Monaldi, vivant à Rome, peint des bambochades, où il met du feu & de l'expression.

Pompeïc Battoni, reussit bien dans le portrait & dans les tableaux d'histoire. Ses couleurs sont bien fondues, & dans la maniere du Corrége.

Blanchet, peintre François, établi à Rome depuis long-temps. Son déssein est correct & beau. J'ai vu quelques tableaux de lui, composés avec agrément, & bien coloriés : il a fait aussi de beaux portraits.

Meinss, Saxon, s'est formé à Rome d'après l'antique & les tableaux de Raphaël, qu'il a beaucoup étudié, ainsi qu'on peut le voir dans le beau tableau de plafond qu'il a fait à la villa du cardinal Alessandro Albani, & dans le plafond de l'église de saint Eusebe.

ÉCOLE FLORENTINE.

Cimabué, né en 1230, mort en 1300. On le regarde comme le pere de la peinture moderne. Il apprit son art de quelques peintres Grecs, venus à Florence, & peignit dans leur goût, avec plus de génie cependant, & un coloris plus vrai & plus naturel.

Giotto, né en 1276, mort en 1336, disciple du Cimabué, sculpteur & architecte. On voit plusieurs de ses tableaux à Florence, à Pise, à Padoue, & à Rome dans le Vatican. Il contribua beaucoup à la perfection de l'art, en mettant quelque ordonnance dans ses tableaux.

Le Masaccio, né en 1417, mort en 1443. Ce qu'il a fait, & qui subsiste, annonçoit le vrai restaurateur de la peinture, s'il eût vécu plus long-temps.

Luca Signorelli da Cortona, né en 1439, mort en 1521. On voit de ses tableaux à Lorette & à Rome, où l'on remarque un dessein précis, & une belle composition ; mais un coloris très-foible.

 Leonardo da Vinci, né en 1445, mort en 1520, sculpteur & architecte, l'un des génies les plus heureux qui soient nés pour les beaux arts. Il n'a fait presque aucun tableau de chevalet. Son grand tableau de la cène, qui est à Milan, peut faire juger de son mérite. Il étoit l'un des plus grands artistes qui ayent jamais existé. Il a fait construire le canal de l'Adda à Milan, que l'on avoit regardé jusqu'à lui comme impossible. Il se trouva à Milan lorsque le roi Louis XII y fit son entrée solemnelle. Les Milanois lui ayant demandé quelque chose de nouveau qui pût plaire au roi, il imagina de faire un lion plein de ressorts, qui marcha quelques pas dans une salle au-devant du roi : son corps s'ouvrit ensuite, & on vit dans sa poitrine les armes de France. Léonard de Vinci étoit aussi aimable dans la société, qu'il étoit habile. Il mourut en France entre les bras du roi François premier, qui étoit allé le voir.

 Pietro Perugino, né en 1446, mort en 1524, prit des leçons de Léonard de Vinci ; mais resta fort au-dessous de son maître. Sa maniere de dessiner est roide, & tient beaucoup de celle du Cimabué & des peintres Grecs ; mais ses airs de téte sont gracieux & élégans. Il travailloit les mains avec délicatesse ; & son coloris se conserve encore frais & gracieux....

 Bartholomeo della Porta, né en 1465, mort en 1517, très-excellent peintre, ainsi que le prouvent ses tableaux que l'on voit à Florence & à Rome. Il se forma sur les ouvrages de Léonard de Vinci. Il apprit les regles de la persppective de Raphaël, auquel il enseigna l'art de colorier. Son dessein est correct & pur, ses figures gracieuses, son ordonnance sage, & son coloris beau comme la nature même. Plusieurs de ses tableaux ont encore toute leur fraîcheur.

Michel-Ange Buonarotti, né en 1415, mort en 1564, eut du goût pour les arts, dès qu'il put témoigner quelqu'inclination; ce que l'on a attribué en partie au hazard, qui fit qu'il fut mis en nourrice au village de Settignano, dont presque tous les habitans étoient sculpteurs, entr'autres le mari de sa nourrice. A quatorze ans il fut mis entre les mains du Ghirlandaïo, peintre & sculpteur de Florence, & à seize ans ses ouvrages étoient fort au-dessus de ceux de son maître. Il a été très-grand peintre, & tient le premier rang parmi les sculpteurs & les architectes modernes.

Andrea del Sarto, né en 1478, mort en 1530, l'un des meilleurs peintres de l'école Florentine. Sa maniere est large, son pinceau moëlleux & frais, & ses tableaux ont encore un éclat singulier. On peut le regarder comme le plus grand coloriste de l'école de Florence. Il a travaillé quelque temps en France pour François premier. Ce n'est qu'à Florence qu'on peut prendre une idée juste des ouvrages de ce peintre.

Baltazar Peruzzi, de Sienne, né en 1481, mort en 1536. Il étudia les grands maîtres, & sur-tout la nature, dont il se forma de belles idées qu'il rendit avec succès. Il a le premier travaillé avec goût une décoration de théâtre. Les tableaux qui restent de lui, & quelques peintures à fresque, prouvent qu'il entendoit très-bien la perspective. Il a fait peu de tableaux de chevalet ; son coloris étoient foible. On voit à Rome plusieurs palais dont il a donné les desseins. Il a conduit les fortifications de Sienne.

Macherino, de Sienne, dit Dominique Beccafumi, né en 1484, mort en 1549, dessina avec goût & correction. Son plus grand ouvrage est le pavé de l'église de Sienne, qu'il a conduit & exécuté en partie. Je n'ai vu de lui qu'un tableau au palais Borghese à Rome, qui représente saint Sebastien, qui est d'un grand goût de dessein ; le coloris en est foible. Le Beccafumi étoit en même-temps architecte & sculpteur.

Baccio Bandinelli, né à Florence en 1387, mort en 1559, peintre médiocre, mais très-grand sculpteur. On voit d'excellentes statues de sa main à Florence & à Rome. Il se croyoit d'un mérite au moins égal à Michel-Ange, & soutenoit avec peine de ne lui être pas préféré en tout.....

Jacques Pontorme, né à Florence en 1494, mort en 1559. Ce peintre s'annonça avec tant de succès, que Raphaël & Michel-Ange en voyant ses premiers ouvrages, crurent qu'il porteroit la peinture à sa perfection. Alors son pinceau étoit vigoureux, son coloris excellent, son imagination belle & féconde. Il dessinoit dans le goût de Léonard de Vinci, & peignoit comme André del Sarto ; mais ayant changé de maniere pour imiter celle de quelques peintres Allemands, il perdit sa réputation & son goût, auxquels il ne put revenir. C'est ce qui fait la différence que l'on remarque entre ses ouvrages, qui ne paroissent pas être de la même main.

Daniel Ricciarelli de Volterre, né en 1509, mort en 1566, se fit connoître avantageusement à Rome, par la descente de croix qu'il peignit à l'église de la Trinité du mont. Ce tableau, qui passe encore pour l'un des plus beaux de cette ville, est composé avec beaucoup d'esprit. Il est colorié dans le goût de l'école Romaine, & sur-tout très-bien dessiné. Il avoit modelé & jetté en bronze le cheval de la place royale de Paris, qui étoit destiné à une statue équestre que Catherine de Médicis vouloit ériger à Henri II.

Maître Roux, né en 1496, mort en 1541, s'est formé à l'école de Florence; il a presque toujours travaillé en France, & sur-tout à Fontainebleau. Ses tableaux sont peu connus en Italie.

Le Bronzino, mort à Florence en 1570, a travaillé si bien dans le goût du Pontorme son maître, qu'il est difficile de distinguer leurs ouvrages. On voit beaucoup de ses tableaux à Florence, à Pise, que l'on peut prendre pour être du bon temps du Pontorme. Le Bronzin peignoit bien le portrait.

Alexandre Allori, neveu du Bronzin, & son éleve, saisit sa maniere qu'il embellit. Son dessein est de la pureté de l'antique, son pinceau moëlleux, & ses idées très gracieuses. Il y a beaucoup de ses tableaux à Rome & à Florence, que l'on reconnoît à la beauté du dessein. Il est mort en 1607.

François Rossi, dit le Salviati, né en 1510, mort en 1563, très-bon peintre dont on voit beaucoup de tableaux. Son deſſein étoit franc & libre, ſon coloris frais & gracieux. Il diſtribuoit parfaitement la lumiere dans ſes tableaux, qui ſont très-reconnoiſſables à ces qualités, & ſur-tout aux attitudes ſingulieres qu'il a données, même aux figures qu'il a employées dans ſes tableaux de dévotion. On voit de ſes ouvrages à Florence, à Bologne, & à Rome.

Pirro Ligorio, peintre médiocre, mais excellent architecte, mort en 1573.

Georges Vaſari, né en 1511, mort en 1574, fut éleve de Michel-Ange & d'André del Sarto. Son deſſein eſt aſſez bon, ſans avoir rien de la fierté & de la nobleſſe de celui de Michel-Ange. Son coloris eſt foible, & cependant aiſé à reconnoître. Ses compoſitions ſouvent ſont embrouillées. On voit quelques tableaux heureux de lui à Florence, où il a beaucoup travaillé, ainſi qu'à Rome. Il eſt fort connu par les vies des peintres qu'il a écrites.

Ludovico Cigoli, né en 1559, mort en 1673, deſſinoit bien, peignoit d'une maniere ferme & vigoureuſe, & compoſoit avec genie. Il a imité heureuſement la maniere de colorier des plus grands maîtres, & l'a emporté en concurrence ſur le Barrocci & Michel-Ange de Caravage. On a quelques tableaux de lui, dignes du Corrége. Il étoit bon architecte, & a travaillé pour les Médicis à Rome & à Florence.

Franceſco Vanni, né en 1563, mort en 1615, deſſinoit bien. Ses tableaux, d'un coloris gracieux, ſont dans le goût du Corrége & du Barroche : il n'a peint que des ſujets de dévotion.

Jean Manozzi, Giovani di ſan Giovani, né
en

en 1590, mort en 1636, l'un des meilleurs peintres de l'école Florentine, qui entendoit très-bien la perspective & l'architecture. On voit de ses ouvrages au palais Pitti à Florence; quelques excellens tableaux à Rome, qui sont encore très-bien conservés, sur-tout celui qui est à santa Maria del Popolo.

Mathieu Rosselli, né en 1578, mort en 1660. Son dessein est pur, son coloris est frais, & ses tableaux sont travaillés avec soin. Ses compositions sont trop symmétrisées; il avoit l'imagination froide. Il a peu fait de tableaux de chevalet; mais on voit beaucoup de grandes fresques de lui à Florence.

ÉCOLE DE LOMBARDIE
OU DE BOLOGNE.

François Francia, né en 1450, mort en 1518, est regardé comme le restaurateur de la peinture à Bologne. Il avoit une grande réputation. Raphaël lui adressa son tableau de sainte Cecile, pour l'examiner & le corriger. On dit que le Francia mourut de chagrin de voir un ouvrage si parfait, sorti des mains d'un jeune homme qu'il regardoit comme son inférieur. Les tableaux qui restent de lui, sont d'un dessein sage, & d'un ton de couleur assez bon pour son temps. On en voit à Bologne & à Florence, & dans quelques cabinets de curieux, même en France.

André Mantegna, né en 1451, mort en

1517. Ses premiers ouvrages sont à Padoue. Sa manière étoit au-dessus de celle du Francia; son coloris bon, & qui conserve encore de l'éclat. Ses tableaux, comme ceux de tous les anciens artistes, ne sont plus dans le commerce, & servent seulement à faire juger des progrès de l'art, depuis sa naissance jusqu'à sa perfection.

Francesco Primaticio Bolognese, né en 1490, mort en 1570. Il se perfectionna dans l'art du dessein, par les leçons d'Innocentio da Imola. Il travailla ensuite au palais du T à Mantoue, sous les yeux de Jules Romain, & vint en France, où il peignit pour François premier & Henri II, qui l'honorerent constamment de leur bienveillance. Il amena avec lui Nicolo dell'Abbate, qui le seconda heureusement. On voit de belles fresques de lui à Bologne au palais de l'Institut. Il dessinoit dans le goût de Jules Romain. Son coloris est encore frais & gracieux, & ses tableaux de chevalet sont fort recherchés.

Antoine Allegri, dit le Corrége, né en 1494, mort en 1534, ne doit ses succès éclatans qu'aux heureuses dispositions avec lesquelles il étoit né. Il ne connoissoit pas l'antique; il n'avoit vu ni le Titien, ni Raphaël, ni André del Sarto. La nature & son génie le firent peintre. Il étoit à la perfection de son art sans s'en douter; & il ne connut l'excellence de ses talens, qu'en voyant par hazard un tableau de Raphaël que l'on vantoit beaucoup. On n'a pas encore pu imiter le coloris enchanteur du Corrége, & son pinceau tendre & moëlleux. Ses ouvrages qu'il donnoit à très-bon marché, sont hors de prix & très-rares. Plusieurs que l'on dit être de lui, parce qu'ils approchent de sa maniere, font d'habiles maîtres qui ont tâché de l'imiter.

François Maſſuoli, dit le Parmeſan, né en 1504, mort en 1540. Sa maniere eſt gracieuſe; ſon coloris eſt frais & naturel; ſon faire eſt aiſé, ſon deſſein eſt correct; ſes draperies ſont heureuſement jettées. Il a manqué d'expreſſion dans les grandes compoſitions; il a mieux réuſſi dans les petits tableaux de chevalet, qui ſont rares & d'un prix exceſſif.

Pelegrino Tibaldi, de Bologne, né en 1522, mort en 1592, bon peintre & architecte. Ses premiers tableaux, que l'on voit à Bologne dans les égliſes, ſont de belle couleur, bien compoſés, & corrects de deſſein; & malgré cela, il pouvoit à peine gagner de quoi vivre: mais le pape Grégoire XIII, & Philippe II roi d'Eſpagne, l'ayant ſucceſſivement employé, il ſe trouva dans un état d'opulence, qui ne lui laiſſa plus rien à déſirer des faveurs de la fortune.

Luca Cambiagi, né à Gênes en 1527, mort en 1583, eut toutes les diſpoſitions qui peuvent faire un grand peintre, & travailloit avec la plus grande facilité. Il a trois manieres; l'une grande & gigantesque; l'autre vraie & naturelle; la troiſiéme maniere eſt peu ſoignée. On trouve par-tout de ſes tableaux, & ſur-tout des racourcis. Comme il peignoit très-vîte, & des deux mains en même temps, il y a des incorrections de deſſein & de pinceau dans ſes ouvrages qui les font reconnoître. L'expreſſion en eſt d'ordinaire aſſez forte.

Les Carraches. Louis, né à Bologne en

1555, y mourut en 1618. Il fut maître d'Annibal & d'Auguftin fes coufins.... Auguftin Carrache, né à Bologne en 1558, mourut à Parme en 1603...... Annibal fon frere, né en 1560, mourut à Rome en 1609. Leurs grands talens & leurs propres ouvrages les ont rendus célébres. Il eft étonnant combien ils ont travaillé..... Louis, à force d'étudier les ouvrages des grands maîtres, fe fit la maniere la plus grande & la plus noble. Il y a des tableaux de fa compofition, qui pour la correction du deffein, la beauté du coloris, & la vérité de l'expreffion, vont de pair avec les tableaux des plus grands maîtres. Louis eft un peintre favant & gracieux.

Auguftin Carrache, moins connu que Louis & Annibal, avoit du génie & du mérite. Son deffein étoit pur, il colorioit bien; quelquefois il a manqué de force dans l'expreffion. Il a beaucoup travaillé à Parme.

Annibal, que l'on peut regarder comme fupérieur à fon frere & à fon coufin, avoit le ftyle noble & fublime, le deffein précis & fier, le coloris fouvent admirable. Il a fait prefque feul la galerie Farnefe, ce chef-d'œuvre de peinture qui fubfifte encore en fon entier.

Louis Carrache établit à Bologne une académie de peinture & de deffein, dans laquelle il fut fecondé par Auguftin & Annibal. C'eft à cette académie que fe font formés le Schidoné, l'Albane, le Guide, le Guerchin, & tant d'autres illuftres artiftes......

On doit regarder les Carraches comme les plus favans peintres de l'école de Bologne.

Antoine, fils naturel d'Auguftin Carrache

eut pour maître son oncle Annibal. On voit de lui quelques tableaux excellens à Rome, où il mourut fort jeune.

Barthelemi Schidoné, né à Modene en 1560, mort en 1616. Ses tableaux sont rares, & d'autant plus précieux, qu'aucun peintre n'a plus approché que lui de la maniere de peindre du Corrége. On voit quelques-uns de ses tableaux chez le Roi de Naples & à Rome au palais Altieri.

Denis Calvart, né à Anvers en 1552, mort à Bologne en 1619. On voit de lui plusieurs beaux tableaux à Bologne, entr'autres un du paradis. Il se forma à l'école des Carraches, & prit un soin particulier du Guide & de l'Albane, qu'il aida dans leurs premieres études.

Guido Rheni, le Guide, né à Bologne en 1575, mort en 1642. Nommer ce peintre, c'est faire son éloge. Il a réussi dans tous les genres de la peinture. On distingue trois manieres différentes dans cet artiste. La premiere, dont les ombres sont fortement touchées, & qui a plus de force que d'agrément. La seconde, qui est l'imitation même de la belle nature. La troisiéme, qui est plus tendre, & en même temps plus foible : toutes ont des beautés, mais la seconde est excellente. Le tableau de saint Pierre & de saint Paul, qui est au palais Zampierri à Bologne, est justement regardé comme l'un des plus excellens tableaux qui existent, & qui réunit toutes les qualités de la peinture dans un degré éminent. Le Guide avoit le faire très-facile. Il a peint une quantité prodigieuse de tableaux; cependant on en vend beaucoup sous son nom, qui font ou de ſes éleves, ou de ſes imitateurs.

Jean-André Donducci, dit le Maſtelletta, né à Bologne en 1577, éleve des Carraches, s'eſt fait une maniere particuliere & très-piquante. Ses ombres ſont fortes & environnent toutes ſes figures, qui paroiſſent de relief au moyen des clairs piquans qu'il y a répandus. On voit beaucoup de ſes ouvrages à Bologne.

Franceſco Albani, l'Albane, né en 1578, mort en 1660, l'un des peintres les plus gracieux de l'école de Lombardie. Il s'eſt borné aux ſujets d'agrément, où il a excellé. Il n'a preſque fait que des tableaux de chevalet; il a ſouvent répété les mêmes ſujets, que l'on trouve dans différentes collections: tels que les ſaiſons, les élémens, des jeux d'enfans & autres de cette eſpece, qu'il plaçoit dans des payſages ouverts, qu'il peignoit avec la plus grande vérité. Son coloris eſt gracieux; il aimoit à finir ſes tableaux, ce qui rend ſa maniere très-reconnoiſſable. Quiconque aura examiné pluſieurs de ſes tableaux, ſe laiſſera difficilement tromper ſur les originaux ſortis de ſa main. On voie de lui quelques grands tableaux d'autel à Bologne, qui ſont eſtimables, quoique la plupart manquent d'expreſſion & de force, parce qu'il y a voulu mettre les graces que l'on admire dans ſes petits tableaux de chevalet......

Dominico Zampierri, le Dominiquin, né en 1581, mort en 1641, l'un des plus grands peintres de l'école de Lombardie. Il a parfaitement entendu la belle ordonnance des tableaux; ſes airs de tête ont de la nobleſſe &

de la variété, souvent une grande vérité d'expression. Le martyre de sainte Agnès à Bologne. La communion de saint Jérôme au Vatican. Le tableau de plafond de santa Maria in transtevere. Les peintures de la chapelle de saint Janvier à Naples. Celles de l'Abbaye de Grotta Ferrata le mettent au rang des plus grands artistes. Son coloris ne répond pas toujours à la pureté de son dessein, & à la grandeur de ses compositions. Ses tableaux de chevalet sont rares & très-précieux.

Francesco Barbieri da Cento, le Guerchin, né en 1590, mort en 1666. On peut dire que toute l'Italie est pleine de ses tableaux; il y en a beaucoup dans les cabinets de France, d'Angleterre & d'Allemagne. Son dessein est fier, son expression est noble, son coloris n'est pas égal. Sa premiere maniere est grise & foible; la seconde est plus dure, ses tableaux sont piqués d'ombres fortes; la troisiéme est la plus belle, & tient quelquefois du goût du Corrége & du Titien. L'Abraham du palais Zampierri, une sainte Catherine à saint Pierre *in vincoli* à Rome, sont dans cette maniere. La maniere forte a ses partisans, elle est frappante. Son grand tableau de la circoncision à Bologne est dans ce goût. Ses tableaux sont très-communs, au moins ceux que l'on présente sous son nom, & qui peuvent être ou de ses éleves, ou sortir de l'académie qu'il avoit établie dans sa maison à Bologne.

Benvenuto de Ferrare, né en 1615, mort en 1695, dit le Garofolo, parce qu'il peignoit un œillet dans presque tous ses tableaux, a excellé sur-tout à copier les ouvrages de Raphaël dans le goût de ce maître, & avec son même ton de couleur. On a aussi quelques tableaux de son invention qui ont du mérite. Il étoit bon coloriste, & s'étoit formé une belle manière de dessiner d'après les ouvrages des grands Maîtres.

Benedetto Castiglione, Génois, né en 1616, mort en 1670, a traité tous les genres de peinture avec succès. Il a excellé sur-tout dans les pastorales, & le paysage peuplé d'animaux. La pureté de son dessein, la fraîcheur de son coloris, la délicatesse de sa touche, & la grande intelligence du clair obscur, ont rendu ses tableaux précieux, & d'un très-grand prix. Son genre est très-connu, & à lui seul.

Jean & Jean-Baptiste Carloné, freres, Génois, ont vécu dans le dix-septiéme siécle. Leurs tableaux sont communs à Gènes & à Milan; ils n'ont point de maniere qui leur soit propre. Ils ont imité les peintres de l'école de Bologne, à laquelle ils s'étoient formés. On trouve assez communément de leurs tableaux à Gènes, à Milan: on les reconnoît à l'indécision de la maniere.

Luciano Borzone, né à Gènes en 1590, mort en 1645, a réussi également bien dans ses tableaux d'histoire & de portraits. Son dessein est précis, son coloris est frais & moëlleux, & tient de celui du Barroche. Il a traité ses sujets avec autant de vérité que d'intelligence. Il a eu trois fils qui se sont distingués dans son art. On trouve beaucoup de leurs tableaux dans les églises & les cabinets de Gènes. François Borzone a excellé dans les paysages & les marines.

Camille & Jules César Procaccini, freres, nés à Bologne, & morts tous deux à Milan en 1626, élevés à l'école des Carraches. Leur maniere tient beaucoup de celle de Louis & d'Annibal; leur ton de couleur est à peu près le même. On voit plusieurs de leurs tableaux à Bologne, à Milan, à Gênes, à Vénise. Jules César a peint dans l'église de l'Annonziata de Gênes, un très-grand tableau de la cène. C'est une grande machine d'une très-belle ordonnance, d'un coloris vigoureux, digne même des Carraches. Jules César est supérieur à bien des égards à Camille. Ils ont eu des descendans de leurs noms qui ont été peintres, mais dans un rang fort inférieur . . . . . .

Carlo Cignani, né à Bologne en 1628, mort en 1719, très-bon peintre de cette école. Son dessin, sa composition, son coloris sont excellens. Il peignoit avec une grande facilité. Si on trouve dans la plupart de ses grands tableaux moins d'expression que dans ceux de ses maîtres, c'est qu'ils sont trop finis. Il a peint les Vierges & les enfans sur-tout, de la maniere la plus vraie & la plus aimable. On voit quantité de ses tableaux à Bologne & à Rome.

Thiarini, dit l'Expressif, mort dans ce siécle, a fait d'excellens tableaux que l'on voit à Bologne. Il a rendu heureusement les différentes passions. Sa maniere étoit grande, quelquefois indécise; son coloris ferme & vigoureux, sans cependant être chargé d'ombres trop noires . . . .

Elisabeth Cirani mérite d'être comptée parmi les artistes qui ont fait honneur à l'école de Bologne. On voit qu'elle avoit étudié avec fruit les ouvrages des grands maîtres, si communs dans sa patrie. Elle avoit de belles idées que souvent elle rendoit heureusement. Sa maniere n'est ni ferme, ni décidée. Son coloris est frais & gracieux. Elle choisissoit de préférence les sujets terribles, & on voit qu'elle manquoit de force pour les bien rendre : elle a mieux réussi dans les sujets simples ou tendres.

Louis Quaïni, éleve du Cignani, mort à Bologne en 1717, entendit sur-tout le paysage, les ornemens, & la perspective aërienne. Il a travaillé avec Franceschini, qui faisoit les figures de ses tableaux. Leurs pinceaux se ressembloient si parfaitement, que leurs ouvrages paroissent être de la même main.

Marc-Antoine Franceschini, mort à Bologne en 1729, a travaillé dans le goût du Cignani son maître, avec beaucoup de succès. Son coloris est tout-à-fait gracieux, son dessein est assez précis, sa manière a plus de simplicité que de noblesse. Plusieurs de ses tableaux sont d'une belle expression. On trouve beaucoup de ses tableaux à Bologne, à Florence, à Rome : ils sont même recherchés......

ÉCOLE DE VENISE.

GEntil & Jean Bellin, freres, morts à Venise, le premier en 1501, l'autre en 1512, & fort âgés, sont regardés comme les peres de l'école Vénitienne. On voit encore de leurs tableaux à Venise, qui sont d'une belle couleur

& d'un deſſein aſſez vrai. Ils n'entendoient pas alors la beauté de l'ordonnance, & l'art de placer leurs figures, qui ſont ordinairement ſur un même plan. Jean Bellin fut le maître du Giorgion & du Titien.

Le Giorgione da Caſtel Franco, né en 1477, mort en 1511, porta tout d'un coup la peinture à ſa perfection. Il entendoit parfaitement la magie du clair obſcur, & l'art de mettre le plus bel arrangement dans ſes tableaux. Son goût de deſſein eſt vrai & gracieux, ſon coloris eſt excellent. Cet artiſte admirable, dans une très-courte vie, a mérité d'être mis au premier rang parmi les peintres, dont très-peu ont attrapé cette force d'expreſſion & cette noble fierté qui caractériſent ſes tableaux, & ſur-tout les portraits qui ſont de ſa main.

Titiano Vecelli da Cadore, le Titien, né en 1477, mort en 1576. Des ouvrages du Titien répandus & eſtimés par-tout, ont fait connoître ce maître qui a couru la carriere la plus longue & la plus heureuſe. La mort prématurée du Giorgion lui laiſſa le premier rang dans l'école Vénitienne, que perſonne ne lui diſputa plus. On peut dire que la nature même forma le Titien, & que perſonne ne l'a plus heureuſement imitée que lui. Il ne connoiſſoit pas l'antique, & ſouvent ſon deſſein manque d'exactitude. Mais quel coloris & quelle expreſſion, ſur-tout dans les ſujets gracieux! C'eſt moins à Veniſe, où ſes ouvrages ne ſont pas bien conſervés, qu'à Rome, à Florence & en France, où l'on apprendra à connoître la beauté du coloris du Titien

Sebaſtien del Piombo, né en 1485, mort en

1547. Il avoit étudié si heureusement la manière du Giorgion, qu'il disputa quelque temps à Raphaël même le sceptre de la peinture, quoiqu'il n'eût ni le goût, ni le génie de son illustre rival; ce qui prouve cependant le point de perfection où il étoit arrivé. Il étoit alors à Rome, où il avoit été appellé. Il a fait beaucoup de portraits excellens, & qui passent pour être du Giorgion. On a peu de tableaux de ce maître. Il étoit si difficile sur ses propres ouvrages, qu'il ne laissoit paroître que ceux qu'il croyoit au-dessus de tous reproches.

Gio Antonio Regillo, dit le Pordenone, né en 1484, mort en 1540. Il balança la réputation du Titien, qui craignit toujours d'être supplanté par un rival si habile. Outre la beauté du coloris, qui le met souvent de pair avec le Titien, il avoit une facilité de dessein & un goût d'invention qui lui ont mérité la réputation dont il a joui. On voit de ses tableaux à Venise & à Vicence: il y en a peu dans le commerce.

Giacomo Palma le vieux, né en 1508, mort en 1588, éleve du Titien. Il a imité la nature, & l'a représentée dans toute sa beauté avec une patience & un travail achevé, sans cependant qu'on puisse lui reprocher d'avoir affoibli ses idées par un trop grand fini. Son génie tranquille & froid ne lui permettoit point les écarts que l'on remarque dans le Tintoret & dans Paul Véronese; mais ce qu'il représente est si bien peint, si frais, que l'on croit qu'il n'a jamais vu la nature que sous l'aspect le plus favorable. Il y a beaucoup de tableaux de ce maître.

Giacomo Ponte da Bassano, Jacques Bassan, né en 1510, mort en 1592, & ses fils, François, Léandre, Jean-Baptiste & Jérôme.

Jacques travailla beaucoup, & fit un grand commerce de ses tableaux, qui sont répandus dans toute l'Europe. Il a peu traité de grands sujets; il aimoit mieux représenter les choses communes, où il excelloit; telles que les foires, les assemblées du village, les boutiques d'artisan. J'ai vu de lui un excellent tableau, où au lieu de représenter Vénus, Vulcain & l'Amour dans les forges de Lemnos, il les a placés dans la boutique d'un chaudronnier. Les details de ses compositions sont heureux, & rendus avec esprit. Son style est vrai, ses couleurs sont bonnes. Ses tableaux sont remarquables, en ce que sur le devant il y a toujours une figure ou courbée ou à genoux, vue par les dos: ce que l'on trouve aussi dans la plûpart des tableaux de ses fils. Jacques excella dans le paysage. François surpassa son pere & ses freres dans son art. Quoique sa maniere tienne de celle de Jacques, elle est beaucoup plus noble, & il a traité de grands sujets avec succès. Il étoit mélancolique; il devint maniaque, au point que se croyant poursuivi par des sergens, il se jetta de sa fenêtre dans la rue, & se tua en 1594, âgé de quarante-quatre ans.

Léandre, dit le Chevalier Bassan, a eu quelques succès dans le portrait. Il vécut noblement, & ne travailla point comme son pere & ses freres pour vendre ses tableaux. Il s'imagina sur la fin de ses jours que l'on vouloit l'empoisonner, & il mourut en 1623, tourmenté de défiances & d'inquiétudes continuelles. Ses freres eurent d'autres fantaisies aussi tristes; ce qu'ils tenoient, dit-on, de leur mere qui avoit eu quelque penchant à la folie.

Paris Bordon, élevé par le Giorgion & le Titien, a fleuri dans le seiziéme siécle. Il a imité la maniere de ses maîtres, & a excellé sur-tout dans le portrait. Il y a peu de ses grands tableaux qui soient bien conservés.

Giacomo Robusti, dit le Tintoret, né en 1512, mort en 1594. Il y a tant de tableaux de ce peintre à Venise, que l'on a peine à se persuader qu'un seul homme ait pu suffire à imaginer tant de compositions différentes, bien moins à les exécuter. Son imagination vive à l'excès, se remarque par le prodigieux mouvement qu'il a mis dans ses tableaux, qui n'ont pas toujours la beauté du coloris de l'école Vénitienne; mais on y voit une grande intelligence de clair obscur. Les esquisses ou desseins coloriés de ses tableaux, qui sont dans les cabinets des curieux, sont souvent au-dessus de ses tableaux, pour la beauté de l'exécution & le fini de l'ouvrage. Le Tintoret travailloit avec tant de rapidité, qu'on lui a vu commencer & finir de grands tableaux en aussi peu de temps qu'il en falloit à ses rivaux pour en tracer le dessein....

Dominique, fils de Jacques Tintoret, exerça l'art de son pere, & travailla dans sa maniere; mais il lui est bien inférieur. Il a réussi dans le portrait, ainsi que Marie sa sœur, qui avoit hérité du génie & de la facilité de son pere; elle mourut fort jeune.

Joseph Porta, dit le Salviati, du nom de son maître, mort en 1585, a été l'un des meilleurs dessinateurs de l'école Vènitienne. Il imita le goût de Raphaël, & sur-tout celui de Michel-

Ange, duquel il avoit pris ces traits marqués de force que l'on trouve dans ses figures. Il inventoit heureusement, & son pinceau étoit frais & gracieux.

Andrea Schiavone, né en 1522, mort en 1582, est excellent coloriste. Sa touche est facile, spirituelle & gracieuse; mais son dessein est incorrect, parce que travaillant pour gagner, il négligea le dessein, qui demande beaucoup d'étude. Ses têtes de femmes & de vieillards sont touchées d'un très-bon goût, & fort recherchées.

Giacomo Mutiano, né en 1528, mort en 1590. Il a eu tous les avantages des bons peintres de l'école Vénitienne, & y a joint la beauté du paysage qu'il avoit étudié d'après les Flamands. Il a bien réussi dans le portrait.

Paolo Calliari Véronese, Paul Véronese, né en 1532, mort en 1588. Les tableaux de ce maître feront toujours les délices des amateurs, pour la richesse de l'ordonnance, la beauté des caracteres, le bon goût des draperies, la fraîcheur du coloris, l'élégance & l'agrément qui regnent dans ses compositions. Il excelloit surtout dans les grandes machines. Presque toutes les figures principales de ses tableaux sont des portraits, ce qui leur donne un air vivant que l'on ne trouve pas dans les autres peintres. La nature s'embellissoit sous son pinceau, & devenoit plus aimable. La ville de Venise est remplie d'une multitude de ses ouvrages, que l'on ne se lasse point d'admirer. On en trouve à Padoue, à Vicence, à Vérone, à Bresse, qui sont encore de la plus grande fraîcheur. Il y en a dans toutes les collections; & par-tout on reconnoît le peintre le plus aimable & le plus gracieux de l'école Vénitienne.

Benoît son frere, Charles & Gabriel ses fils, essayerent inutilement de s'élever au rang de Paul. On ne voit dans leurs tableaux qu'une servile imitation, & aucun génie.

Giacomo Palma le jeune, né en 1544, mort en 1628, neveu du vieux Palme. Il y a plus de chaleur & de génie dans sa maniere que dans celle de son oncle; mais comme il a beaucoup travaillé pour gagner, ses tableaux sont rarement bien finis; plusieurs même sont négligés; on les reconnoîtra à la beauté & à la fraîcheur du coloris. On en trouve à acheter que l'on donne pour être du vieux Palme, dont les ouvrages sont d'un fini bien plus précieux.

Louis Léon le Padouan à excellé dans le portrait. On en voit plusieurs dans les cabinets à Venise & à Rome, dans le goût du Giorgion & du Titien, sur lesquels il s'étoit formé. Sa maniere est noble, & son coloris est très-beau. Il a eu un fils mort à Rome qui a travaillé dans son goût, & avec lequel on le confond. L'un & l'autre ont gravé avec succès des coins de médailles fort recherchés.

Alessandro Véronese, dit le Turchi & l'Orbetto, mort en 1670. Il a bien dessiné, & son coloris est digne de l'école Vénitienne; mais on ne trouve dans ses grandes compositions, ni le génie du Tintoret, ni la belle ordonnance de Paul Véronese. Il a fait plusieurs tableaux de chevalet, qui sont au-dessus de ses grands tableaux.

Carlo Loth, né à Munich, mort à Venise

en 1698. Sa maniere est large & facile. Il se perfectionna dans l'école de Venise ; où il devint grand coloriste. Ses tableaux tiennent un rang distingué dans les collections.

Sébastien Ricci, mort à Venise en 1734, âgé de soixante & quinze ans, mérite d'être mis au rang des grands maîtres de cette école. Ses ordonnances sont belles, son pinceau est facile, son coloris est vrai. S'il eût moins fait de tableaux, il eût eu plus de succès dans son art ; mais l'amour du gain fut cause qu'il se négligea souvent.

Jean-Baptiste Piazetta, mort depuis peu d'années, s'étoit formé un goût singulier de dessein maniéré & incorrect. Il estropie la plupart de ses figures en voulant les dessiner d'une maniere forte & prononcée. Son coloris rougeâtre tient peu de la beauté de celui de l'école Vénitienne du seizième siécle. Cependant ses tableaux sont recherchés à Venise, quoique la couleur de la plupart se détache déjà, tant la préparation en est mauvaise. On a beaucoup gravé d'après ses desseins, qui ont un caractere de grandeur qui tient du goût de Michel-Ange.

Jean-Baptiste Tiepolo, qui travaille à présent pour le roi d'Espagne, lui est infiniment supérieur, tant pour le dessein, que pour le coloris. Sa maniere a quelque chose de précieux & de trop recherché. J'ai vu quelques-uns de ses tableaux de chevalet composés avec génie, d'un pinceau gracieux & bien fini.

Les pastels de la célébre Rosa Alba Carriera, morte en 1761, sont connus dans toute l'Europe. Elle a réussi supérieurement dans le portrait. Elle a traité la miniature dans un goût

nouveau, qui lui donne une expreſſion ſingu-
liere. On trouve encore à Veniſe quelques-uns
de ſes tableaux à un prix très-cher.

 Canalette a fait des tableaux des vues de Veniſe, d'une belle exécution, & de la plus grande
vérité. Il a formé de bons éleves.

 APRÈS le détail dans lequel je viens d'entrer
ſur les différentes écoles de peinture, je crois
qu'il ne ſera pas inutile de dire quelque choſe
ſur les précautions à prendre dans l'acquiſition
des tableaux. Un amateur ne parviendra à s'en
faire une idée juſte, & à les connoître, que
par la comparaiſon qu'il fera des peintres entr'eux à la vue de leurs ouvrages.

 J'ai dit que pluſieurs s'étoient appliqués à
s'imiter les uns les autres, & y avoient réuſſi
au point que l'original n'avoit rien au-deſſus
de la copie, que d'avoir été fait le premier.
Ainſi Jules-Romain ſe trompa à une copie d'un
tableau de Raphaël, faite par André del Sarto,
quoiqu'il eût travaillé à l'original. Quand un
curieux acheteroit une copie de ce mérite pour
un original, il ne ſeroit pas trompé. Mais il y
a peu de peintres du mérite d'André del Sarto, qui s'occupent à copier les tableaux des autres. Ce qu'il eſt donc utile de ſavoir, c'eſt la
maniere des peintres qui ſe ſont imités réciproquement, le temps où ils ont travaillé, &
ſur-tout quels ſont ceux qui, peu contens de leur
maniere qui ne faiſoit pas éclat dans la ſphere
des beaux arts, ont cru qu'il leur ſeroit plus
avantageux de copier ou d'imiter les tableaux
des grands maîtres, & de les donner comme
leurs productions. On en prendra bien une
idée d'après les différentes relations, c'eſt-à-
dire, qu'on ſaura de ſpéculation quels ſont les

meilleurs peintres des différentes écoles, en quoi ils se ressemblent, & en quoi ils diffèrent. Mai. si on n'a pas vu beaucoup de leurs tableaux, si on ne les a pas comparés les uns avec les autres, dans le dessein de les opposer & d'en voir les différences, il n'est pas possible de s'en faire une idée vraie, & d'en acquérir la connoissance. On imagine savoir quelle est la différence de l'Europe avec l'Asie, des côtes de l'Océan avec celles de la Méditerranée, des vues de l'intérieur de l'Apennin avec celles des Alpes ; mais quand on a ces différens spectacles sous les yeux, quand on compare la réalité avec l'idée que l'on s'en étoit faite, alors on voit combien on en étoit loin : il en est ainsi des tableaux.

Un curieux qui veut former un cabinet, & rapporter dans sa patrie les riches dépouilles des arts qui n'y ont jamais eu une existence brillante, se trompe souvent, & est encore plus souvent trompé, & par le désir qu'il a d'acquérir, & par l'industrie de ceux auxquels il s'adresse pour se satisfaire, s'il n'a ni le goût, ni les connoissances nécessaires pour juger par lui-même de la valeur de ce qu'on lui offre.

On trouve à Rome, à Florence, à Naples, à Bologne, à Venise, & presque dans toute l'Italie, des marchands de tableaux, qui pour la plupart n'ont rien que de médiocre, chez qui cependant on rencontre quelquefois des morceaux précieux qu'ils ne connoissent pas eux-mêmes, & qu'alors on a à meilleur marché qu'une copie médiocre qu'ils vantent beaucoup, & qu'ils tiennent à un haut prix, parce qu'on leur aura persuadé que c'est l'original de quelque bon maître. Il y a dans ce genre d'heureux hazards qu'il ne faut pas laisser échapper quand ils se présentent, & que l'on peut en profiter. Il faut plus se défier de l'empressement que l'on a d'acquérir, que du désir qu'ont en général tous les marchands de vendre trop cher aux étrangers. Il faut encore dans cette espece de commerce, qui n'a de prix bien réel que celui de la fantaisie, être prévenu que d'ordinaire celui qui propose un tableau à vendre, & qui compte en tirer au plus dix sequins, en demande cent à un étranger qu'il croit ne s'y pas connoître, & avoir grande envie d'acquérir. On ne risque donc rien d'offrir un trèsbas prix du tableau le plus vanté par celui qui le vend; de n'en croire ni les longs discours, ni les protestations qu'il fait à ce sujet. Il en est de même de toutes les marchandises de pure curiosité, telles que les pierres gravées, médailles, petits antiques de bronze, mosaïque ancienne dont on trouve quelques morceaux ou conservés ou restaurés. Il y a des marchands de ce genre qui ont fait un gain considérable, sur la réputation qu'ils ont eu d'être bien fournis, plutôt que sur la beauté des pieces qu'ils ont vendues. J'en ai vu un qui avoit un trictrac de marqueterie d'un fort beau travail, qu'il assuroit fort sérieusement avoir servi à l'empereur Néron; il savoit même par les mains de qui il avoit passé pendant dix siécles au moins.

Dans le dernier siécle, on avoit assez bien imité la peinture antique, & on ne voyoit que tableaux que l'on supposoit nouvellement découverts, & tirés de dessous quelques ruines fameuses. On fut quelque temps dans l'illusion; & quantité d'amateurs payerent fort cher des ouvrages médiocres, peints dans le goût antique, par des artistes obscurs qui abuferent de la crédulité du public. On voit plusieurs de ces tableaux dans la galerie du collége romain, qui y furent placés alors comme de vrais antiques. On n'avoit pas encore la nombreufe collection qui vient de fe former à Portici; & on ne pouvoit pas comparer la maniere des peintres modernes, qui fe reconnoît toujours avec la maniere des peintres anciens, qui eft tout-à-fait différente. Il n'eft pas rare encore de trouver de ces tableaux que l'on vante beaucoup, dont on demande le plus haut prix, & que l'on dit à l'oreille avoir été tirés des ruines d'Herculée, & fe vendre pour le compte de ceux que le roi de Naples emploie, foit à avoir l'œil fur ceux qui font chargés de la fouille des terres; foit même par l'infidelité de ceux auxquels eft confié le dépôt de la collection; ce qui eft abfolument faux, & n'a aucune vraifemblance, pour quiconque connoîtra le foin avec lequel fe font les fouilles, & le compte fideile que l'on en rend au roi, ou aux miniftres chargés de la régence. Il n'eft pas impoffible que quelques pierres gravées, quelques bronzes d'un très-petit volume, ne tentent les forçats qui font employés à ce travail, & qu'ils ne tâchent de fe les approprier, & de les faire vendre fecretement. Ainfi l'on trouve quelques bonnes pierres gravées à Naples; mais on dit qu'elles ont été tirées des ruines de Pouzzols & de Bïa, ou même rejettées à bord par le flot de la mer, qui les tire des excavations qu'elle fait à la longue dans les bâtimens antiques abimés fur fes rivages. Peut-être cela eft-il; mais qu'il eft aifé d'être trompé, fur-tout fi on paile pour avoir le désir d'acquérir! Il seroit plus aisé de se procurer quelques statues antiques bien restaurées, des bas-reliefs d'une belle exécution. Les Anglois en acquierent tous les jours, & les font passer dans leur isle : les autres nations de l'Europe en paroissent moins curieuses.

Si jamais le génie métaphysique des Anglois devient sensible à cette chaleur douce qui paroît si propre à faire germer la semence des beaux arts, il n'est pas douteux qu'ils n'ayent des succès distingués dans ce genre. Ils ont déja chez eux une multitude de tableaux, de statues, & de bas-reliefs antiques, & tous les jours on y en porte : on peut dire qu'ils ne négligent aucun moyen d'acquérir des richesses de cette espece. On les accuse même d'en avoir enlevé dans quelques villes, autant d'industrie que de force. Ils ont les plans de tous les plus beaux bâtimens, & une multitude de desseins originaux des plus grands maîtres, à commencer depuis Raphaël jusqu'à nos jours, qui seront très-propres à former le goût & à élever les idées des artistes futurs. Ce qu'ils ne peuvent avoir en original, ils tâchent au moins d'en avoir les meilleures copies possible. Combien n'y a-t-il pas chez eux de bonnes copies de l'Apollon du Belvedere, de la Vénus Médicis & du Gladiateur mourant, & de ces autres statues uniques que l'on ne peut voir que dans la place où elles sont fixées! Tous les grands tableaux de Raphaël, de Michel-Ange, du Dominiquain, du Guide, ont été copiés pour eux; & les particuliers continuent encore à acquérir tout ce qui leur plaît le plus, & ce qui est le plus digne d'être conservé. J'ai vu à Rome & à

Florence une multitude d'artistes occupés pour eux, & dans différens genres. Il n'est pas douteux que l'on ne trouve à Londres, & dans les autres villes principales, beaucoup de collections précieuses.

Il ne faut pas espérer que l'on trouve aisément des desseins originaux à acquérir; ils sont devenus très-rares, & d'un prix exorbitant. On en présente qui ont l'air de l'ancienneté; mais que l'on ne s'y trompe pas, la plupart de ces desseins, faits par une main mal-adroite, à la vue du tableau original, ou d'une copie, n'ont rien qui réponde à l'habileté du maître auquel on les attribue. Quand ils sont faits, on froisse le papier, on le déchire en partie, on les enfume, on les double d'un autre papier, on sait la suite de ceux à qui ils ont appartenu; & après les avoir apprécié dix ou douze sequins, on les laisse pour trente sols à celui qui veut bien s'en charger. Rien ne prouve mieux l'imposture de ces prétendus curieux, qui disent ne vendre que par nécessité, que le bas prix auquel ils abandonnent leurs marchandises.

Il est plus aisé & moins dispendieux de faire une belle collection d'estampes; on en trouve par-tout, soit chez les marchands, soit chez les particuliers, & à bas prix; on peut en faie un choix, & s'en former une suite qui donne au moins une idée du dessein & de la composition des peintres des différentes écoles. On en trouve à Rome à la calcographie, & chez les *Freis* à la place Barberine, à Bologne, à Venise, à Florence, à Naples & à Parme. Il ne faut pas même négliger les petits marchands d'estampes qui étalent dans les rues, chez lesquels on trouve quelquefois des morceaux précieux, & même des desseins dont ils ne font aucun cas.

Avec ces précautions on fera des collections qui vaudront la peine d'être conservées, & on ne sera pas trompé sur leur valeur réelle.

DESCRIPTION
HISTORIQUE
ET
CRITIQUE
DE L'ITALIE.

Grand Duché de Toscane.

I. E Bologne à Florence il y a neuf poftes, ou foixante-trois milles, que l'on peut eftimer à vingt-cinq grandes lieues de France, eu égard à la difficulté du chemin qui fe fait par un terrain montueux, rude à tenir & où l'on ne peut aller que lentement, même en pofte.

Route de Bologne à Florence.

La direction de la route est entre l'orient & le midi. A quatre postes environ de Bologne, on trouve les frontieres de l'état Eccléfiastique & du grand duché de Toscane, marquées par une colonne où sont d'un côté les armes de l'Eglise, & de l'autre celles de Toscane.

Le chemin se fait par un climat extrêmement élevé, & dans une chaîne de montagnes dont le point le plus haut est le *Giogo* que l'on trouve entre *Fiorenzola* & la *Scarperia*. On y remarque quelques lavanches ou éboulemens des montagnes, causées par l'action de l'eau & la fonte des neiges, à la suite de l'hiver & des gelées, semblables à celles qui sont si fréquentes dans les Alpes, sur-tout dans la Maurienne. Mais entre *Scarica-l'Afino* & *Pietra mala*, villages situés dans les montagnes, on apperçoit un bouleversement considérable, qui paroît plutôt être l'effet de différentes explosions occasionnées par une fermentation intérieure, que des gelées & de la chute des eaux. On voit à une très-grande hauteur, & dans une largeur considérable, un amas de pierres & de terres calcinées, des parties tout-à-fait noires, quelques-unes vitri-

GRAND DUCHÉ DE TOSCANE. 3

fiées, sur le plus grand nombre, les couleurs qu'imprime le soufre sur les corps qui ont été exposés à l'action de sa flamme, des scories de fer. Il y a aussi quelques morceaux de pierre & de marbre brisés; mais rien n'y est entier, toutes ces matieres sont confusément mêlées & paroissent être tombées de haut en bas, sans autre arrangement que celui que leur a donné leur propre poids, & la pente du terrain sur lequel elles sont placées. Je ne dirai pas si ces matieres ont quelque épaisseur, il auroit fallu faire des fouilles pour s'en assurer, & je n'en avois pas le temps.

2. Au-dessus de la montagne sont quelques fentes ou crevasses qui jettent continuellement de la fumée & quelquefois des flammes, que l'on apperçoit sur-tout dans les temps humides & pendant la nuit. Il n'est pas douteux que les matieres, dont je viens de parler, ne soient l'effet de quelques éruptions faites par ces crevasses, qui sont les bouches ou ouvertures d'un volcan allumé dans les entrailles de cette montagne qui est très-grosse. Comme il n'y a point encore eu d'éruption assez marquée pour caractériser ce volcan, & lui

Volcan de pietra mala.

donner un rang diftingué dans l'hiftoire de ces phénomenes, on en a peu parlé ; il ne paroît pas même qu'on l'ait beaucoup obfervé ; les montagnes où il eft fitué n'ont que quelques habitans éloignés les uns des autres, & probablement aucun obfervateur, même vulgaire.

Ce que je crois pouvoir avancer avec quelque fondement, c'eft que la fermentation qui fe fait dans l'intérieur de cette montagne, peut bien être la caufe des tremblemens de terre que l'on reffent fouvent dans cette partie, & qui font fenfibles même à Florence.

La montagne chargée à l'extérieur des matieres dont j'ai parlé, n'eft point encore déformée ; on voit d'efpace à autre quelques arbres & quelques buiffons, refte des bois dont elle a été couverte ; les plantes y croiffent, mais minces & maigres, les fels trop abondans les brûlent avant qu'elles ayent pris de la force. On peut regarder fes crevaffes comme l'annonce d'un volcan qui deviendra très-formidable, fi le fer s'y rencontre en affez grande quantité avec le foufre, pour caufer ces commotions effrayantes, ces terribles éruptions qui renverfent non-feulement les montagnes fous lesquelles se trouve le principal foyer, mais qui portent encore au loin la désolation & l'effroi. Il n'y a point encore eu d'éruption marquée ; mais ne sait-on pas combien il a fallu de temps au Vesuve pour arriver au degré terrible d'inflammation sous lequel il se montra lors de cette fameuse éruption qui couvrit la ville d'Herculée. Quiconque sera curieux d'examiner de près les crevasses ou soupiraux de ce volcan interne, quittera la grande route à *Pietra mala*, & grimpera la montagne qui est sur la droite du chemin en allant de Bologne à Florence ; il n'y a guére plus d'un demi-mille de détour à faire.

Toutes ces montagnes sont presque incultes ; on y voit d'espace en espace des plantations de châtaigniers, & beaucoup de pâturages où l'on peut élever du bétail de toute espece, mais peu d'habitations. Ce qui est cultivé produit des grains de bonne qualité, à en juger par le pain que l'on y mange. J'ai vu patout, même dans les habitations en apparence les plus pauvres, que l'on y nourrissoit des paons, auxquels ce climat convient sans doute, quoiqu'il soit élevé & froid.

De *Scarica-l'Asino* à *Fiorenzola*, il

y a environ dix milles. Cette petite ville partage le chemin entre Bologne & Florence; on dit qu'elle fut rebâtie par les Florentins au commencement du quatorziéme siécle, & qu'ils eurent intention d'en faire une place considérable. On lui donne même une existence beaucoup plus ancienne, en prétendant que c'est l'ancienne *Fidentia* marquée dans l'itinéraire d'Antonin. La riviere de *Santerno*, qui prend sa source un peu plus haut dans l'Apennin, & qui va se perdre dans les marais que forme le Pô dans la légation de Ravenne, baigne les murs de *Fiorenzola*. La vallée où elle est située, est bien cultivée; on y voit des oliviers, des vignes, des arbres fruitiers, quelques maisons de campagne avec des allées de cyprès, sapins, ifs & autres arbres de cette espece. A peine a-t-on quitté cette petite ville, que l'on commence à monter le *Giogo*, l'une des montagnes les plus élevées de l'Apennin, & fort difficile à traverser, quoique depuis quelques années on n'ait rien épargné pour rendre les chemins aussi commodes & aussi solides qu'il est possible dans un terrain roide & mouvant. En 1761, une partie de ce chemin, emportée par les eaux, descendit en entier à plus de six cents pas de son alignement. A gauche on voit une vallée profonde & étendue, dont la superficie inégale offre différens points de vue très-pittoresques, & quelques maisons assez bien bâties. Au bas du *Giogo*, sur un petit ruisseau peu considérable, est la *Scarperia*, lieu où l'on travaille beaucoup de coutellerie, & où l'on fabrique quelques armes ; le vallon des environs est bien cultivé & très-fertile. Ce village a été très-considérable ; il fut détruit en partie en 1642 par un tremblement de terre. Comme les souverains du pays ne se sont pas intéressés à le faire rétablir, il est resté dans l'état de ruine où il fut réduit alors. Quelques particuliers ont fait rebâtir des maisons d'espace à autre ; mais on peut dire que tout ce canton manque d'habitans, & que l'on n'en tire pas l'utilité que l'on pourroit, soit en le cultivant, soit en y nourrissant du bétail, qui trouveroit presque toute l'année une pâture abondante sur ces montagnes dont le sol est naturellement fertile, & produit beaucoup d'herbages ; rien ne seroit encore plus aisé que d'y former d'excellentes prairies artificielles.

La plûpart des vallons qui sont audéssous de ces montagnes, & qui en reçoivent les eaux, font en entonnoir, & n'ont aucune communication apparente les uns avec les autres; cependant il ne s'y forme point de lacs, & ces eaux disparoissent & se perdent en terre; sans doute elles communiquent par des canaux souterrains avec les rivieres qui sortent de l'Apennin, ce qui les rend tout d'un coup si grosses & si dangereuses à traverser dans les temps de pluie. Alors le *Santerno* qui passe à *Fiorenzola*, & le ruisseau de la *Scarperia*, arrêtent les voyageurs jusqu'à ce qu'ils soient devenus guéables : à les voir dans leur état ordinaire, on ne se doute pas de cet inconvénient, qui cependant est très-commun.

Quand on a passé la *Scarperia*, on marche le long des magnifiques côteaux qui entourent la ville de Florence dans une très-grande étendue, qui sont couverts de vignes, d'oliviers, de terres bien cultivées, de jardins & de maisons de campagne, que l'on fait monter à plus de dix mille, & qui forment différentes paroisses. Ce pays est délicieux au printemps & en été, & il est extrêmement peuplé & par les Florentins & par les étrangers, dont plusieurs louent de ces maisons & s'y établissent.

3. Les premiers habitans connus de la Toscane portoient le nom d'Etrusques, qui leur venoit du pays même qu'ils habitoient : il signifie montagnards, ce qui indique qu'on les regardoit comme indigenes, ou naturels du pays. Ils étoient fort adonnés au culte des Dieux ; ils entendoient particuliérement la science des Augures & toutes les cérémonies des sacrifices. C'étoit chez eux que les anciens Romains envoyoient leurs enfans s'instruire dans cette science (a). Ils avoient quelque connoissance des arts, à en juger par les

Origine des Toscans Etrusques.

───────────

(a) L'art de deviner & la science des Aruspices étoient regardés comme appartenir si spécialement aux Etrusques, que dans un temps où les Romains étoient en guerre avec eux, quoique les prodiges fussent très-fréquens, on n'osoit & on ne pouvoit les observer, parce qu'on n'avoit personne pour les expliquer.... *Quia hostibus Etruscis per quos ea procurarent, Aruspices non erant.....* Tit. Liv. l. 5. A. 357. Pour obvier à cet inconvénient, il fut résolu que dans la suite on enverroit un certain nombre d'enfans des principaux Romains chez les diiferens peuples de la Toscane, pour y être instruits dans la science des Aruspices.... *Tantum autem studium antiquis, non solùm ob-*

idoles, instrumens de sacrifices, statues & vases étrusques qui se sont conservés

servandæ, sed etiam amplificandæ religionis fuit, ut è florentissimâ, tùm & opulentissimâ civitate decem principum fil.i S. C. Etruriæ populis, percipiendæ sacrorum disciplinæ traderentur... Valer. Max. l. 1. *de religione*, c. 1. Il fait remonter cette coutume à des temps très-anciens. Je crois qu'il auroit dû dire que les Romains envoyoient douze de leurs enfans aux Étrusques, parce qu'il y avoit parmi eux douze cités principales qui formoient chacune une nation à part..... C'etoit sans doute de ces jeunes Romains élevés chez les Toscans, que se formoit le collége des Augures.....

Cependant cet établissement formé à Rome n'empêcha pas que dans les occasions importantes on ne consultât les devins Étrusques.... *Prodigia & portenta ad Etruscos Haruspices, si senatus jussit deferunt....* Cicer. l. 2. de leg... C'étoit l'usage du temps de Lucain, de les consulter dans les plus grandes occasions....

Hæc propter placuit, Thuscos de more vetusto,
Acciri vates, quorum qui maximus ævo
Arcens incoluit desertæ, mœnia, lunæ;
Fulminis edoctus motus, venasque calentes
Fibrarum, & monitus volitantis in aëre pennæ.
                                        Luc. l. 1.

Les Étrusques, peuple religieux, annoncerent

jusqu'à nous. Ils n'ignoroient pas les régles de l'architecture; l'ordre Toscan

qu'ils tenoient cette science de la faveur particuliere des Dieux, & par un prodige tout-à-fait merveilleux. Un laboureur ayant enfoncé sa charrue plus profondement qu'à l'ordinaire, vit tout d'un coup sortir du sillon un petit homme qui avoit la taille & l'air d'un enfant, mais la prudence & les propos d'un vieillard.... Ce petit homme étoit *Tagès*, celui qui instruisit les Toscans.... Le laboureur étonné de ce prodige, poussa de grands cris qui attirerent tous ceux qui étoient à portée de l'entendre. Leur présence n'étonna pas le petit *Tagès*, qui leur expliqua clairement les principes obscurs de la science nouvelle & mystérieuse qu'il venoit leur apprendre.

Indigenæ dixere Tagem qui primus Hetruscam
Edocuit gentem casus aperire futuros....

Ovid. l. 15 Metam.....

Il y a apparence que cette tradition se conserva aussi long-temps que l'empire Romain. Ammian Marcellin en parle au l. 21....

Cujus disciplinæ Tagès nomine, quidam monstrator, ut fabulantur in Etruriæ partibus, emersisse subitò visus è terrâ.....

Quant à la personne du petit *Tagès*, je crois qu'on a dit qu'il étoit sorti tout d'un coup de la terre, parce que jusqu'alors il avoit été inconnu. Sa petite taille a pu faire dire encore que c'étoit

A vj

leur doit son origine. Tarquin l'ancien fit venir d'Etrurie les premiers artistes qu'il employa à l'embellissement de Rome. Il paroît que le changement du nom d'Etrusque à Toscan vient des Romains qui les désignerent par ce nom, qui avoit plus de rapport à leur maniere de les considérer. Les mots Toscan & sacrificateur avoient la même signification dans l'ancienne langue romaine.

---

un enfant qui avoit la prudence & la science d'un viellard.... Il apprit aux Etrusques une quantité de petits secrets, qui dans l'économie rustique devoient leur être fort utiles. Ce fut par son conseil qu'ils mirent à la porte de leurs écuries des têtes d'âne dépouillées de leurs peaux, pour éloigner, par cette espece de sacrifice, tout accident de leurs troupeaux.

Hinc caput Arcadici, nudum cute, fertur aselli
Tirrenus, fixisse Tages in limine ruris...

Colum. de re rusticâ, l. 10.

On voit par-là que l'usage d'attacher aux portes des têtes d'animaux, est de la plus haute antiquité..... Les Gaulois y cloüoient la tête de l'ennemi qu'ils avoient tué, coutume barbare rémplacée par celle de cloüer sur la porte des Châteaux, un ciseau de proïe, la tête ou quelque dépouille d'un animal carnacier, ou dangereux.

L'Etrurie comprenoit non-seulement le grand duché de Toscane, mais encore la province du patrimoine de saint Pierre, le duché de Castro, les territoires d'Orviette & de Perouse, outre les colonies que les Etrusques avoient établies le long du cours du Pô dans l'Italie septentrionale, auxquels plusieurs villes de ce pays croient devoir leur origine. On regarde Cortone, Viterbe, Volterre, Arezzo, comme des villes qui subsistent dès le temps des anciens Etrusques.

Dès que la puissance militaire des Romains eut pris une forme assurée, l'Etrurie, comme pays voisin, fut un des premiers objets de ses conquêtes. Les Etrusques, peuple tranquille & doux, uniquement occupé du soin de servir les Dieux & de cultiver les terres, ne purent résister long-temps à ses armes. Les premiers démêlés de Rome avec les Etrusques s'éleverent environ l'an 321 de sa fondation. Plus d'un siécle après, les Etrusques, pour se souftraire, s'il étoit possible, à la tyrannie romaine, traiterent avec les Gaulois déja établis en Italie, & promirent de leur donner une très-grosse somme d'argent, à codition qu'ils traverseroient l'Apennin, & iroient attaquer les Romains dans le centre même de leur puissance. Tite-Live place ce traité à l'an 453 de Rome. Lorsqu'il fut question de marcher, les Gaulois qui avoient déja reçu partie des sommes promises, voulurent faire une nouvelle convention, & exigerent qu'on leur accordât un établissement fixe en Etrurie ; ce que les Toscans refuserent absolument, ne voulant pas que des étrangers vinssent s'établir parmi eux, & y apportassent leurs usages & leurs vices. Quelques années après cette tentative, ils succomberent entiérement, & furent obligés de faire une confédération avec les Romains, qui les traiterent plutôt en vaincus qu'en alliés.

Epoque de la fondation de Florence. 4. La beauté du pays engagea les soldats de Sylla à bâtir une ville sur les bords de l'Arno, qu'ils appellerent d'abord *Fluentia*, & qui ensuite eut le nom de *Florentia*, l'an de Rome 645, 107 ans avant l'ere chrétienne. Les Triumvirs Auguste, Antoine & Lepide y envoyerent une colonie, & donnerent des ordres pour l'embellissement & l'augmentation de la ville. Totila, roi des Goths, la détruisit dans le sixiéme siécle. Charlemagne, maître de l'Italie, après la destruction des rois Lombards, la fit rebâtir, & voulut que les habitans de *Fiesoli* vinssent s'y établir; il la fit fortifier de bonnes murailles & flanquer de tours. Peu-à-peu cette ville s'aggrandit, & devint le chef-lieu d'une république puissante, long-temps divisée par des factions différentes, connues sous les noms de noirs & de blancs, de Guelphes & de Gibelins. Son gouvernement, plutôt aristocratique que populaire, étoit entre les mains de quelques familles principales, qui furent à la fin obligées de céder le premier rang, & de se soumettre à la fortune & à la puissance des Medicis.

5. A s'en rapporter aux auteurs Italiens, la maison de Medicis tenoit un rang distingué dès l'an 1162; ils disent qu'Alexandre de Medicis défendit la ville d'Alexandrie, contre l'empereur Frédéric I. On voit une suite non interrompue de ses descendans jusqu'à Evrard, gonfalonnier de Florence en 1314. Il eut pour fils Jean, gonfalonnier en 1360, pere 1°. de Cosme de Medicis, dit le pere de la patrie & le grand, né en 1399; il fut gonfalonnier, & mourut en 1464 : 2°. de Laurent, qui fut aussi gonfalonnier....

Généalogie de la maison de Medicis.

Pierre, Ier. fils de Cofme, gonfalonnier en 1460, eut pour enfans Laurent & Julien de Medicis. Julien fut tué le 26 avril 1478 dans la conjuration des Pazzi & des Salviati.

Laurent Ier. dit le pere des Mufes, époufa Clarice des Urfins, dont il eut 1°. Pierre qui fuit ; 2°. Jean, qui fut le pape Leon X ; 3°. Julien, gonfalonnier, & général des armées de l'Eglife, duc de Nemours, marié à Philiberte de Savoie, & mort fans poftérité. Laurent Ier. eut encore pour fils naturel, Jules de Medicis, pape fous le nom de Clément VII.

Pierre II. de Medicis chargea un des tourteaux de fes armes de trois fleurs de lys d'or, par conceffion de Charles VIII, roi de France ; profcrit & chaffé de Florence en 1494, mort en 1504 : il avoit époufé Alphonfine des Urfins, dont il eut :

Laurent II, né le 13 feptembre 1492, fait duc d'Urbin par le pape Léon X fon oncle, mort le 4 mai 1519, avoit époufé Madelaine, fille de Jean de la Tour, comte d'Auvergne, dont il eut pour fille unique Catherine de Medicis, femme de Henri II, roi de France. En lui, finit la branche aînée de la

GRAND DUCHÉ DE TOSCANE. 17

maison des Medicis, descendante de Cosme I. Il eut pour fils naturel.

Laurent I. tige des grands ducs de Toscane, fils puîné de Jean de Medicis, gonfalonnier de Florence en 1360, & frere de Cosme, pere de la patrie, né en 1394, mort en 1440, eut pour descendans :

1. Pierre-François I. mort en 1477 : il avoit épousé Laodamie Acciaioli, dont il eut Laurent & Jean.

2. Laurent II, pere de

3. Pierre-François II, gonfalonnier de Florence en 1516, avoit épousé Marie Sodérini, dont....

4. Laurent III, mort sans postérité (*a*).

5. Jean de Medicis, fils puîné de Pierre-François I, épousa Catherine, fille de Galeas-Marie Sforce, dont il eut :

6. Jean, né en 1498, surnommé le

(*a*) Alexandre de Medicis, premier duc de Florence, qui épousa Marguerite, fille naturelle de l'Empereur Charles V, qui l'établit gouverneur perpétuel, ou duc de Florence. Sous cette protection puissante il se rendit maître absolu de son pays, ce qui le rendit si odieux à sa famille, que Laurent III, son cousin, le fit assassiner le 6 Janvier 1537; il ne laissa point d'enfans.

populaire, mort en 1525 d'une bleſſure qu'il avoit reçue à la bataille de Pavie, en combattant pour François I. Il avoit épouſé Marie Salviati, dont il eut pour fils unique Coſme qui ſuit. (*a*)

Grands Ducs de Toſcane.

1. Coſme I, né le 11 juin 1519, fait grand duc de Toſcane par le pape Pie V en 1569, mort le 21 avril 1574; il eut d'Eleonore de Tolede ſa femme, 1. François-Marie. 2. Ferdinand. 3. Pierre. 4. Antoine. 5. Jean. 6. Jean 7. Pierre.

2. François-Marie, grand duc de Toſcane, né le 25 mars 1541, mort le 9 octobre 1587, épouſa en 1565 Jeanne d'Autriche, fille de l'empereur Ferdinand I, dont il eut pour fille unique Marie de Medicis, mariée à Henri IV, roi de France.

―――――――――――――――

(*a*) Alexandre de Medicis, né en 1536 d'Octavien de Medicis & de Françoiſe Salviati, pape en 1605 ſous le nom de Leon XI, eut pour frere Bernardetto de Medicis, qui épouſa à Naples Adelaïde de San-Severino. Cette branche aînée de celle des grands ducs, s'étoit établie dans le royaume de Naples, où elle s'eſt éteinte dans le dix-ſeptiéme ſiécle.

GRAND DUCHÉ DE TOSCANE. 19

3. Ferdinand I, second fils de Cosme I, quitta la pourpre romaine après la mort de son frere François-Marie, & épousa Catherine, fille de Charles II, duc de Lorraine, dont il eut, 1. Cosme. 2. Charles, cardinal de Medicis.

4. Cosme II, grand duc, né le 12 mai 1590, mort en 1621, eut pour femme Madelaine d'Autriche, sœur de l'empereur Ferdinand II. Il eut pour fils,

5. Ferdinad II, grand duc, né le 14 juillet 1610, mort en 1670. Il avoit épousé Julie-Victoire, fille unique & héritiere de Frédéric-Ubalde de Rovere, dernier duc d'Urbin, dont il eut,

6. Cosme III, grand duc, né le 14 août 1642, mort en 1723, épousa en 1661 Marguerite-Louise d'Orléans, fille de Gaston de France, frere de Louis XIII, dont il eut, 1. Ferdinand, mort en 1713 sans postérité. 2. Jean-Gaston. 3. Anne-Marie-Louise, mariée en 1691 à Jean-Guillaume, Electeur Palatin.

7. Jean-Gaston, grand duc de Toscane, né le 24 Mai 1671, avoit épousé Anne-Marie de Saxe-Lawembourg, mort en 1737 sans postérité. En lui ont fini les grands ducs de Toscane de la maison de Medicis. Cet état a passé sous

la domination de François de Lorraine, empereur d'Allemagne, auquel Elisabeth Farnese, reine d'Espagne, le céda, comme plus prochaine héritiere des Medicis, pour assurer la possession du royaume de Naples à dom Carlos son fils, duc de Parme, ensuite roi de Naples, & à présent roi d'Espagne. Il a pour souverain actuel, Pierre Leopold-Joseph, Archiduc qui a épousé en 1765 Marie-Louise, infante d'Espagne.

<small>Situation de Florence. Son étendue.</small> 6. La ville de Florence, capitale du grand duché de Toscane, est située au pied de l'Apennin, dans une vallée fertile & riante, arrosée par l'Arno, au 29ᵉ degré de longitude, & au 43ᵉ degré 46 m. de latitude. Elle a environ six milles de tour. La beauté de sa situation, la magnificence & la régularité de ses édifices lui a fait donner le surnom de Florence la belle, qu'elle mérite à bien des égards. Cette ville partagée en deux parties inégales par le fleuve qui la traverse, est de forme presque ovale. La partie principale où se trouvent l'ancien palais de la seigneurie & la cathédrale, est l'endroit même où Florence fut d'abord bâtie, & long-temps cette ville n'a occupé que ce terrain. On voit à la forme des rues qui sont dans l'espace

compris entre les églises de sainte Croix & santa Maria novella, d'un côté; & de l'autre, de la cathédrale aux deux ponts vecchio & santa Trinita, que ce fut le premier emplacement de Florence. Les rues y sont étroites & peu longues, au lieu qu'aux extrémités de la ville, & dans la partie qui est au-delà de l'Arno, les rues sont plus larges, mieux alignées; on y a ménagé de grands jardins & de belles places, ce qui ne s'est fait que lorsque les particuliers ont voulu réunir le nécessaire à l'agréable. La partie qui est au-delà de l'Arno, est d'une construction bien postérieure, & doit son augmentation & ses embellissemens aux Medicis: c'est dans cette partie qu'est la résidence du souverain, connue sous le nom de palais Pitti, le magnifique jardin Boboli, & plusieurs autres édifices. Quatre grands ponts de pierre établissent la communication d'une partie de la ville à l'autre. Le canal de l'Arno, dans toute la longueur de la ville, est revêtu des deux côtés de quais assez larges pour y passer commodément en voiture. Les fortifications n'ont rien de remarquable; ce n'est qu'une grande muraille terrassée, assez bien entretenue, qui a été défendue autrefois par quelques tours & un foffé qui eft comblé en partie. Au midi de la ville, eft le château de S. Jean-Baptifte; au-deffus du jardin Boboli, eft un petit Hexagone régulier qui défend les approches de ce jardin du côté de la campagne, & qui commande le palais Pitti & une partie de la ville.

Elle eft divifée en quatre quartiers principaux, connus fous le nom de fainte Croix, faint Jean, fainte Marie la nouvelle, & le Saint-Efprit. Ils ont chacun une banniere diftinguée fous laquelle ils s'affemblent. Trois de ces quartiers font dans la partie de Florence qui eft à la droite de l'Arno; le quatriéme eft compofé de toute la partie qui eft à gauche. Ces quatre quartiers pris enfemble font peuplés de foixante-quatorze mille ames, fuivant le dénombrement qu'en fit faire en 1761 le maréchal marquis de Botta, gouverneur général de Tofcane.

Cette ville a dans fon enceinte quarante-neuf paroiffes, foixante maifons de religieufes & vingt-huit de religieux cloîtrés; plufieurs hôpitaux pour les malades & les pélerins, & des confervatoires ou maifons dans lefquelles on éleve les enfans orphelins, & où l'on retire les vieillards infirmes; plufieurs belles places décorées de fontaines, statues, colonnes & autres monumens publics, desquels il sera parlé, de même que des différens établissemens qu'y ont les sciences & les arts. Quant aux édifices, je ne ferai mention que de ceux qui m'ont paru les plus dignes de curiosité, suivant la régle que je me suis prescrite de ne pas charger ces Mémoires de descriptions inutiles, de choses déja connues. Ce que je puis annoncer, c'est que l'on trouve rassemblé dans l'enceinte de Florence tout ce qui peut contribuer à la beauté & à l'agrément d'une ville du premier ordre, tant pour ceux qui l'habitent, que pour les étrangers que la curiosité y attire.

7. La cathédrale appellée *santa Maria del fiore*, & autrefois *santa Reparata*, est l'une des plus grandes églises qui soient en Italie ; elle a été commencée dès l'an 1296, temps où l'on ne connoissoit pas de meilleure maniere de bâtir que la gothique, dont cependant les premiers architectes secouerent à propos la tyrannie de l'usage, & se conformerent en partie aux bonnes régles suivies dans les beaux temps de la Grece & de Rome, & alors totalement oubliées. Le premier architecte fut un cer- Cathédrale. Tour du Giotto. Baptistere.

tain Arnolphe (*a*), difciple du Cimabué, qui forma le plan général de l'églife, & le fit exécuter en grande partie; mais la grande & magnifique coupole eft l'ouvragé de Filippe Difer Brunellefchi, le plus habile architecte de fon temps, & d'une fi belle exécution, que l'illuftre Michel-Ange difoit qu'il étoit très-difficile de l'imiter, & impoffible de le furpaffer. Ce grand édifice a de longueur dans œuvre deux cents foixante braffes, (la braffe de Florence eft de vingt-deux pouces) cent foixante-fix de largeur à la croifée, foixante dans les nefs, & cent cinquante-quatre de hauteur, du fol de l'églife, y compris la lanterne qui couronne la coupole. Tout l'extérieur de l'églife eft revêtu de marbre blanc & noir par compartimens. La façade étoit décorée en partie d'ornemens gothiques & de bas-reliefs fur les deffeins du Giotto, qui ont été enlevés pour fuivre un nouveau deffein donné par l'Académie de Florence, mais qui n'a point été exé-

---

(*a*) Arnolfo di Lapo, peintre, fculpteur & architecte, mort en 1300, âgé de foixante-huit ans.

cuté.

cuté. En 1688 on la fit peindre lors des noces de Ferdinand, prince de Toscane, avec Béatrix de Baviere. Le pavé de l'églife, de marbre blanc & noir, eft beau & bien fini. Le fanctuaire, au milieu duquel eft le maître-autel, eft formé par une colonnade de marbre blanc, d'ordre Ionique, terminée par une corniche & une petite galerie fur laquelle font placées quelques ftatues; les foubaffemens font chargés de bas-reliefs par le Bandinelli. Cet ouvrage eft d'un très-bon goût, mais il eft élevé; il empêche de voir le fond de l'églife, qui au premier coup d'œil paroît trop large pour fa longueur. Le maître-autel eft orné d'une piéta de marbre blanc, par le Bandinelli. Ce groupe, compofé de trois figures, le Pere Eternel, Jefus-Chrift mort, & un Ange, eft excellent, fur-tout dans la figure du Chrift. Derriere l'autel eft une autre piéta, par Michel-Ange, qui n'eft en quelque forte qu'ébauchée, mais fi belle, qu'aucun autre artifte n'a ofé l'achever. L'églife eft ornée de plufieurs autres belles ftatues de maîtres de l'école de Florence; la coupole a été peinte par Frédéric Zucchero & le Vafari; le fujet eft la réfurrection générale des morts.

Parmi les tombeaux qui font dans cette église, on remarquera ceux de Brunelleschi & du Giotto, ornés de leurs bustes; celui de Marsile Ficin, le commentateur de Platon; un ancien portrait du Dante, qui y fut placé par ordre du sénat : il est représenté se promenant un livre à la main dans une prairie ; on voit dans l'éloignement la ville de Florence. Le tableau est bien conservé & encore frais de couleur, quoique peint par (*a*) André Orgagna, mort en 1389. Quarante-deux chanoines, soixante chapelains, & plusieurs autres clercs font l'office dans cette église. C'est-là que se tinrent en 1439, sous le pontificat d'Eugene IV, les sessions du concile général de Florence, où se fit la réunion de l'église Grecque avec l'église Latine. L'église de Florence, auparavant épiscopale, fut érigée en archevêché par le pape Martin V, en 1420.

La tour quarrée qui est à côté de l'église, & qui sert de clocher, est d'après les desseins du *Giotto*. Elle a cent

---

(*a*) André Orgagna naquit à Florence en 1329. On voit dans ses ouvrages beaucoup de facilité, & un génie en quelque sorte supérieur à son siécle.

Grand Duché de Toscane. 27

quarante-quatre brasses de hauteur, revêtue du haut en bas de marbres de différentes couleurs, & ornée de niches où sont plusieurs statues. Celle que l'on estime le plus, & que le Donatelli regardoit comme son chef-d'œuvre, est le vieillard à tête chauve, appellé le *Zuccone*, qui est du côté qui regarde la place.

Le baptistere qui est vis-à-vis la cathédrale, est un édifice de forme octogone très-bien entendu, revêtu au-dehors de marbres, dans le même goût que la cathédrale. On a prétendu que c'étoit un temple de Mars, & je crois que l'on a eu tort; l'édifice n'a rien d'antique, & a la forme de tous les baptisteres anciens. Les trois portes sont de bronze, ornées de bas-reliefs, dont deux sont de *Lorenzo Ghiberti* (a), très-excellent artiste: on en jugera surtout par celle qui est vis-à-vis de la cathédrale, divisée en huit parties, dont chacune forme un tableau qui représente

---

(a) Lorenzo Ghiberti, excellent sculpteur du quinziéme siécle, a laissé plusieurs ouvrages en marbre, & sur-tout en bronze, d'une pureté de style digne des meilleurs artistes Grecs.

B ij

un sujet tiré de l'ancien teftament. Les figures nues font d'une correction de deffein qui approche beaucoup de la perfection de l'antique : cependant cet ouvrage a été fait un fiécle avant Raphaël ; ce qui le rend une merveille de l'art, & ce qui porte à croire que les arts fe feroient rétablis à Florence, fans autre fecours que le génie des grands artiftes de ce pays. Les églifes conftruites dès le treiziéme fiécle, les ftatues & les bronzes de Lorenzo Ghiberti, les tableaux de *Fra Bartholomeo della Porta* & d'André del Sarte, les grandes productions de Léonard de Vinci & de Michel Ange, que l'on peut dire n'avoir travaillé que d'après leur propre génie, en font une preuve prefque complette. La troifiéme porte du baptiftere, faite par André Ugolini de Pife, fut enlevée aux Pifans, avec les deux colonnes de granite qui font audevant. L'intérieur de l'édifice eft foutenu de groffes colonnes de granite. La voûte eft couverte d'anciennes mofaïques, faites par André Tafi, difciple du Cimabué. Les fonts baptifmaux qui font au milieu, font placés fous un baldaquin de marbre d'une belle forme, avec des ornemens en bronze : vis-à-

GRAND DUCHÉ DE TOSCANE. 29

vis est le tombeau de Balthazar Cossa, Napolitain, pape sous le nom de Jean XXIII, déposé au concile de Constance, qui mourut à Florence en 1419, avec le titre & le rang de doyen des cardinaux, qui lui fut conferé par le pape Martin V. Les statues qui sont au-dessus des portes en-dehors sont de bonne main, sur-tout les trois figures de bronze qui représentent saint Jean-Baptiste disputant avec un pharisien, & un docteur de la loi. Vis-à-vis le baptistere est une ancienne colonne, érigée à ce que l'on dit en 408, en mémoire d'un miracle fait par saint Zanobio, évêque de Florence. Ces trois édifices sont isolés, & situés dans une très-grande place ; de sorte que l'on peut juger de la beauté de leur construction, tant au-dehors qu'aux-dedans.

8. *S. Marc*, église de Dominicains. On y voit plusieurs excellens tableaux de Fra Bartholomeo della Porta, religieux de cette maison, & du Passignani. On y remarquera sur-tout la chapelle de saint Antonin, archevêque de Florence, revêtue des plus beaux marbres & d'un très-grand goût d'architecture. Tout l'ouvrage est de Jean de Bologne, de même que la statue du

Autres églises. S. Marc, l'Annonciata, Ste Croix. Statues & tableaux. Places publiques.

B iij

faint. Dans cette église, sont les tombeaux de Jean Pic, comte de la Mirandole, mort en 1493 à l'âge de trente-six ans, avec cette épitaphe:

Johannes jacet hìc Mirandula : cætera norunt,
  Et Tagus & Ganges, forsan & Antipodes.

Vis-à-vis est celui d'Ange Politien, mort en 1509. C'est dans cette maison que demeuroit le fameux *Jerôme Savonarole*, dominicain, qui fut pendant quelque temps l'oracle de la république de Florence. Mais ayant été interdit & excommunié par le pape Alexandre VI, pour avoir censuré trop librement les vices de la cour de Rome, il fut traité comme un hérétique, & condamné à être pendu & brûlé ensuite : jugement cruel qui fut exécuté le 23 mai 1498. Savonarole étoit alors âgé de quarante-six ans. Avant sa mort il fut réconcilié avec l'église, on lui administra les sacremens de Pénitence & d'Eucharistie. Le pape même lui avoit accordé une indulgence pleniere, mais à condition qu'il seroit exécuté (a).

────────

(a) L'Auteur du Journal de la vie d'Alexandre VI, que l'on ne peut accuser de mé-

La *Nunziata*, église de Servites, bâtie du commencement du treiziéme siécle, lors de l'établissement de cet ordre. La construction en est belle; la nef principale est soutenue de piliers revêtus de marbres de différentes couleurs. Le plafond de la voûte est en stucs blancs à compartimens dorés, au milieu duquel est un beau tableau de l'Assomption. Cette église est célébre surtout par un tableau miraculeux de l'Annonciation, où la figure de la Vierge a

---

nager les intérêts & la réputation de son heros, explique fort au long le méchanisme secret des prétendues révélations & des miracles de Savonarole. On voit que l'adresse de ce Dominicain, le desir de jouer un rôle distingué, & le concours de ses confreres qui n'épargnerent rien pour soutenir sa réputation sans paroître s'en mêler, donnerent à Savonarole, cette multitude de connoissances qui parurent surnaturelles. Il est à croire encore qu'il avoit un plan de conduite dont il ne s'écarta jamais, & que son enthousiasme constant étoit soutenu par des appuis qu'il ne croyoit pas devoir jamais lui manquer; mais en ayant été abandonné, il reconnut trop tard qu'il avoit donné dans des excès blamables, on prétend que dans son testament de mort, il convient d'en avoir imposé constamment au public. Si cela est, il méritoit d'être puni, mais d'une maniere moins cruelle.

été, dit-on, peinte par les Anges. La chapelle ou l'on conserve cette ancienne peinture, est à main gauche en entrant. L'architecture est du dessein du Michelozzi ; elle est ornée de plusieurs bas-reliefs de Jean de Bologne, d'une belle exécution. L'intérieur de la chapelle est très-riche ; l'autel, les gradins, le tabernacle sont d'argent, de même que les pilastres & l'architrave. Les gradins sont enrichis de beaucoup de pierres précieuses. Les lampes d'argent, les candelabres, les bas-reliefs de même matiere, & les *ex-voto*, augmentent encore les richesses de cette chapelle. A côté est un oratoire quarré, dont les murs sont revêtus de calcedoines orientales, d'agathes, de jaspes & autres pierres précieuses, travaillées dans le goût de la mosaïque de Florence, qui forment différentes figures symboliques, qui ont rapport à la Vierge.

Les autres chapelles sont ornées de différens tableaux, parmi lesquels on remarquera ceux de la résurrection & du jugement, par le Bronzin; la guérison de l'aveugle né, par le Passignani ; la nativité de la Vierge, par Alexandre Allori. La grande coupole, peinte par le Franceschini, a pour sujet l'Assomption de la Vierge, & son couronnement par la sainte Trinité; elle est accompagnée des prophêtes & des saints de l'ancien testament, qu'elle comptoit au nombre de ses ancêtres. Le dessein & le coloris en sont excellens, l'invention même en est heureuse; mais le Franceschini n'en a pas toute la gloire; le sujet & la disposition tiennent beaucoup de la grande coupole de Parme, peinte par le Correge. On voit dans cette église quelques bons morceaux de sculpture de Jean de Bologne. Dans le cloître intérieur, est la chapelle de l'académie de dessein; le tableau de l'autel est du Passignani, & les deux grandes peintures à fresque sont, l'une du Vasari, & l'autre de Santo di Tito. Mais ce qu'il y a de plus beau dans ce genre, est le fameux tableau d'André del Sarto, connu sous le nom de la *Madonna del Sacco*; il est peint à fresque dans un des cloîtres au-dessus d'une porte. Saint Joseph est assis sur un sac, la Vierge tient l'enfant sur ses genoux. Le saint Joseph a un air plus noble & plus beau qu'on ne lui donne ordinairement; la Vierge est extrêmement gracieuse, l'enfant est peint avec esprit. Le dessein est excellent; le coloris a conservé quelque vivacité ; enfin ce morceau célebre est encore digne de la grande réputation dont il jouit. On l'a fait enfermer dans une châsse vitrée qui le garantit des injures de l'air. Il y a d'autres peintures dans ce cloître qui sont de bonne main ; mais la *Madonna del Sacco* emporte toute l'attention.

Un petit cloître décoré d'une colonnade de bonne architecture, sert de vestibule à cette église ; on y voit le buste en marbre d'André del Sarte, & quelques autres morceaux de sculpture bien exécutés. Il y a quelques monumens déja anciens, parmi lesquels on voit un cavalier armé de toutes piéces, monté sur un cheval bardé jusqu'au sabot, avec cette inscription :

Anno Domini 1289.
Hic jacet Dominus Guillelmus Balius,
olim domini Amerighi de Nerbona.

Au-devant de cette église est une grande place ornée de deux côtés de portiques à arcades ouvertes, du dessein du Brunellefchi ; au milieu est la statue équestre du grand duc Ferdinand Ier, jettée par Jean de Bologne (*a*), avec deux

───────────────

(*a*) Jean de Bologne naquit à Douay : il

fontaines, dont les ornemens sont de bronze, & traités avec beaucoup d'esprit.

Sainte Madeleine de Pazzi, église de Carmelites. Il faut y voir la chapelle principale où repose le corps de la sainte. Elle est revêtue des plus beaux marbres, ornée de douze colonnes de jaspe de Sicile, dont les bases & les chapiteaux sont de bronze doré. Dans des tableaux ovales sont plusieurs bas-reliefs en bronze, qui représentent les actions principales de la sainte. Le dessein de cette chapelle, de même que le tableau du maître-autel, sont de *Ciroferri*, & de très-bon goût.

Sainte Croix, église de Franciscains. Au-dessus de la porte principale, est une très-belle statue de bronze de S. Louis, évêque de Toulouse, par le Donatelli (*a*). L'église commencée à la fin

---

fut l'un des plus grands sculpteurs du seiziéme siécle, & le meilleur éleve qu'ait formé Michel-Ange. La plus grande partie de ses ouvrages sont aussi parfaits que les plus beaux antiques.

(*a*) Le Donatelli a vécu dans le quatorziéme siécle, & cependant plusieurs statues de sa main sont d'une correction de dessein, & d'une élégance digne des beaux temps de la sculpture.

du treiziéme siécle, est très-grande : elle a 240 brasses de longueur, & 70 de largeur. On voit dans les chapelles l'histoire de la passion de Jesus-Christ, peinte en différens tableaux par les meilleurs artistes de l'école Florentine, dont les plus remarquables sont : La descente de croix du Salviati... Le crucifiement de Santo Ditito... L'apparition aux Apôtres... La descente du Saint-Esprit... Jesus-Christ qui porte sa croix, par le Vasari. Ce tableau sur-tout est un des meilleurs de ce maître : il y a de la force dans l'expression , & une vigueur de coloris, qu'il est rare de trouver dans les ouvrages du Vasari.... L'entrée de Jesus-Christ à Jérusalem, par le Cigoli.... Le tabernacle du maître-autel de mosaïque en pierres fines, est un présent du grand duc Cosme III. La chaire de marbre, de forme hexagone, avec les bas-reliefs, & les petites statues des Vertus qui sont représentées assises sur les pilastres qui séparent les panneaux , sont du plus beau travail.

Dans le collatéral à droite, est le tombeau du célébre Michel-Ange : au-dessus d'une urne sépulcrale est le buste de ce grand homme : au bas sont trois statues représentant la peinture, la sculpture & l'architecture en pleurs. La peinture sur-tout est une excellente figure, aussi correcte de dessein que l'antique, & d'une grande beauté d'expression. Vis-à-vis est un monument érigé à la mémoire de l'illustre Galileo Galilei, astronome & mathématicien, à qui ses connoissances relevées firent tant d'ennemis, & que l'Inquisition contraignit d'abjurer sa science, qu'elle regardoit comme une hérésie, parce que ses ministres n'y comprenoient rien. Ce monument fait en 1737, est décoré du buste de Galilée, & des statues de l'Astronomie & de la Géométrie. Galilée est enterré dans un des cloîtres de cette maison, où l'on voit aussi le tombeau de Léonard Bruni Aretin, historien connu de la république de Florence.

Au-dessus de l'église, à côté du chœur, est la chapelle des Nicolini, d'une magnifique architecture, pavée & revêtue des plus beaux marbres, enrichie d'excellentes peintures, & de cinq belles statues, qui représentent Moïse, Aaron, la Virginité, la Prudence & l'Humilité.

La bibliothèque de cette maison est

nombreuse ; on y conserve beaucoup de manuscrits de théologie scolastique, parmi lesquels est le recueil des œuvres de saint Bonaventure, que l'on dit écrit de sa main même. On remarquera encore dans cette église quelques peintures anciennes du Cimabué & du Giotto, que l'on regarde comme le restaurateur de l'art en Italie ; ce que les Siennois disputent aux Florentins.

La place qui est devant l'église de sainte Croix, est grande & réguliere ; elle est entourée de portiques à arcades ouvertes. C'est-là où dans le temps du carnaval, plusieurs jeunes cavaliers partagés en deux bandes égales, chacune commandée par une enseigne, & distinguée par un uniforme, font des parties de ballon, où ils donnent des preuves de leur force & de leur adresse. Ils commencent par se partager le terrain ; & le point d'honneur de cet exercice, est de le conserver de façon que la bande adverse ne puisse jamais s'y établir, & de la forcer à recevoir le ballon, & à perdre du terrain en cherchant à le renvoyer. Chacune des bandes a une espece d'arriere-garde, dont le soin est de renvoyer le ballon, pendant que

GRAND DUCHÉ DE TOSCANE.

le gros de la troupe cherche à gagner le terrain. Cette place est décorée d'une assez belle fontaine.

9. *S. Laurent*, église bâtie dans le quinziéme siécle. L'architecture en est légere, élégante, de belle proportion, de même que les colonnes qui soutiennent la nef du milieu. Les deux chaires de marbre sont d'une belle forme, & ornées de quelques bas-reliefs en bronze du Donatelli, qui sont de la plus belle exécution.

S. Laurent. Statues de Michel-Ange. Magnifique chapelle des Medicis. Bibliothéques de manuscrits.

Au pied du grand autel, sous une simple tombe, est enterré Cosme l'ancien, dit le pere de la patrie, avec cette courte inscription, mais bien honorable :

Decreto publico, patri patriæ.

On voit dans les chapelles plusieurs tableaux curieux, entr'autres, le mariage de la Vierge, par le Rossi, bien dessiné & frais de couleurs ; un tableau de Fra Bartholomeo en clair obscur, dans lequel il a placé son portrait... un Pere Eternel attaché sur une croix, d'où il explique à Adam & Eve le mystere de l'incarnation de son fils, & de la rédemption des hommes ; idée singulicre d'André del Sarto, dans laquelle on retrouve le beau coloris & la manière large de ce grand peintre.

Mais ce qui mérite toute l'attention des voyageurs curieux, eſt la ſacriſtie nouvelle qui eſt au-deſſus de l'égliſe à main droite, & que l'on peut regarder comme le tréſor qui renferme ce que Michel-Ange a fait de plus admirable. On l'appelle auſſi la chapelle des princes : l'architecture eſt du même Michel-Ange. Le premier tombeau eſt celui de Julien de Medicis, duc de Nemours : on voit au-deſſus ſa ſtatue de la main de Michel-Ange ; elle eſt dans une attitude qui répond à ſon caractere actif ; la figure eſt toute de mouvement. Aux deux côtés du tombeau ſont les ſtatues du jour & de la nuit ; ni l'une ni l'autre ne ſont achevées ; un des côtés du viſage de la nuit n'eſt même pas fini ; mais à regarder cette ſtatue de profil, il y a une ſi grande vérité d'expreſſion, tant de nobleſſe, que le marbre même ſemble reſpirer : ce n'eſt pas une ſtatue froide & inanimée, c'eſt une femme plongée dans un doux ſommeil, qui reſpire doucement & qui vit. On fit ſur cette ſtatue les

Grand Duché de Toscane. 41

quatre vers suivans, qui donnent une idée de sa perfection...

La notte che tu vedi in si dolci atti
Dormir, fu-da un angelo scolpita
Inquesto sasso : é per che dormé ha vita:
Desta' la se no' l credi, e parlera ti.

(Un ange sculpta dans ce bloc, la nuit que tu vois dormir dans une si douce attitude : elle vit puisqu'elle dort : si tu ne le crois, éveilles-là, elle te parlera.) Michel-Ange répondit sur le champ à ces vers flatteurs, & fit parler ainsi la nuit.

Grato mi é il sonno, é più l'esser di sasso,
Mentre ché il danno, é la vergogna dura:
Von veder, non sentir, mi é gran ventura :
Pero non mi destar : deh ! parla basso.

(Il m'est gracieux de dormir, & plus encore d'être de marbre, tandis que le désordre & la confusion régnent : ne pas voir & ne pas sentir est pour moi un grand bonheur, ne m'éveille donc pas : de grace parle bas !)
Cette réponse est belle ; elle fait allusion aux troubles qui divisoient alors la ville de Florence ; il y a quelque chose de fier qui est bien dans le caractere de

Michel-Ange, qui ne craignoit pas de convenir de la supériorité de son ouvrage. Dans tout autre artiste c'eût été ostentation; ici ce n'est que sentiment de sa propre excellence.

Le second tombeau a été fait pour Laurent de Medicis. Sa statue le caractérise; il est assis la tête appuyée sur sa main, dans l'attitude d'un homme qui réfléchit profondément. On y reconnoît ce Laurent que l'on appelloit *il pensieroso*. Cette statue, de même que celle de Julien, est entiérement finie. Les deux statues qui accompagnent le tombeau, sont l'aurore & le crépuscule.... Dans cette même chapelle est une Vierge qui tient l'Enfant entre ses bras, aussi de Michel-Ange. On regrette que ces ouvrages admirables soient restés imparfaits; quel respect on a eu pour le génie sublime qui les avoit conçus & commencés; on n'a pas osé y porter une main téméraire, & tenter de les finir. Il y a dans cette chapelle plusieurs autres tombeaux des princes de la maison de Medicis, sans ornemens, & qui ne paroissent y être qu'en dépôt.

Dans une seconde chapelle ou sacristie bâtie sur les desseins de Brunelleschi, est un autre tombeau fait pour

Pierre & Jean, fils de Cosme, pere de la patrie, tous deux tiges des deux branches de la maison de Medicis; il est d'une belle forme, & revêtu d'ornemens de bronze bien entendus. Dans des niches sont les statues de saint Laurent, saint Etienne, saint Cosme & saint Damien, par le Donatelli; & pour tableaux d'autel, un ancien bas-relief en bronze du Brunelleschi.

Derriere le chœur de l'église est la fameuse chapelle des Medicis commencée en 1664, sous Ferdinand I, grand duc de Toscane; elle est de forme octogone; l'architecture est belle & noble; les pilastres qui soutiennent la corniche qui regne autour, sont de la plus belle proportion avec les chapitaux & les bases en bronze doré. Le revêtissement jusqu'à la corniche est en entier de jaspes, agathes orientales, lapis lazuli, calcédoines & autres pierres précieuses qui forment différens ornemens, parmi lesquels sont placés les écussons des armes des villes soumises à la domination des grands ducs de Toscane. les émaux de ces écussons, de même que les couronnes & les supports, sont travaillés en mosaïque avec les pierres les plus fines. Le diamétre'intérieur de la chapelle a quarante-huit braffes, ou environ quatre-vingt-huit pieds. La hauteur jufqu'au comble eft de cent quatre braffes. Dans fix des pans de l'octogone font placés fix grands tombeaux, dont quatre de granit d'Egypte, & deux de granit oriental, faits fur les deffeins de Michel-Ange. On ne peut rien imaginer de plus beau & de plus noble pour la forme & le goût que ces tombeaux ; ils font d'une proportion vraiment majeftueufe. Sur chacun eft un oreiller de jafpe, bordé de pierreries, fur lequel eft pofée une couronne ducale de pierres fines. Dans des niches de marbre noir, pratiquées en enfoncement dans l'épaiffeur du mur, feront des ftatues de bronze, de taille éroïque, c'eft-à-dire, d'environ dix pieds de hauteur ; il y en a déja deux en place, celles de Ferdinand I & Cofme II, qui ont été jettées par Jean de Bologne. Dans le pan du fond fera placé l'autel qui n'eft pas abfolument fini, & qui eft en dépôt dans une des chambres de la galerie; il eft d'une magnificence telle qu'on peut l'imaginer dans la piece principale d'une chapelle fi riche; les gradins, la table de l'autel & les côtés, font de marquetterie for-

mée par les pierres les plus précieufes
& les plus rares. Le tabernacle du deffus eft compofé d'une petite colonnade
qui foutient une coupole : ce deffein
eft d'après l'antique. Les petites colonnes couplées, dont les bafes & les chapitaux font d'or & d'un travail excellent, font alternativement de lapis lazuli, d'agathe orientale & de criftal de
roche. Le devant d'autel eft une mofaïque de fleurs montée fur un fond d'orfévrerie en or. Le marche-pied même eft
de la plus grande richeffe. Dans le pan
vis-à-vis fera placée la porte principale,
ou grillage qui, répondant au fond du
chœur de l'églife faint Laurent, laiffera
voir la chapelle de l'églife même. Le
pavé eft de marquetterie en marbres choifis. Suivant le premier plan, la coupole devoit être revêtue de lapis lazuli,
avec des rofes & autres ornemens en
or ; mais j'ai oui dire à M. le Maréchal
de Botta, qui faifoit travailler alors à
finir ce fuperbe monument de la magnificence des Medicis, que l'on feroit peindre la coupole, & on deftinoit cet
ouvrage à un peintre Saxon nommé
Meinff, qui joint à la fageffe du deffein, & à la régularité de la compofition
des meilleurs maîtres de l'école Romaine,

le beau coloris de l'école de Lombardie, ainsi que l'annoncent quelques grands ouvrages de ce genre qu'il a faits nouvellement à Rome.

Que l'on n'imagine pas qu'il y ait rien d'exageré dans la description de cette chapelle ; quand elle sera achevée , il sera difficile de trouver quelque monument de ce genre qu'on puisse lui comparer.

A une des portes de l'église saint Laurent, on voit la statue du célébre historien Paul Jove, évêque de Nocera, faite par François de Saint-Gal.

La fameuse bibliothéque de manuscrits, connue dans toute l'Europe sous le nom de *Bibliotheca Mediceo Laurenziana*, tient à l'église de saint Laurent, & fait partie des bâtimens qui y sont annexés. La galerie où elle est placée, a été bâtie par Michel-Ange ; elle a cent quarante pieds de longueur sur environ trente-trois de largeur , & vingt-cinq de hauteur. Elle est garnie de deux rangs de pupites , quarante-quatre de chaque côté, sur chacun desquels il y a plusieurs manuscrits reliés & attachés aux pupitres avec une chaîne. Vis-à-vis de chaque pupitre est un banc sur lequel peut s'asseoir celui qui consulte le manuscrit.

Il y en a en toutes sortes de langues, grecque, latine, hébraïque, arabe, syriaque, & même chinoise; on y en voit quelques-uns en langue provençale, & en vieux françois. Le plus ancien est, dit-on, un manuscrit syriaque, qui est au premier pupitre. Il faut voir le Virgile qui est au pupitre 39, le Tacite au 68 : ces manuscrits sont ornés de belles vignettes, de même que les commentaires de César. On y voit encore un grand manuscrit grec, que l'on dit très-ancien ; il est avec figures, & instruit de la maniere de remettre les dislocations : ce manuscrit qui traite d'une partie si intéressante dans la chirurgie, & plus difficile dans la pratique qu'on ne l'imagine, mérite une attention particuliere. L'empereur régnant a fait ajoûter à cette bibliothéque quatre nouveaux pupitres chargés de manuscrits ; ils sont séparés des autres. Le total monte, à ce qu'on dit, à trois mille. Cette collection commencée par Cosme de Medicis, le pere de la patrie, continuée par Pierre son fils, & fort augmentée par Laurent le magnifique, fut mise dans l'ordre où on la voit par le pape Clément VII. Ce trésor particulier qui n'appartenoit qu'aux Medicis, fut rendu public en 1571 par le grand duc Cofme I, qui y établit un bibliothécaire, & jufqu'à préfent, il a eu des fucceffeurs. L'efcalier qui conduit à cette bibliothéque, fait fur les deffeins de Michel-Ange, eft de la plus belle architecture, de même que la porte principale & les fenêtres.

Au-devant de l'églife faint Laurent dans la place, eft un piédeftal chargé de bas-reliefs travaillés par le Bandinelli ; il devoit fervir à placer la ftatue équeftre de Jean de Médicis, pere du grand duc Cofme I. La ftatue n'a pas été finie, on la voit dans l'ancien palais.

Suite des églifes. Statues & tableaux. Enterremens.

10. *Santa Maria Novella*, grande églife de Dominicains, l'une des plus belles d'Italie, quoiqu'elle ait été commencée dans le treiziéme fiécle, & finie au commencement du quatorziéme. On voit par cette conftruction, que le bon goût commençoit dès-lors à renaître à Florence ; car on ne trouve nulle part aucun édifice de ce temps, qui pour l'élégance & la régularité puiffe être comparé à celui-là. Les peintures du chœur font toutes du *Ghirlandaïo*, & divifées en quatorze tableaux, dont fept repréfentent la vie de la Vierge, & fept

sept celle de saint Jean-Baptiste. Ce qu'il y a de plus curieux dans ces peintures anciennes, sont plusieurs portraits du temps, que l'on y trouve, & qui sont peints avec beaucoup de vérité. Il y a plusieurs bons tableaux dans les chapelles, entr'autres, la Samaritaine par le Bronzin, le Rosaire & la Résurrection par Vasari, un saint Pierre, martyr, par le Cigoli. Dans la sacristie, un ancien tableau sur bois, que l'on regarde comme le chef-d'œuvre du Cimabué; il a été si bien conservé, que les couleurs en sont encore vives.

Le Saint-Esprit, église d'Augustins, située au midi de l'Arno, est un grand & vaste édifice construit sur les desseins du Brunelleschi. La nef principale est portée sur des colonnes d'une belle proportion, d'ordre composite; la frise qui régne au-dessus est de bon goût. L'autel composé de marbre précieux, & orné de pierres fines, est d'un beau travail. Les chapelles ont plusieurs tableaux de prix.... Le Sauveur qui chasse les marchands du temple, par Jean Strada; la composition en est belle, le dessein fier, & le coloris vigoureux... Le martyre de saint Etienne, par le Passignani, de la plus belle expression... Une Annonciation par Botticelli; un Sauveur qui porte sa croix au calvaire, par le Ghirlandaïo; un *noli me tangere*, par le Bronzin; une très-belle statue du Sauveur qui tient sa croix, copiée par Thadeo Landini sur l'original de Michel-Ange, qui est à l'église de la Minerve à Rome.

Lorsque j'étois occupé à examiner cette église, je vis tout d'un coup à mes pieds, dans la croisée à gauche, le cadavre d'une jeune personne, étendu à terre sur un drap mortuaire avec quatre chandeliers aux coins du drap : elle étoit vêtue d'habits riches & propres, bien chaussée, des gants à ses mains; sa coiffure simple & modeste étoit ornée d'une couronne de fleurs naturelles; elle avoit encore l'air frais & vermeil d'une jeune personne endormie, & on ne lui voyoit d'autres signes de mort que la bouche un peu tournée, & quelques marques au coin gauche de la bouche, d'un débord qui avoit fait éruption : elle étoit morte la veille d'apoplexie, à l'âge de vingt-un ans, sans avoir rien ressenti qui lui annonçât ce funeste accident. Il n'y avoit autour d'elle ni parens, ni domestiques qui eussent assisté à son convoi funebre, quoiqu'elle fût d'une famille distinguée; mais c'est la coutume en Italie, on abandonne les morts, & il ne paroit pas qu'on soit fort sensible à leur perte. Il est d'usage par-tout de porter à la sépulture les morts de tout rang, de tout âge & de tout sexe à visage découvert; il y a plus ou moins de prêtres & de moines, à proportion du rang & de l'opulence des morts & de leurs héritiers. Dans la maison ils sont exposés sur une espece de lit de parade, revêtus de leurs plus beaux habits; plusieurs ont la dévotion de se faire voir après leur mort revêtus de quelqu'habit religieux. On les porte de la maison où ils sont morts à l'église où ils doivent être enterrés, sur un brancard couvert d'un tapis d'étoffe de couleur plus ou moins riche: un fossoyeur porte sur son épaule la biere où le cadavre doit être mis avant que d'être enterré; il le suit immédiatement, & d'ordinaire c'est le personnage le plus remarquable du convoi. Il y a tout au plus quelques domestiques à la suite, aucun parent n'y paroît, & il est rare de voir répandre des larmes à ces tristes cérémonies.

Il Carmine, église de Carmes, grande & vaste, de construction antique, &

cependant fort bien éclairée ; elle est tenue proprement & très-bien décorée ; presque toutes les chapelles ont des tableaux de diftinction, parmi lesquels on remarquera, à main droite, l'adoration des Mages, par le Paffignani, d'un grand goût de deffein, & d'une belle compofition... Un Chrift mort fur la croix, & au pied la Vierge prête à s'évanouir de douleur, & une Madeleine en pleurs, par le Vafari... Quelques traits de la vie de l'apôtre S. Pierre, peints à frefque par le Mafaccio, peintre ancien de l'école Florentine, qui l'un des premiers fecoua le joug de fes maîtres pour imiter la nature, & ôter au deffein cette maniere roide que l'on remarque dans toutes les peintures anciennes : il est à croire que le Mafaccio auroit fait de grands progrès, s'il ne fût pas mort à vingt-fix ans en 1445. Cette chapelle eft un monument de la force d'un heureux génie qui fçait fe frayer lui-même, fans préceptes & fans modele, une route qui le conduit aux vraies beautés de la nature.

Dans la croifée à droite de cette églife, eft la riche chapelle de faint André Corfini, nouvellement conftruite aux frais de la maifon de ce nom. Tout le revêtissement est des plus beaux marbres ; l'architecture est d'ordre composite. L'autel un peu détaché de la muraille, est formé par une grande urne de porphyre, au-dessus de laquelle est un groupe d'anges de grandeur naturelle, qui soutiennent en l'air la figure de saint André Corsini, évêque de *Fiesoli*, de l'ordre des Carmes : au-dessus, dans une gloire, est le Pere Eternel, qui paroît prêt à recevoir le saint. Au milieu de l'urne, sur la face antérieure, est un bas-relief en argent d'un très-beau travail. Les deux côtés de la chapelle sont occupés par deux grands bas-reliefs en marbre blanc, l'un desquels repréfente le saint porté sur des nuages, & assistant l'armée des Florentins, qui attribuerent à sa protection la victoire qu'ils remporterent à Anghiarri sur les troupes de Philippe-Marie Viscomti, duc de Milan : l'autre a pour sujet le saint disant sa premiere messe, pendant laquelle la Mere de Dieu lui apparut, & l'assura de sa protection constante. La coupole peinte par Luc Giordan, est l'un des plus beaux ouvrages de ce maître ; la composition & le coloris la rendent précieuse. En avant, sur les côtés, sont quelques inscriptions sépulcrales à l'honneur des personnages illustres de la maison Corsini.

Il faut voir aussi dans le chœur de cette église le tombeau magnifique de Pierre Soderini, gonfalonnier perpétuel de la république.

Beaucoup d'autres églises de Florence ont des peintures de distinction ; je n'ai parlé que de celles qui se trouvent dans les églises principales répandues dans les différens quartiers de la ville.

Hôpitaux & maisons de charité. 11. Les hôpitaux & autres établissemens de charité n'y sont pas entretenus avec moins de soin que dans les autres villes d'Italie. Cet objet si intéressant pour l'humanité, méritera toujours l'attention d'un voyageur qui cherche à s'instruire.

Le principal est celui de *santa Maria nuova*, fondé dans le treizième siécle, entretenu depuis ce temps par la ville, & nouvellement augmenté par les ordres de l'empereur régnant. Les bâtimens en sont grands & vastes, & tenus avec propreté. Il y a une école de médecine & de chirurgie, où viennent de toutes parts une quantité d'éleves, qui se forment autant par les leçons qu'ils reçoivent des professeurs gagés, résidant à l'hôpital, que par la pratique où ils s'exercent sous les yeux de leurs maîtres. C'est de cette école que sortent les meilleurs praticiens du pays. L'empereur y a fait établir une bibliothéque publique, dans laquelle on met tous les bons livres de médecine à mesure qu'ils paroissent. Il y a aussi un théâtre anatomique, où l'on fait l'ouverture & la dissection des corps, sur-tout de ceux qui sont morts de quelque maladie singuliere, qui a résisté aux secours de la médecine, ou qui s'est montrée sous quelques symptômes nouveaux & effrayans. L'église ou chapelle est décorée de plusieurs belles peintures ; à gauche on verra un très-beau tableau du *Franceschini*, qui représente saint Louis, roi de France, guérissant les écrouelles... une descente de croix, par le Bronzin... Cet hôpital a pour revenus principaux le profit qu'il fait sur les rentes viageres, dont il a reçu les fonds, & qui se payent par classes. Chaque mise ou tontine est de cent écus, dont on paye depuis cinq jusqu'à dix pour cent, à mesure que l'on change de degré. Ces fonds sont administrés avec le plus grand soin, & les engagemens contractés se remplissent avec exactitude.

Outre cet hôpital général, il y en a

plusieurs autres. Ceux de saint Matthieu & de saint Jean de Dieu, pour les malades.... de saint Paul, pour les convalescens.... de saint Thomas d'Aquin, pour les pélerins ultramontains ; ils n'y sont reçus qu'autant qu'ils ont des lettres de leur évêque diocésain ; ils y séjournent & y sont bien traités.... de S. Marc, pour les pélerins, magniquement bâti.... de Jesu pellegrino, pour les prêtres & les religieux qui voyagent.... L'hôpital des incurables est l'un des plus beaux établissemens de ce genre que l'on puisse voir, & assez bien doté pour que l'on y entretienne tous les malheureux qui sont réellement dans le cas d'y être reçus pour le reste de leur vie.... Celui des enfans trouvés & des orphelins, établi dès l'an 1420, est très-vaste ; il y a plus de deux mille personnes pour la nourriture & l'éducation des enfans qui y sont en très-grand nombre. Les administrateurs de cet hôpital, pris dans le corps de la noblesse, ont encore l'inspection sur les autres hôpitaux, & la préséance sur les directeurs particuliers de chaque hôpital. Ces établissemens publics de charité sont administrés avec le plus grand soin sous les yeux du gouverneur général de la

GRAND DUCHÉ DE TOSCANE. 57

province, & des officiers qu'il nomme, qui doivent assister à toutes les assemblées de direction, & prendre garde a ce que les revenus soient légitimement employés à leur destination. Malgré toutes ces belles fondations, les rues de Florence sont remplies de mendians, qui sont de la plus grande incommodité.

La plus belle collection que l'amour des beaux arts ait fait faire, est sans contredit celle qui se trouve à la galerie de Florence : on est peut-être déja dans l'impatience d'en trouver la description dans ces mémoires ; mais comme je lui ai donné quelque étendue & le plus d'ordre qu'il m'a été possible, je la réserve pour être mise à la suite de la description des autres monumens, qu'elle feroit perdre de vue, si elle les précédoit.

12. *Le palais Pitti* est la résidence ordinaire des grands ducs de Toscane; il conserve encore le nom du noble Florentin qui le fit commencer. Lorsque Luc Pitti entreprit cet édifice, il tenoit un rang distingué dans la république, parce que Cosme l'ancien étoit alors trop âgé pour s'y opposer. Pitti avoit choisi un terrain avantageux, & avoit donné à

Palais Pitti des grands ducs, & Jardin Boboli. Tableaux précieux.

C v

son palais une étendue comparable, dans ses idées, au pouvoir dont il croyoit jouir ; mais ce palais, trop magnifique pour un particulier, dérangea beaucoup la fortune de messer Luc Pitti ; ses concitoyens en conçurent de l'ombrage, & sa famille ne put, ou n'osa soutenir ses projets : c'est de ses descendans que le grand duc Cosme I. en fit l'acquisition.

Cet édifice a été commencé sur les desseins du Brunelleschi. La façade extérieure est d'ordre rustique à bossages : cette maniere a quelque dignité, plutôt à raison de l'étendue du bâtiment, que de la construction même, qui ressemble plus à une forteresse qu'au palais d'un prince. Les fenêtres du premier plan sont d'une belle proportion. L'avant-corps de la façade extérieure n'est point fait de même que les deux aîles qui devoient s'étendre sur la place, & qui auroient donné de la grace & de la noblesse au bâtiment, dont l'extérieur est trop plat. L'architecture de la cour par l'Ammanati, est beaucoup plus réguliere & plus noble ; elle a trois rangs de colonnes posés les uns sur les autres, des ordres dorique, ionique & corinthien, qui forment autant de galeries ouvertes qui tournent autour de la cour, & servent à la communication des appartemens du palais. Cette cour est trop étroite, eu égard à la grande élévation du bâtiment, de maniere que pour la bien voir, on est obligé de tenir toujours la tête fort élevée & dans une situation incommode, le bâtiment ayant au moins cent trente pieds de hauteur, & la cour dans sa plus grande largeur n'en ayant pas plus de cent soixante. Elle seroit tout-à-fait obscure, si la muraille qui sépare la cour du jardin Boboli, & qui est terminée par une petite balustrade de marbre, n'étoit beaucoup plus basse que le palais, ce qui au moins de ce côté laisse un libre cours à la lumiere. Au milieu de cette muraille est pratiquée une grande voûte en enfoncement, qui a été autrefois bien décorée, mais que le temps & l'humidité ont beaucoup gâtée : elle est entierement occupée par une nape d'eau, au milieu de laquelle est une statue de porphyre, de Moïse, entourée de divers jets d'eau qui paroissent sortir de terre à ses ordres. Au-dessus de cette voûte est un autre grand bassin, au milieu duquel s'éleve un jet d'eau qui le remplit : il est orné de plusieurs enfans montés sur des cygnes qui semblent jouer dans l'eau.

A gauche, sous la premiere galerie, sont quelques statues antiques, entr'autres un Hercule qui ressemble beaucoup à celui du palais Farnese, & qui est dans la bonne maniere grecque. Au fond de cette même galerie, est un monument érigé par Luc Pitti à la mémoire d'une mule qui l'avoit bien servi : elle est représentée en bas-relief de marbre noir ou pierre de parangon, avec ce distique au-dessous :

Lecticam, lapides & marmora, ligna, columnas,
Vexit, conduxit, traxit & ista tulit.

Ce palais est très-bien meublé & entretenu, quoique depuis long-temps il ne soit pas habité : les meubles, déja anciens, sont des étoffes les plus riches, & bien conservés. On voit par-tout de ces belles tables de mosaïque ancienne de Florence, de ces armoires ou cabinets enrichis de lapis lazuli, de crystal de roche, d'agathes & de jaspes d'un travail admirable ; des lustres, des bronzes, des urnes, des glaces ; mais ce qu'il y a de vraiment curieux, ce sont les tableaux qui en ornent les différentes pieces.

L'appartement du rez-de-chauffée, que l'on appelle de l'empereur, n'a pas d'autres ornemens que les peintures qui le décorent; il est composé de plusieurs grandes pieces où sont les plus beaux plafonds: le premier est de pierre de Cortone; il a pour sujet un jeune homme que la vertu, représentée par Hercule, appelle & retire des mains de la volupté; il est entouré d'autres tableaux en évantail, dont les sujets ont rapport au tableau principal. On y voit la continence de Scipion; Joseph qui fuit la femme de Putiphar: ces différens sujets sont parfaitement exécutés, la couleur en est belle & gracieuse; on y trouve la force du pinceau de Pierre de Cortone, avec toutes les graces que l'on y peut desirer. Les peintures à fresque de cette premiere piece ont été faites par Jean de san Giovani, Florentin: ce sont des bas-reliefs en clair obscur, si parfaitement peints, qu'ils sont entierement détachés, & qu'il faut les toucher pour croire qu'ils soient de peinture plate.

Ciro Ferri a aidé Pierre de Cortone dans la composition des autres plafonds, où il paroît qu'il a suivi ses desseins. Le second représente un jeune homme porté sur des nuages entre Apollon & la poësie ; il est de Ciro Ferri. Le troisiéme, de Pierre de Cortone, est un sujet allégorique, qui représente la fortune des Medicis triomphante du temps & de ses ennemis ; & sur les bords du plafond, une armée navale : tout y est beau, couleur, expression, dessein, composition ; ce tableau est excellent.... Le quatriéme, est de Ciro Ferri ; il a pour sujet l'apothéose d'un héros qui est armé de la massue d'Hercule, & que Jupiter couronne.... Le cinquiéme de Pierre de Cortone, représente Hercule sur le bûcher.

On faisoit alors dans cet appartement une copie d'un grand tableau de Rubens, l'un des plus beaux de ce maître : il représente Mars que le démon de la guerre arrache des bras de Vénus qui veut en vain le retenir : l'amour pleure ; les symboles des arts, un homme robuste que le démon de la guerre foule aux pieds, & que je crois être l'agriculture ; des femmes, des enfans qui fuyent avec effroi, le temple de Janus renversé dans l'éloignement, marquent assez la désolation & les ravages de la guerre : à côté de Vénus, sur le devant du tableau, est une grande

Grand Duché de Toscane.

femme qui a sur la tête une couronne murale, qui leve ses yeux baignés de larmes & ses mains au ciel, & semble vouloir arrêter le héros par ses cris. Ce tableau, peint avec le plus beau feu, donne la plus grande idée du génie de son auteur. Je doute que Rubens ait jamais rien imaginé de plus noble & de plus poëtique; il me semble que la simple idée de ce tableau équivaut un poëme entier : la couleur en est excellente, & du plus beau de Rubens; toutes les têtes sont belles, intéressantes, bien caractérisées; la composition est précise & point embarrassée; la lumiere y est distribuée avec la plus grande intelligence. Ce tableau est à mon gré l'un des plus beaux qu'il soit possible de voir; un de ces tableaux faits pour être étudiés, pour former le goût & élever le génie.

Les autres appartemens de ce palais sont ornés des tableaux des meilleurs maîtres, en grand nombre & du plus beau choix. Je ne les rapporterai pas tous; je donnerai une courte nomenclature de ceux qui m'ont le plus affecté... Une sainte famille d'André del Sarto, de la plus grande force de couleur, & cependant vraie; les têtes sont très-belles, & rendues avec expreffion : on ne peut bien juger du mérite de ce peintre qu'à Florence ; il a été le plus grand coloriste de son école ; son dessein est de grand caractere ; presque toutes ses draperies sont bien jettées ; la plûpart de ses tableaux sont peints sur bois... Une Madonne & un saint François, de Carlin Dolce, de belle expression.... Un *Ecce Homo* de grandeur naturelle, avec deux bourreaux derriere, par le Cigoli, peint avec force & de belle couleur.... Quatre grands tableaux, qui ont pour sujets les quatre fins de l'homme, la mort, le jugement, le paradis & l'enfer : ils occupent chacun une des faces du salon où ils sont placés ; grande composition du cavalier Nasini, de Sienne, en général fort ingénieuse : on y voit plusieurs grouppes heureusement disposés.... Une Madonne, saint Jean & saint François, de grandeur naturelle, par André del Sarto... Un portrait du pape Paul III, par le Titien, admirable & bien conservé.... Une bacchanale de Rubens, où l'on voit toute la beauté de la composition & du coloris de ce grand maitre.... Quatre grands tableaux de bataille, par le Bourguignon ; ils sont historiques, & ont rapport aux Medicis ; ils font très-bien traités & d'un ton vigoureux de couleur. Les payfages font d'après nature ; ils repréfentent divers points de vue de Tofcane : on y voit entr'autres la montagne de *Radicofani*... La Madelaine, faint Laurent, faint François, & trois autres faints dans un même tableau, d'André del Sarto ; figures de grandeur naturelle, d'une belle expreffion ; le coloris & le deffein en font excellens.... Deux tableaux de l'Affomption, du même, compofés à-peu-près du même nombre de figures, quoique différemment placées ; ils font encore d'une extrême vivacité & d'une beauté frappante, qui naît en partie des couleurs éclatantes que le peintre a employées.... Un faint Marc plus grand que nature, de Fra Bartholomeo della Porta, dit de *fan Marco*. Le ftyle de ce tableau eft auffi grand, auffi majeftueux que celui de Raphaël ; il eft excellemment deffiné, & d'une beauté de pinceau à laquelle Raphaël n'eft jamais parvenu. Ce peintre, contemporain de Raphaël, fut fon maître pendant quelque temps ; il lui reffembloit beaucoup pour les qualités rares qui conftituent un grand peintre, & lui étoit fort fupérieur pour le coloris :

il semble qu'il ne lui ait manqué que les grandes occasions où s'est trouvé Raphaël, pour lui disputer, & peut-être pour lui enlever le sceptre de la peinture. Les ouvrages de ce grand artiste sont d'autant plus précieux, qu'ils sont fort rares. On dit à Florence que ce tableau de saint Marc a coûté 30000 francs au grand duc Ferdinand II ; c'est un des plus beaux qui soient à Florence... Une Ascension, du même, du plus beau style de composition & de dessein, inférieure au saint Marc pour le coloris... Un grand tableau qui a pour sujet la Vierge dans une gloire, & un saint évêque au bas à genoux : la Vierge est peinte avec noblesse ; il y a plus de simplicité dans la figure de l'évêque, qui est richement habillé ; le ton de couleur en est beau : cette composition est de la grande maniere de Carle Maratte, & dans le goût de celui du même maître qui est à l'église de saint Charles *al-Corso* à rome... Un portrait de Léon X, accompagné de deux cardinaux, figures de grandeur naturelle, par Raphaël ; tableau capital & bien conservé. On sait qu'André del Sarto copia ce tableau si parfaitement, que Jules Romain qui avoit travaillé à l'original, y fut trom-

GRAND DUCHÉ DE TOSCANE. 67

pé, & prit la copie pour l'ouvrage de son maître.... Le portrait du cardinal Bentivoglio, par Wandick, de la plus grande beauté, si parfaitement peint, si vrai, qu'on peut le mettre au rang de ces productions admirables, dans lesquelles le peintre paroît s'être surpassé lui-même.... Trois grands tableaux du Guerchin, saint Sebastien, la fraction du pain, & le satyre Marsias écorché par Apollon : ce dernier est bien supérieur aux autres.... Une sainte famille, sainte Elizabeth & saint Jean, par Rubens.

La Madonna della Sedia, célebre tableau de Raphaël, ovale, dans lequel on ne voit les figures que jusqu'à mi-corps, admirablement conservé, & si frais, que s'il n'étoit pas aussi authentique, on ne pourroit croire qu'il fût de ce maître. Il est d'un fini extrêmement précieux. La figure du petit saint Jean, plus brune que celle du Bambino, est pleine d'esprit, & fait un constrate charmant ; c'est une piéce unique dans le monde, & si belle, qu'elle n'inspire d'autre sentiment que l'admiration. Combien les artistes doivent étudier un tableau si parfait ! J'en ai vu une multitude de copies de différentes grandeurs, qui toutes font plaifir.

Une fainte famille, fainte Elifabeth, faint Jean & une autre femme, tableau de Raphaël, d'une troifiéme maniere, différente de celle de la Madonna della Sedia, & du por### de Léon X, mais toujours digne de ce grand maître....
Une tête, par le Correge, d'un coloris excellent & d'une belle expreffion....
Martin Luther qui touche du claveffin; il eft encore en habit d'Auguftin; fa femme eft à côté de lui; Bucer eft droit dans le fond du tableau, par le Giorgion; le fond eft noir, le coloris en eft vigoureux, & le deffein excellent....
Une danfe, par Jules Romain, figures nues d'environ vingt pouces de hauteur; tableau précieux pour la vérité de l'expreffion, & la fierté du deffein : l'antique n'a rien de mieux deffiné que ce morceau.... Une Cléopatre, de la maniere tendre du Guide, dont on retrouve toute la beauté dans ce tableau. Ce fujet a été fi fouvent répété & copié par tant d'habiles peintres, que l'on doute fouvent de la vérité des originaux. Il n'eft pas douteux que le Guide ne fe foit plu à traiter fouvent ce même fujet, que l'on voit à Bologne, à Rome, à Flo-

rence, & je crois à Gênes, dans la même forme, le même style, le même ton de couleurs: on remarque dans tous cette touche libre & précise qui caractérise le grand maître; on n'y voit rien de tâté, aucune de ces incertitudes de dessein, qui sont la marque de la main servile & peu sûre du copiste....

Les trois parques, excellent tableau en clair obscur pour le dessein & l'expression, par Michel-Ange.... Le dernier saint Pierre, par le Titien, morceau très-précieux & si bien conservé, qu'il est capable de donner une idée juste du mérite de ce grand coloriste.... Un baptême de saint Jean, par Paul Véronese, très-beau.

On verra encore dans le grand appartement du bas, une Vénus & un Amour, du Salviati, petit tableau très-bien peint, mais qui caractérise l'imagination déréglée de cet artiste... Un saint Jean, par le Tempesta, grand tableau qui a des beautés.

Il y a dans ce palais beaucoup d'autres tableaux qui mériteroient d'être cités avec éloge; mais je me suis contenté de parler de ceux que l'on peut appeller capitaux, dans l'ordre à-peu-près où ils étoient placés lorsque je les ai vus, mais qui peut changer ; il est cependant probable qu'on ne les transportera point ailleurs, & ils sont assez frappans pour être reconnus par-tout où on les verra. Cette collection est plus précieuse encore par le choix des tableaux, que par le nombre : on n'y a admis que les plus beaux ouvrages des meilleurs maîtres.

Plusieurs meubles de ce palais méritent l'attention des curieux, tant par rapport à la richesse de la matiere, qu'à la beauté de l'ouvrage.

On peut y remarquer la bordure d'un grand miroir ; ce sont des bouquets d'orfévrerie de toutes sortes de fleurs entrelacées, si délicatement travaillées, que l'air même les agite ; au-dessus est Phaëton qui conduit le char du Soleil ; derriere lui est Apollon, l'inquiétude marquée sur le visage, qui lui montre la route ; les chevaux respirent le feu : ce travail est admirable & d'une exécution surprenante.

Plusieurs lustres de cryftal de roche, un entr'autres au-dessus duquel est un aigle de même matiere ; il est monté de très-bon goût & d'un beau travail. Une grande baignoire d'un morceau de marbre de verd antique, de neuf pieds de longueur, quatre de largeur, & trois & demi de profondeur....

Dans l'appartement le plus élevé de ce palais, est une bibliothéque considérable composée de très-bons livres. Il y a peu de manuscrits anciens & en langues étrangeres, ils ont été déposés à la bibliothéque de saint Laurent ; mais il y en a beaucoup de modernes, intéressans sur-tout pour les affaires politiques de l'Italie, & qui seroient très-utiles à quelqu'un qui voudroit écrire l'histoire du dix-septiéme siécle. Il y en a deux en très-grand papier, qui sont une relation abrégée des voyages du grand duc Cosme III en espagne, en Angleterre, en Hollande, en France & en Italie, avec les vues dessinées de tous les endroits où il s'est arrêté : cet ouvrage est très-curieux & fidellement exécuté, à en juger de ce que je ne connois pas, par plusieurs vues de France & d'Italie qui sont rendues avec la plus grande vérité. Il n'y a qu'un prince héritier du goût des Médicis pour les arts, qui ait pu faire exécuter cet ouvrage aussi bien & aussi fidellement qu'il l'est. M. Menabuoni, alors bibliothécaire de l'empereur, homme instruit & d'une grande politesse, ne nous laissa rien échapper de ce qui pouvoit intéresser notre curiosité.

Le jardin Boboli tient à ce palais; il est vaste, de forme irréguliere, & situé sur un terrain inégal qui va toujours en s'élevant du côté du midi; il est terminé par les murailles de la ville, dans l'enceinte desquelles il est enfermé. C'est plutôt un parc qu'un jardin. Le terrain vis-à-vis le palais est droit & rapide; on y a pratiqué un théâtre de forme demi-ovale, disposé de façon à y donner des fêtes, & à y faire des illuminations, de la vue desquelles on peut jouir des fenêtres du palais. Il est orné de quelques statues & de vases, & entouré de massifs de bois & de grands arbres qui le terminent gracieusement. L'allée qui le traverse, & qui va aboutir à une piéce d'eau & à un partere qui est tout au haut du jardin, a au moins cinq cents pas d'étendue. La grande allée qui va d'un bout du parc à l'autre dans toute sa longueur, a plus de mille pas. On y voit différentes piéces d'eaux plates & jaillissantes, des statues & des vases de granite de belle forme. A la piéce d'eau du dessus, est un grand Neptune debout, qui a à ses pieds trois autres
statues

statues de fleuve qui versent l'eau de leurs urnes. Ce grouppe est de Jean de Bologne, & d'une belle exécution. La piéce d'eau qui partage la grande allée, est ornée d'un Neptune de bronze, d'Artaldo Lorenzi, bon sculpteur Florentin. Parmi les autres statues, il faut voir avec attention un excellent groupe d'Adam & d'Eve; Eve a la tête panchée sur les deux mains qu'elle appuye sur l'épaule d'Adam, qui a les yeux fixés en terre, & l'air très-mélancolique. Je crois ce beau morceau du Bandinelli. Au bas de ce jardin, du côté de la ville, il y a une petite ménagerie arrosée de canaux pleins d'eau vive, & peuplée de quelques oiseaux rares & d'animaux étrangers. Tout-à-fait au-dessus, du côté du midi, est un petit fort bâti en hexagone, appellé *santa Maria in Belvedere*; il est bien entretenu, & a toujours une garde de troupes réglées. A côté de ce fort, est un petit jardin à fleurs. En tirant au levant, l'extrémité de ce parc est occupée par des potagers placés dans un terrain très-inégal. On voit dans les bosquets quelques daims, & beaucoup de faisans & de perdrix. A main gauche, en entrant par la porte qui va de la place au jardin, sans traverser la cour du palais, est une grande grotte remplie de jets d'eau, & ornée de statues de différens maîtres, entre autres de quatre statues commencées seulement par Michel-Ange, & qui n'ont point été finies. Cette grotte est dans un goût tout-à-fait rustique, partie creusée dans le rocher que l'on a laissé à découvert : il s'y est trouvé un accident naturel qui étonne d'abord, & qui fait croire que la voûte s'écroule. Ce rocher est fendu de façon à donner une entrée libre à la lumiere. On a garni cette ouverture de plusieurs reptiles, tels que lezards, serpens & autres de cette espece, qui fuient la chute des pierres qui paroissent se détacher de la voûte. L'entrée de cette grotte étoit ornée de peintures, que l'humidité a fort gâtées.

Ce jardin, qui a plus de mille pas de longueur sur une largeur fort inégale, est une promenade très-agréable, où l'on trouve à tous les points du jour un ombrage frais & gracieux, des endroits solitaires, d'autres plus ouverts & plus rians. Les eaux, les statues, les taillis, les pallissades de lauriers & de myrtes, les bosquets d'orangers, les allées de grands arbres forment une va-

GRAND DUCHÉ DE TOSCANE. 75

riété toujours gracieuse. Ce palais & ce jardin sont situés dans la partie méridionale de la ville, sur un terrain beaucoup plus élevé que le reste.

13. *Le palais Ricardi*, situé dans la via larga, l'une des plus belles de Florence, est la premiere habitation des Medicis, que fit rebâtir Cosme l'ancien. La façade extérieure est divisée en trois ordres ; celui du bas est d'ordre rustique en bossages ; les autres sont le dorique & le corinthien : la corniche du dessus est très-belle, & les fenêtres du premier étage ont été faites sur les desseins de Michel-Ange. La face de ce palais, qui est sur la via larga, a été faite plus nouvellement que les deux premieres, & est tout-à-fait dans le même goût d'architecture. La cour est entourée d'une colonnade, dans la frise de laquelle on a pratiqué des niches où sont placés des bustes de la main du Donatelli. La galerie est revêtue de bas-reliefs, de statues, de bustes & d'inscriptions antiques, grecques & latines, qu'y ont fait placer les Marquis Ricardi. Les appartemens sont grands & nobles, meublés richement, & décorés de plusieurs tableaux de prix, dont la plus grande partie

Palais & autres édifices publics. Statues. Tableaux.

D ij

sont Flamands. Parmi les tableaux d'Italie, on en remarquera un très-grand de Jacques Bassan; il représente Vénus & l'Amour nuds, dans une boutique de chaudronnier garnie de poëles & de chaudrons; sans doute que le maître chaudronnier représente Vulcain : les figures en sont extrêmement agréables, à l'idée près qui n'a rien de noble; le tableau est gracieux, frais de couleur & parfaitement conservé. La galerie est grande, décorée de bonne maniere; le plafond est de Luc Jordan, & de la plus belle couleur : on a pratiqué quelques armoires dans le revêtissement de la galerie, où sont plusieurs antiques, médailles, camées & pierres gravées. A l'entrée de la cour, sur un cartel d'une forme élégante, sont gravés les noms des papes, empereurs, rois, & autres grands princes qui ont logé dans cette maison.

Le jardin des simples, commencé par le grand duc Cosme I, avec les appartemens pour les démonstrateurs & jardiniers à leurs ordres, les serres & autres commodités nécessaires pour l'entretien des plantes, tant du pays, qu'étrangeres. On y a ménagé quelques canaux pour les arrosemens, qui sont toujours pleins d'eau vive. En 1718, le dernier grand duc Jean-Gaston y fixa les séances de l'académie de botanique nouvellement établie à Florence. L'empereur lui a abandonné ce jardin & les appartemens qui en dépendent, sous les ordres du gouverneur de la province, & l'inspection d'un professeur en médecine, démonstrateur de botanique, qui y a sa résidence. La plupart des plantes que l'on éleve avec peine dans les serres chaudes de France, y croissent en plein air, & sont d'une force étonnante de végétation.

L'académie, école de cavalerie, où la jeune noblesse de Toscane, beaucoup d'étrangers, & sur-tout d'Anglois, viennent faire leurs exercices. Le grand prince Ferdinand, fils de Cosme III, a fait construire le manége couvert, qui est de belle architecture. L'empereur y entretient à ses frais un écuyer; il y a d'autres maîtres d'exercice : la race des chevaux du pays est bonne, & en fournit de distingués pour le manége.

La ménagerie, où sont différentes loges solidement & proprement construites, pour enfermer les bêtes féroces, qui du temps des Medicis servoient à donner des spectacles. On y nourrit encore des lions, des tigres & des loups. La cour où se donnent les combats, est belle & vaste, entourée d'une galerie couverte, élevée d'environ douze pieds, de laquelle on voit le spectacle sans courir aucun risque, & qui peut contenir un très-grand nombre de spectateurs. Sous un des côtés de la galerie sont de grandes ouvertures quarrées, garnies de grosses barres de fer, d'où le petit peuple pouvoit prendre part au spectacle.

Le palais Girini n'a rien de remarquable à l'extérieur, les appartemens en sont bien distribués & élégamment ornés. La collection des tableaux y est considérable : j'y ai remarqué deux grands tableaux du *Francheschini*, dit *il Volterrano*; l'un est une Vierge qui tient l'Enfant Jesus, auquel des Anges apportent des fleurs ; dans le fond est saint Joseph qui lit : les figures sont de grandeur naturelle, la composition agréable, la couleur & le dessein vrais & bons; l'autre est le Christ qui porte sa croix ; le groupe du devant composé de la Vierge évanouie, & de deux femmes qui la soutiennent, est très-beau....
La sainte famille & sainte Catherine, de Paul Veronese, du plus beau de ce maî-

tre.... Un tableau singulier de Frédéric *Zucchero*, qui représente la vallée de Josaphat ; au milieu est Jesus-Christ droit ; avec un livre fermé sous le bras : les os paroissent en mouvement pour se rapprocher & se reformer de nouveau : on voit des corps entierement formés, d'autres qui ne le sont qu'en partie ; des membres qui cherchent à se réunir : cette idée, toute bizarre qu'elle est, est grande, & l'exécution n'en a pas été facile ; le ton de couleur est convenable au sujet ; la figure du milieu est noble & bien dessinée.... Un charlatan monté sur des treteaux, qui vend son baume, grande figure, avec quelques spectateurs au bas : ce tableau peint empâté dans le goût Flamand, fait de loin un très-grand effet.... Un *Ecce Homo* de *Marinari*, éleve de Carlin Dolce, & une Vierge qui lui fait pendant, tous deux de très-belle couleur & bien dessinés.... Quelques beaux tableaux de bataille, du Bourguignon... L'incrédulité de saint Thomas, joli tableau de demi-grandeur, d'une couleur agréable, par Pompeïo Battoni.

Le palais Capponi, bâti dans ce siécle, est de la plus belle apparence, quoique l'architecture n'en soit pas aussi réguliere & aussi sage que celle des anciens bâtimens qui font le principal ornement de cette ville ; l'escalier en est grand & majestueux, orné de quelques statues & de stucs de bon goût ; les plafonds sont peints. La position de cette maison à une des extrémités de la ville, fait que l'on a pu y pratiquer de vastes jardins qui sont très-bien entendus.

La maison Buonarotti. La façade en est petite, mais du meilleur goût d'architecture ; la porte & les fenêtres sont de très-bonne maniere, & dignes de servir de modele. On dit qu'elle a été bâtie par Michel-Ange lui-même ; il est certain qu'il l'a habitée pendant long-temps, & on y voit avec plaisir les premiers essais du crayon de ce grand homme, dont on a conservé les desseins sur les murs mêmes où il les avoit tracés. Il étoit alors dans sa premiere jeunesse, il ne connoissoit ni l'art, ni les préceptes, la nature seule conduisoit sa main, & annonçoit ce qu'il devoit être un jour. On y voit aussi quelques-uns de ses premiers tableaux, déja d'un grand goût de dessein, mais très-foibles de couleurs. Ses descendans ont conservé du goût pour les belles-lettres, & plusieurs d'entre eux ont été d'un mérite reconnu; ils ont fait dans cette maison une collection curieuse d'antiques, de médailles & d'inscriptions, sur-tout de ces médailles ou talismans antiques, imaginés par les Basilidiens, hérétiques du second siécle qui parurent en Egypte; ils attribuoient à ces talismans chargés de figures hiéroglyphiques, une vertu secrette qu'ils croyoient leur donner par le moyen de la magie. Cette folie a été renouvellée en France & en Italie dans le seiziéme siécle. Parmi les inscriptions, on y en voit une en caracteres majuscules grecs, dont le sens est..... *Simplicia, vraiment digne de ce nom, a vécu onze ans & vingt-trois jours; elle est morte le treiziéme des calendes de novembre, sous le consulat de Faustus & Gallus.* Si on louoit les mœurs simples d'une fille de cet âge, il falloit qu'alors le sexe fût bien rusé & bien précoce.

L'université. Le bâtiment est vaste, mais n'a rien de remarquable; c'est là que différens professeurs de théologie, d'histoire sacrée & profane, de jurisprudence civile & canonique, de mathématiques & de philosophie, d'humanités & de langues grecque & hébraïque, donnent des leçons publiques. Ces professeurs sont indifféremment des religieux de différens ordres, des ecclésiastiques ou des laïques... L'académie *della Crusca* tient ses séances dans l'enceinte de l'université.

Le château de saint Jean-Baptiste, appellé *Fortessa da basso*, pentagone régulier, avec des fossés revêtus pleins d'eau vive, & un chemin couvert ; il y a un petit arsenal : mais ce qui y mérite le plus d'attention, est la fonderie de canons qui y a été nouvellement établie. Ce château tient aux murs de la ville du côté du nord.

Près de-là est *le Casino*, ou petite maison du marquis Ricardi, accompagnée de très-beaux jardins, de plantations d'orangers, de citronniers, de cédrats, & d'autres arbres de ce genre. La maison est ornée de plusieurs bonnes statues antiques & modernes, qui méritent l'attention des voyageurs.

Le palais Corsini. L'architecture en est noble, de l'ordre Toscan. Au premier étage, qu'ils appellent *piano nobile*, sont huit appartemens complets ; il a l'agrément d'avoir une belle terrasse, qui a la vue sur le cours de l'Arno, & sur la partie de la ville qui est de l'autre côté du fleuve ; il est vrai que quand il se déborde, tout le rez-de-chaussée devient inhabitable, & se remplit d'eau, ainsi que je l'ai vu au mois de novembre 1761. Les appartemens sont ornés de tableaux précieux des meilleurs maîtres, de bronzes antiques & modernes, de très-belle forme ; de bonnes statues, parmi lesquelles on remarquera celle du pape Clément XII, qui étoit de cette maison ; elle est placée dans un vestibule au-dessus du grand escalier. Il y a un appartement d'été qui doit être de la plus grande fraîcheur ; on y a ménagé de petites fontaines qui donnent de l'eau quand on le juge à propos, & qui sont joliment décorées.

Palais Strozzi. La construction extérieure est en bossages d'ordre Toscan ; la cour est quarrée avec deux galeries, l'une au-dessus de l'autre, des ordres dorique & corinthien. Ce palais a été bâti dans le même temps à peu près que les palais Ricardi, Pitti, Salviati, & autres appartenans aux maisons de Florence qui tenoient le premier rang dans la république. Ils sont tous d'une architecture noble, solide & simple. La couleur brune de la pierre du pays leur donne un afpect trifte, à moins qu'ils ne foient blanchis, ce qui eft rare. Le goût de conftruction de ces différens palais eft à peu près le même ; ils ont tous une cour quarrée avec des galeries ouvertes, qui ont autant d'étages que la maifon, ce qui eft très-commode pour le fervice ; dans prefque toutes les cours il y a des fontaines. Il paroît que dans le temps des révolutions, ces maifons principales étoient autant de lieux d'affemblée, & même de défenfe pour les chefs de faction qui les habitoient, & qui y raffembloient leurs partifans. Ce palais a appartenu à l'infortuné Philippe Strozzi, qui avoit confpiré contre les Medicis, pour fouftraire fa patrie à leur domination, & lui rendre fa liberté ; il fut pris les armes à la main en 1533, & mis en prifon, où il fe poignarda lui-même, pour fe fouftraire au dernier fupplice qui lui étoit deftiné. Il avoit écrit fur la cheminée de la prifon, avec la pointe de fon poignard, ce vers de Virgile....

Exoriare aliquis, noftris ex offibus ultor.

Ce fouhait n'a pas empêché la puiffance des Medicis de s'établir folidement, & fa poftérité s'y eft accoutuméc. Pierre & Philippe Strozzi, fils & petit-fils de Philippe, furent successivement maréchaux de France. Aux angles des principaux palais, l'on voit de grands anneaux de fer qui servent à y placer de grosses lampes de reverbere.

Sur la place de la sainte Trinité, est une grande colonne de granit, d'ordre dorique, sur laquelle est une statue de la Justice, plus grande que nature, érigée par ordre du grand duc Cosme I, dans l'endroit même où il apprit la nouvelle de la reddition de Sienne en 1564. Cette colonne servoit aux thermes de l'empereur Antonin à Rome, d'ou elle fut tirée & envoyée en présent au grand duc par le pape Pie V.

Le bâtiment où les différens magistrats de la ville se rassemblent, appellé *Fabrica degli uffic* ; a été construit sous le regne du grand duc Cosme I, sur les desseins du Vasari. L'architecture est d'ordre dorique, relevée d'ornemens de sculpture de bon goût. Toute cette fabrique de forme quarré long, est entourée de trois côtés par une colonnade à portiques ouverts, sous laquelle sont les différens tribunaux de justice & de police. L'étage au-dessus des portiques est occupé d'un côté par la bibliothéque Magliabecchi, qui est publique. Elle doit son établissement au savant Antoine Magliabecchi, bibliothécaire du grand duc, mort en 1714, âgé de quatre-vingt-un ans, qui laissa sa bibliothéque à sa patrie, avec des fonds pour l'entretenir. Le grand duc Cosme III la fit placer où elle est. De l'autre côté sont les logemens & atteliers des différens ouvriers qui travaillent à la mosaïque de Florence, & qui ont pour directeur principal Louis Siriés, très-habile graveur en pierres fines, & orfévre-cizeleur connu dans toute l'Europe.

Mosaïque de Florence.

14. Les tableaux de mosaïque de Florence, portés au degré de perfection où elle est actuellement, sont d'un tréshaut prix, tant par rapport à la richesse des matieres que l'on y emploie, qu'au long temps qu'il faut pour les finir. Les marbres les plus précieux, les agathes, les grenats, les sardoines, les coraux, les nacres de perles, le lapis lazuli, les jaspes, l'émeraude & la topaze entrent dans la composition de ces tableaux singuliers. On se sert encore d'une autre espece de cailloux, que l'on annonce comme très-rares, & sur la qualité des-

quels on fait un grand secret à Florence, de même que sur l'endroit d'où on les tire. Ceux que j'ai vu dans les magasins sont ronds, & peuvent avoir sur différentes grosseurs de trois à six pouces de diamétre.... quelques-uns même sont plus gros; mais à l'usage que l'on en fait, à leur force & à la couleur de leur surface extérieure, j'ai lieu de croire qu'on les tire de quelques vallées de l'Apennin, situées entre Sanquirico & Radicofani, à moitié chemin à peu près de l'un & de l'autre, sur-tout aux environs de *la Scala*. Je vis dans le lit d'un ruisseau qui coule de la hauteur de Radicofani, des cailloux de différentes grosseurs, qui me rappellerent ceux des magasins de Florence; j'en vis quelques-uns lavés par l'eau du ruisseau, qui étoient de la couleur la plus vive ; j'en cassai d'autres, j'en trouvai de rouges, de verds, de jaunes, quelques-uns blancs marqués de bleu, d'autres de nuances fort brunes; ce qui me donne lieu de croire que l'on peut en trouver de différentes nuances, de couleurs primitives.

La matiere des tableaux de mosaïque, quoique très-précieuse, coûte beaucoup moins que la main-d'œuvre. Comme on imite, autant qu'il est possible, les diverses nuances de la peinture, il faut diviser ces pierres, qui sont extrêmement dures, en parties très-minces; ce qui ne se fait qu'à force de bras & de temps, par des ouvriers assez adroits pour ne rien perdre mal-à-propos, & conduire avec précision la petite scie avec laquelle on divise les pierres. Ce métier est si pénible, & demande une application si forte, que très-peu d'ouvriers sont assez robustes pour y résister quelques années de suite : dès que leur santé commence à s'altérer, il faut qu'ils se retirent ; car si l'amour du gain les opiniâtre à rester, ils périssent infailliblement. On ne travaille à cette manufacture que pour l'empereur, tous les ouvrages qui en sortent lui appartiennent, & on ne peut en avoir que de sa main (a). J'ai vu le dessein d'une table qui devoit être commencée en 1762 ; c'étoit une guirlande de coquillages les plus rares & les plus beaux, entremê-

___

(a) L'Empereur étoit alors grand duc de Toscane, mais depuis que le pays a un souverain résidant à Florence, sans doute que l'on travaille à la mosaïque pour son compte & par ses ordres.

lés de branches de corail rouge, noir & blanc, le tout rattaché par un cordon de perles tournant autour de la guirlande : le fond de la table devoit être de lapis lazuli. On m'a afluré que pour exécuter ce deffein dans toute fa perfection, il falloit le travail continuel de quarante hommes pendant un an & demi : cette table devoit avoir cinq pieds de longueur fur deux & demi de largeur. Quiconque y aura vu travailler, croira aifément que l'on ne m'a rien exagéré.

L'ouvrier a toujours devant lui le deffein colorié de l'ouvrage qu'il doit exécuter, & il choifit les pierres qui répondent aux couleurs. J'ai vu travailler à quatre tableaux d'hiftoire repréfentant les quatre parties du monde; ils étoient déja très-avancés, & les parties finies avoient beaucoup d'éclat. Dans ces tableaux, ce n'eft plus l'imitation de la nature, mais celle de la peinture que l'on cherche à rendre avec des matieres qui ne s'alterent point, & qui font très-précieufes. L'ouvrier principal, celui qu'on peut appeller le peintre ou le metteur en œuvre, a devant lui, fur un plan incliné, une très-grande piéce de pierre brune, appellée *luvagna*, plus compacte & plus pesante que l'ardoise; cette pierre est recouverte d'un mastic épais, sur lequel il place les différens morceaux de pierres précieuses, de cailloux coloriés, ou de marbres qu'il emploie. Ces morceaux, pour tenir solidement, & s'unir les uns aux autres, doivent avoir au moins sept à huit lignes de hauteur, quelques-uns ont même davantage; plus ils sont minces, plus ils doivent être longs. Que l'on imagine la quantité de coups de pinceau nécessaires pour former une draperie, une boucle de cheveux, un visage, une fleur, un fruit, un nuage, & l'on pourra prendre une idée de la multitude de piéces différentes qu'il faut employer pour rendre les différens objets que l'on a à représenter, & dont plusieurs, à l'éclat près, sont rendus avec beaucoup de vérité. Dans l'architecture, où il semble qu'il faudroit moins de piéces, j'en ai vu mettre en œuvre qui ne paroissoient pas plus grosses que des crins. Ces différentes piéces unies ensemble par le mastic, sont resserrées par un cercle de fer, qui les entoure & les tient très-serrées les unes contre les autres, & avec la lavagna sur laquelle il a son principal appui. Quand le travail est fini, que le mastic s'est durci, & ne fait plus qu'un même corps avec la lavagna & les pierres fines mises en œuvre, on polit le tableau, & on le rend uni comme une glace; ce qui se doit faire avec beaucoup de précautions, pour ne pas écailler les matieres différentes qui sont en œuvre. Ce poli se donne avec une sorte d'émeri ou de sable très-fin que l'on mouille légerement, & qui ronge les parties excédentes: l'ouvrier chargé de ce travail, qui demande de l'intelligence & de l'habitude, lave de temps en temps quelques parties, pour voir si le travail sort de dessous le polissoir uni & brillant. Il faut apprendre ce que l'on peut de cet art singulier en examinant les ouvriers, que l'on interroge en vain sur leur secret, ils ne savent que répondre, voyez & apprenez si vous pouvez. Il se fait dans ces atteliers une petite contrebande, sur quoi les directeurs ferment les yeux; on vend aux étrangers quelques petits tableaux de peu de conséquence, qui peuvent servir à donner une idée de ce travail; mais d'ordinaire ils sont mal rendus, faits à la hâte & sans soin, & on n'y emploie pas les matieres précieuses qui donnent le plus d'éclat & de prix à la mosaïque.

Plus anciennement la belle mosaïque de Florence ne représentoit que des fleurs, des fruits, & quelques oiseaux en relief ; on y employoit également les matieres les plus précieuses. On en voit des armoires remplies dans la galerie des grands ducs, & beaucoup d'ornemens faits par leurs ordres en différentes églises de Florence; mais on ne travaille plus à présent dans ce goût ; il est certain que la maniere actuelle est bien plus belle, & approche davantage de la peinture ; ce qui me fait croire que l'usage que l'on fait des cailloux dont j'ai parlé, a paru d'une si grande ressource, que l'on a changé la maniere ancienne en la perfectionnant beaucoup. Cette mosaïque n'étoit précieuse qu'eu égard aux matieres que l'on y employoit. Le beau travail antique de ce genre, pour la correction du dessein & l'expression, est bien au-dessus; mais la mosaïque de Rome, telle qu'on l'exécute à présent, est supérieure à l'antique & à la moderne de Florence, & rend les tableaux des meilleurs maîtres avec une vérité qui étonne. Je n'ai pas vu qu'à

Grand Duché de Toscane. 93

Florence on ait ofé entreprendre de copier en mofaïque quelques tableaux d'une grandeur confidérable; on n'y fait que des tables, ou de petits tableaux de chevalet, ou des piéces d'ornement; & à Rome les tableaux d'autel, dont plufieurs ont trente pieds de hauteur, fur une largeur proportionnée, font imités, ou plutôt copiés avec une perfection & une vérité qui étonnent.

On travaille à Florence à une autre efpece de mofaïque appellée *fcagliola*; elle fe fait avec des cailloux durs & coloriés, dont on emploie quelques-uns en propre fubftance, quand il s'y trouve de ces accidens heureux qui font beauté, foit dans un ciel, foit dans un payfage; les intervalles font remplis par un maftic, dont le fond principal eft une pouffiere tirée de ces différens cailloux, à laquelle on mêle d'autres couleurs. Cette compofition reffemble au ftuc, mais elle eft beaucoup plus folide. J'en ai vu des tableaux de payfage & des marines; mais il ne faut attendre ni correction, ni vraifemblance dans tout ce qui demande quelque fineffe d'exécution; auffi il eft rare d'y voir quelques figures qui foient fupportables; le feuillé des arbres n'eft pas plus aifé à rendre, & on ne réussit bien que dans les représentations d'architectures & de ruines. Ces ouvrages ne sont point chers, & ils sont d'une solidité qui en rend le transport facile.

On trouve dans ces magasins des bronzes modernes d'un très-bon goût de desseins, des modeles en terre cuite, quelquefois des médailles & des pierres fines excellemment gravées par M. Siriés ; la finesse de son burin égale la beauté de l'antique. Il fait aussi différens ouvrages d'acier ciselés & damasquinés en or, travaillés de bon goût, & recherchés avec une propreté surprenante. Ces ouvrages sont fort chers, mais en les voyant on peut juger du temps qu'il faut pour les porter à un si haut point de perfection.

Vieux palais. 15. Ce côté de la galerie tient au vieux palais, bâti dans le treiziéme siécle par ordre du sénat de Florence ; c'étoit le lieu principal de ses assemblées, & le centre où résidoit la majesté de la république. Ce palais est par la suite devenu celui des souverains, après que les Florentins, d'un commun accord, eurent reconnu les Medicis pour leurs princes. L'architecture, quoiqu'ancienne, a de la grandeur & de la noblesse, &

répond à l'usage auquel elle fut destinée.

Au-devant est une tour ou campanile de deux cents soixante pieds de hauteur, soutenu sur quatre grosses colonnes qui forment un portique ouvert. A l'entrée du palais, au-dessous du grand balcon, sont placées deux grandes statues; l'une de Michel-Ange, qui représente David encore jeune, à l'âge à-peu-près qu'il vainquit le géant Goliath; quoique la figure soit d'un jeune homme fort & vigoureux, elle a les graces de la beauté & de la douceur: l'autre du Bandinelli, qui représente Hercule venant d'abattre Cacus, traitée du plus grand style, & digne d'être mise en opposition avec celle de Michel-Ange.

La cour du palais, entourée de portiques ouverts, a une belle fontaine dont le bassin est de porphyre; au milieu est un enfant de bronze jetté par André Verrochio, maître de Pierre Perugin & de Léonard de Vinci. On peut juger du goût qui régnoit à Florence par cette statue qui est du quinziéme siécle, avant qu'on eût ouvert les yeux sur les beautés de l'antique, & que Michel-Ange eût commencé la carriere qu'il a courue avec tant de gloire, &

dans laquelle il a été suivi de près par le Bandinelli, Jean de Bologne, & tant d'autres illustres artistes.

Au premier étage est l'ancienne salle d'audience, l'une des plus grandes qui soient en Italie : elle a plus de cent soixante pieds de longueur, sur une très-grande largeur. Le plafond est à compartimens de stucs dorés, avec différens tableaux peints à fresque par le Vasari, de même que la plûpart des grandes compositions qui sont autour de la salle, & qui représentent les faits les plus mémorables de l'histoire de Florence dans son état de république, & sous la domination des Medicis. Aux quatre angles de cette salle sont quatre grands tableaux peints à l'huile, deux par le Ligozzi, dont le premier a pour sujet le couronnement du grand duc Cosme premier, & l'autre un fait singulier, dont la mémoire devoit être conservée dans ce lieu. Douze Florentins se trouverent en même temps ambassadeurs de différentes puissances de l'Europe, à la cour du pape Boniface VIII... Ces tableaux sont d'un meilleur ton de couleur que ceux du Vasari ; l'ordonnance du dernier est bonne, les attitudes y sont variées ; & on a consulté

sulté l'histoire pour les airs de tête & les caracteres. Le troisiéme est du Cigoli, & a pour sujet l'instant où le sénat de Florence reconnoît & salue le jeune Alexandre Medicis pour son prince. Le quatriéme est du Passignani, & représente l'institution de l'ordre de saint Etienne par le grand duc Cosme premier; mais les statues qui décorent cette salle sont fort au-dessus des peintures. Au fond est celle du pape Léon X, qui a à ses côtés celle de Jean & Alexandre Medicis; au coin est celle du pape Clément VII, vis-à-vis celle de Cosme premier, toutes de la main du Bandinelli. On y a placé une très-belle statue de la victoire qui tient un prisonnier sous ses pieds; elle est de Michel-Ange, & devoit être mise sur le tombeau de Jules II à saint Pierre *in vincoli* à Rome. Des deux côtés de la salle sont six grouppes qui représentent les travaux d'Hercule, le combat avec Anthée, la mort de Diomede, le sanglier d'Erimanthe, la défaite du centaure, la rencontre d'Atlas, & la victoire sur la reine des Amazones. Au fond sont deux statues d'Adam & d'Eve, par le Bandinelli, qui étoient autrefois derriere le maître-autel de la cathédrale, & que l'on a enlevées à cause de leur nudité. L'Eve est de plus grande taille qu'Adam; mais les proportions en sont si justes & si belles, que ce sont celles de la nature même.

Il y a d'autres grandes piéces démeublées, où sont plusieurs peintures du Vasari, à fresque & à l'huile. C'est grand dommage que tout ce bâtiment soit inhabité ; les statues & les tableaux sont chargés de poussiere, & toute cette partie est tenue avec peu de soin. A côté de cette salle est un grand magasin, dans lequel est un squelette d'éléphant revêtu de sa peau, & beaucoup de meubles anciens. Les plus précieux, ceux qui serviroient à meubler le vieux palais, si les Souverains jugeoient à propos de l'habiter, sont enfermés dans de grands garde-meubles; mais ce qui est vraiment curieux & d'une richesse immense, ce sont les effets conservés dans les salles connues sous le nom de garde-robe des grands ducs.

Garderobe des grands ducs. 16. Je n'entrerai point dans le détail de la vaisselle d'argent, de vermeil & d'or qui est en différentes armoires. La quantité en est considérable ; les grandes piéces sont ciselées dans le bon goût du temps où elles ont été faites. A en juger par les différens services qui y sont, il est à croire que les Medicis aimoient à acquérir beaucoup d'effets de ce genre; car on y voit de la vaisselle très-ancienne, qui auroit pu être refondue & mise dans une forme plus convenable à l'usage du dernier siécle & de celui-ci; mais on n'a touché à rien.

La chapelle du grand duc, ou plutôt les ornemens destinés à cette chapelle, sont de la plus grande richesse, tout y est or & pierreries; il y a entr'autres effets un devant d'autel dont le fond est d'or massif; au milieu est la figure en relief de Ferdinand II, formée de pierres précieuses de différentes couleurs (*a*); il y a sur-tout des topazes orientales, des émeraudes & des saphirs d'une grosseur considérable; au-dessus est une inscription en grands caracteres formés avec des grenats, qui apprend que c'étoit un *ex voto*, destiné par le grand duc au tombeau de saint Charles : ce prince espéroit de guérir d'une maladie dangereuse par l'intercession de ce saint;

───────────────────

(*a*) Il est à genoux devant le tombeau du saint: le tour de ce médaillon est rempli d'ornemens travaillés de bon goût, & enrichis de pierres fines.

mais comme il en mourut, ſes héritiers jugerent à propos de laiſſer l'*ex voto* dans le tréſor.

L'armoire la plus riche eſt celle qui renferme les ornemens de la chapelle du dernier cardinal de Medicis : il y a de quoi parer une égliſe entiere ; on y voit reliquaires, crucifix, chandeliers, vaſes & ſtatues d'or d'un très-beau travail, & pluſieurs effets de ce genre en argent doré.

C'eſt-là que l'on voit les habillemens orientaux envoyés par les Sultans au fameux Coſme de Medicis, pere de la patrie, qui étoit en relation de commerce avec eux, & qui tenoit à leurs cours des Agens qui avoient preſqu'autant de conſidération que les miniſtres des princes étrangers ; deux équipages de cheval, l'un à fond d'or, l'autre de velours cramoiſi, tous deux brobés de perles, grenats, turquoiſes, émeraudes, rubis, &c.... Une ſelle dont les panneaux & la monture ſont en or, de même que les étriers pleins. Il y a un ſabre à l'orientale, dont la poignée & le fourreau ſont d'or, & entierement recouverts de pierreries ; cette partie eſt auſſi curieuſe qu'elle eſt riche. On y voit les habillemens & les armes les plus magnifiques qu'ait inventé le luxe aſiatique. A côté eſt un ancien fauteuil d'un très-beau travail; les pommes qui ſont au doſſier, aux bras & aux quatre pieds, ſont maſſives d'or : il eſt garni de velours cramoiſi, brodé en plein de perles & de pierres fines. Cet aſſemblage d'effets précieux peut donner une idée de la magnificence des Medicis, & de leurs richeſſes. Le mobilier ſeul, qui eſt, tant au palais Pitti, qu'à la galerie, & dans le vieux palais qui appartient aux grands ducs de Toſcane, eſt d'une valeur qui équivaut au prix d'une belle province. Pendant trois ſiécles les Medicis, qui avoient du goût pour ces ſortes de richeſſes, n'ont fait que les accumuler, & ils ont été aſſez heureux pour n'éprouver aucun échec qui leur en ait rien fait perdre.

C'eſt dans ce même tréſor que l'on conſerve un très-ancien manuſcrit des pandectes de Juſtinien, ou recueil d'ordonnances & déciſions des Juriſconſultes, fait ſous le régne de ce prince en 534 : on croit que c'eſt l'original même qui a appartenu à cet empereur. Il eſt écrit ſur velin, d'un beau caractere; c'eſt un très-grand in-folio bien conſervé. La république de Florence a eu dans les temps les plus reculés la plus grande vénération pour ce manuscrit, & le regardoit comme son *palladium* : on le menoit dans les camps & à la suite des armées sur un chariot gardé par l'élite des troupes, au-dessus duquel étoit attaché l'étendard de la république; il sembloit que son honneur & sa fortune fussent attachés à la conservation de ce manuscrit ; il est connu sous le nom de *Pandectes Florentines*. On voit dans le même endroit l'original du traité de réunion, fait en 1439 entre les églises Latine & Grecque au concile général de Florence. Ceux qui seront curieux de voir des peintures anciennes, peuvent juger de leur mérite par la chapelle du vieux palais, qui est toute peinte de la main du Ghirlandaïo, artiste médiocre, quoique supérieur aux peintres Grecs, à l'école desquels il s'étoit formé.

Places, statues, fontaines, ponts, monumens publics.

17. La place du grand duc, qui est au-devant du vieux palais, est décorée de plusieurs beaux monumens. La loge, du dessein d'André Orgagna, très-bon architecte vivant à Florence dans le quatorziéme siécle, est de grande maniere. Les trois grouppes placés sous l'ouverture des arcs, méritent l'attention des curieux. Le premier est en

bronze, exécuté par le Donatelli ; il repréſente Judith qui vient de couper la tête à Holopherne ; le courage & la confiance ſont ſinguliérement bien exprimés ſur le viſage de l'héroïne. Le ſecond, auſſi en bronze, eſt Perſée dans l'inſtant qu'il a coupé la tête à Méduſe : de la droite il tient ſon épée, de la gauche la tête ſanglante qu'il regarde avec horreur : cette ſtatue paroît animée, elle eſt de l'exécution la plus vraie & la plus légere ; le bas-relief de bronze qui eſt au bas, & qui a pour ſujet principal la fable d'Andromede & de Perſée, eſt rendu avec beaucoup de fineſſe & de vérité. Le troiſiéme eſt de Jean de Bologne ; il eſt en marbre, compoſé de trois figures qui repréſentent un Romain qui enleve une Sabine ; aux pieds du Romain eſt un vieillard abattu qui paroît être le pere de la jeune femme enlevée, & qui fait d'inutiles efforts pour arrêter le raviſſeur ; la colere & la douleur ſont bien exprimées ſur ſon viſage ; les mouvemens du ſoldat Romain ſont vigoureux ; ſon aſpect a de la fierté & une ſorte de fureur que lui inſpirent la réſiſtance qu'il éprouve, & la force qu'il faut qu'il emploie pour enlever la femme qu'il ſoutient en l'air,

& se débarrasser en même temps du vieillard qui veut l'arrêter ; la jeune femme est d'une taille légere & agréable ; l'effroi & la crainte sont marqués par les traits de son visage ; ces passions alterent sa beauté, mais ne la détruisent point. Ce groupe excellent réunit une belle représentation des trois âges de la vie, de la jeunesse, de l'âge viril & fort, & de la foible vieillesse, représentés avec des passions différentes. La base sur laquelle il est placé est ornée d'un bas-relief en bronze, qui représente l'histoire entiere de l'enlevement des Sabines.

Près d'un des angles du vieux palais, dans la même place du grand duc, est une belle fontaine décorée par l'Ammanati, sculpteur Florentin ; le bassin principal est grand, plusieurs jets d'eau le remplissent continuellement ; au milieu est une statue colossale de Neptune, haute de dix brasses, posée droite sur une grande conque marine tirée par quatre chevaux marins de marbre de différentes couleurs ; entre les jambes du Neptune sont trois figures de tritons. Le bassin de marbre est à huit pans d'inégale grandeur ; il est revêtu de divers ornemens de bronze, tels qu'enfans, coquilles, cornes d'abondance & cartels; aux côtés font quatre piédeftaux, fur lefquels font pofées quatre ftatues de bronze plus grandes que le naturel : deux repréfentent Thétis & Doris, & les deux autres des Dieux marins. Sur les bords des deux plus petits pans du baſſin étoient placés deux fatyres de bronze de grandeur naturelle; il n'en refte plus qu'un ; on voit les crampons de fer qui tenoient l'autre, & qui ont été fciés. On m'a affuré qu'un étranger qui ne pouvoit pas l'acquérir à prix d'argent, fut affez hardi pour enlever cette ftatue il y a quelques années pendant la nuit, & la faire conduire fecrettement à Livourne où elle fut embarquée. Tout l'enfemble de cette fontaine eſt très-élégant ; on voit que le grand duc Cofme premier, par les ordres duquel elle a été faite, n'a rien épargné pour en faire un monument digne de la capitale de fes états.

La ftatue équeſtre qui eſt au milieu de la place, érigée en 1594 par Ferdinand premier, à la mémoire de fon pere Cofme premier, eſt un très-bel ouvrage de Jean de Bologne. Cet artifte fi habile ne réuſſiſſoit pas à repréfenter les chevaux au même degré de perfection que les hommes ; celui sur lequel est placé la statue du grand duc, a quelque chose de roide & de géné qui ne peut être dans la nature. Les bas-reliefs de bronze qui décorent le piédestal, sont de la plus belle exécution. Le premier représente le couronnement du grand duc Cosme premier, avec cette inscription.... *Ob zelum religionis, præcipuumque justitiæ studium....* Le second est son entrée dans la ville de Sienne après qu'elle fut soumise à son empire.... Le troisiéme a pour sujet l'instant auquel le sénat & la république de Florence, touchés de ses belles qualités, le reconnurent solemnellement pour leur prince à l'âge de dix-huit ans... La quatriéme face du piédestal est occupée par cette inscription :

Cosmo Medici, magno Etruriæ duci primo,
Pio, felici,
Invicto, justo, clementi ;
Sacræ militiæ, pacifique in Etruria autho ri ;
Patri & principi optimo
Ferdinandus F. magnus dux III, erexit.

A. M. DLXXXXIIII.

A cent cinquante pas environ de cette place, est un grand édifice que le peuple appelle *Or san Michele*, dont le vrai nom est *san Michele in orto* : l'extérieur est revêtu de colonnes & de pilastres, entre lesquels il y a plusieurs niches où sont placées des statues de marbre & de bronze plus grandes que le naturel, & de la main de très-bons maîtres. Le saint Matthieu, saint Etienne & saint Jean, en bronze, sont de Lorenzo Giberti, qui a fait les belles portes du baptistere. Saint Jean l'évangéliste, de Bacio de Montelupo... Le Donatelli a exécuté en marbre les statues de saint Pierre, de saint Marc & de saint Georges : cette derniere est d'une grande beauté. Le saint Philippe & le saint Eloi, sont des éleves du Donatelli. Le grouppe de saint Thomas & du Sauveur, d'André Verochio. Le saint Luc, de bronze, de Jean de Bologne. L'intérieur qui étoit autrefois une loge ou halle couverte où se vendoit le bled, a été fermé & converti en église, où l'on révere une image miraculeuse de la Vierge placée sous un baldaquin de marbre exécuté par André Orgagna.....On verra dans cette église des peintures & des bas-reliefs de la fin du treiziéme siécle & du quatorziéme, dont la plupart sont déja d'un très-bon goût ; tandis que tout ce qui se faisoit ailleurs étoit encore si grossier & si barbare. Le grand duc Cosme premier fit établir en 1569 dans les salles qui sont au-dessus de cette église, les archives générales de la ville & de l'état : chaque notaire est obligé d'apporter dans ce dépôt une copie authentique des actes qu'il reçoit ; il a un temps fixé pour satisfaire à ce devoir, à proportion de l'éloignement où il est du dépôt. A la mort de chaque notaire, on y fait transporter ses minutes en original ; alors on porte les copies qu'il avoit envoyées, dans un autre dépôt placé au-dessus du marché-neuf, à peu de distance du premier. Ainsi dans la Toscane tous les actes qui intéressent l'état ou les particuliers, sont placés dans deux dépôts séparés l'un de l'autre, gardés avec soin, & par la solidité de leur construction, & leur situation à l'abri de tous les accidens.

La place du marché-vieux, occupée en partie par des halles ou loges, a pour ornement principal une grande colonne de granit, sur laquelle est placée une statue de l'abondance.

Dans le voisinage de sainte Marie majeure, est un beau grouppe de Jean de Bologne, qui représente le combat d'Hercule & d'un centaure; il est d'un seul bloc de marbre & d'une exécution très-hardie; toute la masse porte sur les jambes d'Hercule qui sont de côté, & sur les jambes de derriere du centaure qui sont fort repliées; cependant la ligne d'appui est juste, mais cachée avec tant d'art, qu'elle n'a mis aucune roideur dans la figure du centaure, ni dans celle d'Hercule, qui ont conservé l'un & l'autre la souplesse & le mouvement de deux athlétes vigoureux & adroits, dont l'un veut assurer sa victoire, & l'autre se soustraire à la force qu'il ne peut surmonter...

Dans le cloître tenant à cette église, est l'épitaphe d'un homme appellé *Salvino di Armato*, mort en 1317, & qui y est qualifié d'inventeur des lunettes: ce qui est à remarquer.

A la place du marché-neuf, sur les escaliers de la loge, est une fontaine ornée d'un sanglier de bronze, fait d'après le sanglier antique de marbre qui étoit dans la galerie de Florence, à l'extrémité de l'aile qui a été brûlée nouvellement, & dans laquelle se trouvoit le sanglier antique que l'on dit avoir péri dans l'incendie.

De l'autre côté de la riviere, au bas

du *ponte vecchio*, on voit sur un piédestal élevé, un soldat armé qui porte le corps d'un guerrier mort de ses blessures; ce grouppe est dans la maniere grecque d'une grande exécution, & d'un style fort noble : on le croit de Jean de Bologne. Les uns disent qu'il représente Ajax, qui vient d'enlever des mains des Troyens le corps mort de Patrocle : les autres, que c'est Ajax lui-même porté par un soldat. Le peuple a jugé à propos d'appeller ce grouppe du nom d'Alexandre le Grand; ce qui ne peut convenir à aucune des circonstances de la vie de ce héros.... A la place du palais Pitti, est une grande colonne de granit, érigée en mémoire de la bataille de Marciano, gagnée par les troupes du grand duc Cosme premier, contre les Siennois.

La communication des deux parties de la ville de Florence se fait par quatre grands ponts de pierre appellés *ponte alle grazie, ponte vecchio, ponte santa Trinita, ponte alla Carraia.*

Le ponte vecchio est couvert de bâtimens tous habités par des orfévres. Au-dessus passe la galerie couverte, ou corridor qui va du palais Pitti au vieux palais, & qui a six cens pas de longueur...

GRAND DUCHÉ DE TOSCANE. 111

Le pont de la sainte Trinité fut renversé dans l'inondation de 1557, & rebâti sur les desseins de l'Ammanati, par les ordres du grand duc Cosme I. Il est d'une construction solide & hardie; les arcs sont de forme ovale coupée par le milieu dans sa longueur, ce qui leur donne plus d'ouverture, & facilite le passage de l'eau; les piles sont armées d'éperons saillans à angles aigus, qui divisent le volume de l'eau, & en diminuent la force. Il est garni des deux côtés de banquettes élevées pour le passage des gens de pied, le milieu étant réservé aux voitures. Aux extrémités sont les statues des quatre saisons de l'année. Les deux autres ponts n'ont rien de remarquable que la solidité de leur construction. Ces quatre ponts, bâtis sur le canal que forme l'Arno entre les deux parties de Florence, sont placés sur une ligne droite, & feroient un bel effet de perspective, si le point de vue n'étoit pas coupé par les bâtimens qui sont sur le ponte vecchio.

Il y a plusieurs théâtres pour les spectacles, qui n'ont rien de remarquable, ni dans leur construction, ni dans leurs ornemens. Le plus vaste & le mieux décoré, est celui où l'on représente les grands opéra ; il est situé au centre de la ville ; il a été réparé à neuf, depuis quelques années, par les ordres de l'empereur ; les décorations sont de Bibiena, l'artiste le plus intelligent dans cette partie qui soit en Italie.

Dehors de Florence. Maisons royales. Promenades.

18. Les dehors de Florence offrent plusieurs objets dignes de la curiosité des voyageurs. Hors de la porte Romaine, est une grande allée double de cyprès & de chênes verds d'environ un mille de longueur, qui aboutit à une maison de plaisance du souverain, appellée *Villa* ou *Poggio imperiale*. La maison est située sur une hauteur, à laquelle on monte insensiblement par un niveau penchant. A la tête de l'allée, du côté de la ville, est un grand bassin ou fossé revêtu que l'on passe sur un pont ; aux côtés de ce bassin, sont des colonnes surmontées de l'écusson des armes impériales & des Medicis, & de deux figures, l'une d'un lion tenant un globe, qui figure la Toscane ; l'autre, d'une louve alaitant ses petits, symbole de l'état de Sienne. Un peu plus loin sont deux autres bassins taillés en demi-cercle, & séparés par un pont ; aux côtés sont deux colosses de maniere rustique ou grotesque, qui représentent des fleu-

ves. Il y a quelques anciennes statues médiocres, que l'on dit être Virgile, Homere, le Dante & Pétrarque.

La cour principale de la maison, coupée en demi-cercle, & fermée d'une muraille surmontée d'une balustrade, a deux statues, l'une d'Atlas, l'autre de Jupiter tenant sa foudre. La maison a peu d'apparence extérieure, & n'est pas considérable, mais on a la plus belle vue des appartemens du haut.

On y voit plusieurs meubles précieux, de cette mosaïque ou marquetterie ancienne dont j'ai parlé plus haut; ils sont du plus beau fini; le cryftal de roche, le lapis, l'agathe orientale, les jaspes y sont employés sous les formes les plus agréables. Parmi les tableaux les plus remarquables, sont... un sacrifice d'Abraham, par le Tintoret... Une belle tête de vieillard, de Jean de *San-Giovanni*... Jesus au milieu des docteurs, avec la Vierge & saint Joseph qui le retrouvent; il y a tant d'expression dans la tête de la Vierge qui regarde Jesus, qu'il semble lui entendre dire, *ego & pater tuus, dolentes, quærebamus te*; la composition en est très-bonne, il est un peu noirci, du Passignani.... Une musique, par Michel-Ange de Caravage, à remarquer pour la vérité & le naturel de l'expression : ce tableau est fortement peint.... Moïse tiré des eaux, grand & beau tableau de Ciro Ferri.... Une Vierge dans une gloire avec de beaux anges... Saint Luc ayant un chevalet devant lui, & une toile sur laquelle il peint la Vierge ; l'attention, le respect & le feu d'un bon artiste, sont également représentés sur le visage du saint, qui est placé dans une attitude respectueuse & svelte en même temps : le pinceau, quoique vigoureux, est frais & gracieux, par le Franceschini de Volterra... La Vierge, l'Enfant Jésus, saint Jean & quelques anges, par le Salviati; tableau très-agréable, mais singulier par la maniere dont le peintre a grouppé ces différentes figures... Une tapisserie à petit point, où sont représentées de grandeur naturelle les duchesses de Toscane : cet ouvrage est d'un fini précieux... Beaucoup de copies en miniature des plus beaux tableaux de Florence... Une statue d'Adonis par Michel-Ange, dans laquelle ce grand artiste a quitté sa maniere fiere & sublime, pour laisser exprimer à son ciseau les traits gracieux d'un jeune homme de la plus grande beauté.... Les jardins de cette maison sont frais &

agréables ; d'un côté est un bosquet de lauriers & de chênes verds, terminé par une grande grotte rustique au milieu de laquelle est un jet d'eau qui y répand beaucoup de fraîcheur ; de l'autre est un jardin planté d'orangers, de myrtes & de différens jasmins, dans un bel ordre : ces jardins sont tenus avec propreté.

La Chartreuse, bâtie sur une colline isolée, en tirant du midi au couchant, a été, à ce que l'on croit, bâtie sur les desseins d'André Orgagna. Les cloîtres & l'église, quoique d'ancienne architecture, ont des beautés qui tiennent au bon goût. Cette maison reconnoît pour son fondateur Laurent Acciaïoli, grand sénéchal du royaume de Sicile en 1364, qui augmenta aussi la Chartreuse de Naples. Il y a plusieurs peintures à fresque, du Pontorme & d'autres bons maîtres de l'école Florentine, dans le grand cloître & le réfectoire.

Hors de la porte *san Frediano*, à gauche sur la montagne de san Bartholomeo, est situé le monastere des religieux Olivetains : la maison & l'église n'ont rien de remarquable que deux statues en marbre copiés d'après l'antique, qui portent les bénitiers ; & quelques tableaux, dont l'un, du Passignani, représente S. Bernard Tolomeï, un des fondateurs de l'ordre : mais des terrasses qui entourent la maison, & des grandes fenêtres des corridors, on a la vue la plus étendue & la plus magnifique ; on voit la ville de Florence en entier, & d'un point si favorable, que l'on peut suivre le cours de l'Arno à une assez grande distance, & jouir de droite & de gauche de la vue de ces collines couvertes de maisons de plaisance, de beaux jardins & de diverses plantations, sans aucun intervalle vague, en si grand nombre, & bâties la plupart avec tant de magnificence, que l'on est surpris de leur nombre & de leur beauté, & que l'on ne peut que reconnoître la vérité de ce qu'a dit l'Arioste, que si toutes ces belles maisons étoient rassemblées, deux villes comme Rome ne seroient pas à comparer à Florence.

A veder pien di tanté ville é colli
Par' ch'el terren, vé lé germogli, come
Ver mene germogliar suole, e rampolli.
Se dentro a un' mur', sotto un medesimo nome
Fusser' raccolti, i tuoi palagi sparti
Non ti sarien' da pareggiar dué Rome....

Voilà ce que pensoit l'Arioste... Que

diroit-il, s'il voyoit à quel point de magnificence & de beauté ces mêmes objets, qui l'affectoient si agréablement, ont été portés?

Hors de la porte *del prato*, est le jardin *Ferdinando*, dit *la Vagaloggia*. Les bâtimens n'en sont point finis, mais les plantations d'orangers sont belles. Un grand canal, tiré de l'Arno, les partage dans toute leur longueur. Au sortir de ce jardin, on entre dans une grande allée de pins, alignée au cours du fleuve, qui conduit *alle cascine*, ferme ou maison qui appartient à l'empereur. Elle est entourée de bosquets arrosés par des canaux, de grandes allées d'arbres qui forment une promenade délicieuse au printemps; on en permet l'entrée à tous les habitans de Florence, qui peuvent s'y promener librement, pourvu qu'ils ne gâtent pas les arbres, & n'effarouchent pas les faisans que l'on nourrit dans ces bosquets, & qui sont en très-grand nombre. C'est là que les grands ducs faisoient nourrir le bétail qui fournissoit le laitage à leurs maisons, & tout y est entretenu encore dans le même état que lorsqu'ils vivoient.

Les grands ducs ont plusieurs autres maisons de plaisance aux environs de

Florence, presque toutes dans des situations élevées & agréables, d'où l'on a les plus belles vues. Ces maisons sont Poggio Caïano, Artimini, Petraïa, Castello, Pratolino & Careggi.

Il y a de belles choses à voir à Poggio Caïano. Cette maison, commencée par Laurent le magnifique, pere de Léon X, à été finie par le grand duc François I. Le grand salon est de l'architecture de saint Gal; la voûte en est bien entendue & d'une grande légereté, revêtue d'ornemens de stucs sculptés de bon goût. Les grands tableaux à fresque qui couvrent les murailles de ce salon, sont d'André del Sarto, du Pontorme, de Francabigio, & d'Alexandre Allori. Ils ont pour sujets différens traits de l'histoire Romaine, heureusement appliqués à la maison de Medicis. Le premier, peint par André del Sarto, représente César entouré de divers peuples de l'Egypte, caractérisés par les animaux & les présens qu'ils lui offrent, parmi lesquels est la giraffe, qu'un soudan d'Egypte envoya en 1487 à Laurent le magnifique: cet animal, si rare qu'on l'a cru chimérique, a été décrit par Ange Politien dans ses mélanges; c'est le même que le *camelo-pardalis*, dont par-

lent les naturalistes Grecs: il est de la grosseur d'une biche, sa tête y ressemble, son encolure est plus élevée & plus mince, ses cornes ou bois ont environ un pied de longueur, sa peau est belle & marquetée des couleurs les plus vives, à peu près comme celle de la panthere ou du léopard ; il est élevé sur ses jambes, sur-tout celles de devant sont si longues, qu'il auroit de la peine à boire s'il ne les écartoit. La giraffe ne doit point être légere à la course, elle est sauvage & timide, & se tient dans les déserts les plus écartés ; on assure qu'on l'apprivoise aisément quand on l'a prise....
Le second, peint par Francabigio, a pour sujet Ciceron rappelé de son exil, qui est honoré dans le capitole du beau nom de pere de la patrie, allusion au rappel de cosme l'ancien à Florence....
Le troisiéme, par Allori, représente le consul Flaminius dans l'assemblée des Achéens, rompant les desseins des ambassadeurs des Etoliens & du roi Antiochus, qui vouloient faire une ligue entr'eux contre les Romains ; allusion à l'assemblée de Cremone, quand Laurent de Medicis rompit les projets des Vénitiens qui sembloient prétendre à l'empire d'Italie.... Le quatriéme, par le

Pontorme, est le repas que Siphax, roi de Numidie, fit à Scipion après qu'il eut défait Asdrubal; allégorique à la réception que fit le roi de Naples au même Laurent de Medicis. Ces compositions sont belles & ingénieuses, & d'une grande exécution, de même que les autres ornemens des piéces différentes de cette maison. Il y a un grand cabinet où sont quantité de petits tableaux des meilleurs artistes de Flandre & d'Italie.

Pratolino est une grande maison de campagne, bâtie avec ses aisances sur les collines qui joignent les hautes montagnes de l'Apennin, à dix ou douze milles de Florence, sur le chemin de Bologne. Plusieurs grandes allées de cyprès, d'ifs & de sapins l'annoncent aux passans: ces avenues ont plusieurs fontaines artistement décorées; on y voit des jets d'eau de toute espece, des machines hydrauliques que font mouvoir des statues, jouer des orgues, enfin une multitude de choses singulieres & curieuses de ce genre, la plupart encore bien conservées. Plusieurs statues de marbre & de bronze sont employées à orner ces fontaines; mais la plus singuliere est une statue colossale de l'Apennin, qui a plus de soixante pieds de proportion;

proportion; elle est formée de morceaux de pierre entassés les uns sur les autres avec tant d'intelligence, qu'à un certain point de vue dans l'éloignement, la statue paroît bien proportionnée & finie; mais à mesure que l'on en approche, les traits grossissent, & de près ce n'est plus qu'un tas de pierres qui n'a aucune forme : sous cette figure de l'Apennin est un monstre qui vomit de l'eau en assez grande quantité pour remplir la grande piéce qui est au-dessous. Au milieu de la voûte du salon on lit cette inscription, qui annonce le temps auquel il fut bâti, & le dessein du prince qui le fit construire.

Fontibus, vivariis,
Xistis, has ædes
Franc. Med. mag. Dux Etruriæ II.
Exornavit, hilaritatique
Et sui, amicorumque suorum
Remissioni animi dicavit.
Anno Dom. M. D. LXXV.

Il est rare de trouver des inscriptions où l'on fasse parler les princes d'une maniere aussi simple & aussi gracieuse.

Cinq cents pas environ hors de la porte saint Gal, est un très-bel arc de

Tome III.   F

triomphe érigé à l'occafion de l'entrée folemnelle du grand duc François de Lorraine, actuellement empereur, qui fe fit le 20 Janvier 1739. La conftruction en eft noble; on y a employé la plus belle pierre du pays; l'architecture eft d'ordre compofite; le fronton eft couronné d'une ftatue équeftre de ce prince, & de plufieurs autres ftatues fymboliques; la plupart de ces ftatues, & quelques-uns des ornemens de relief, font en bronze. Cet arc eft placé fur le chemin de Bologne à Florence, & fermé avec des chaînes, de façon qu'aucune voiture ou bête de fomme ne peuvent paffer fous les arcades, ni même en approcher de trop près; l'arcade du milieu eft d'une belle proportion, & beaucoup plus élevée que les deux autres. Ce monument moderne, compofé à l'imitation de ceux que les anciens faifoient élever en pareilles occafions, eft d'une folidité qui le fera durer longtemps, & triompher de l'injure des temps & de la durée des fiécles.

Un peu plus haut font plufieurs chemins ou allées en patte d'oie, qui forment une des promenades les plus fréquentées des environs de Florence : comme les allées font fort rapprochées,

& que dans les beaux temps, sur-tout les jours de fête, il y a beaucoup de carrosses & de gens qui se promenent à pied, le spectacle y est très-vivant.

A deux milles de Florence, au levant d'hiver, on voit les ruines de l'ancienne ville de *Fiesoli* (*Fesula*), l'une des douze villes aux colonies principales des Toscans. Elle conserva une sorte de supériorité sur Florence jusqu'au commencement du onziéme siécle, que les Florentins s'en emparerent, la ruinerent, & forcerent les habitans à venir s'établir dans l'enceinte de Florence même. Quoique cette ville ait été détruite, l'évêque, qui avoit un vaste diocèse, a conservé sa jurisdiction, ses droits & ses revenus, dont il jouit, ainsi que de son titre, à Florence, où il réside dans un palais qui est de son diocèse. La cathédrale d'architecture ancienne gothique, est sur la montagne, avec un séminaire, une maison pour les chanoines, & un couvent de Franciscains, qui sont les principaux bâtimens de l'endroit que l'on appelle *Fiesoli*, où l'on ne voit plus rien d'antique que quelques restes de murs, & les ruines d'un vieux château.

Voilà ce que j'ai remarqué de plus

curieux dans la ville & les environs de Florence. Je ne doute pas qu'il ne me foit échappé beaucoup de chofes à voir, qui mériteroient encore d'être citées avec diftinction; mais il arrive fouvent que tandis que l'attention commence à fe fixer fur un objet, elle eft détournée par un autre qui l'emporte toute entiere, & qui fouvent fait oublier le premier auquel on ne revient plus.

Ce que l'on ne peut affez louer, ce font les agrémens de la fituation de Florence, & la beauté de fes environs. Elle eft placée dans un vallon referré, couvert au nord & au midi par des montagnes qui en font très-près. La ville, traverfée par le fleuve du levant au couchant, a des bâtimens magnifiques, de belles places, de grandes rues larges & alignées, toutes pavées de grandes pierres brunes, qui exigent un entretien continuel; fans quoi ce pavé n'eft plus praticable, fur-tout pour les carroffes. Ses environs fe préfentent fous l'afpect le plus riant & le plus riche; un peuple nombreux habite ces côteaux couverts d'une multitude de belles maifons de campagne, parmi lefquelles font des plantations de vignes, d'oliviers, d'arbres fruitiers & de bois; par-tout sortent des sources d'eau vive, qui contribuent autant à la beauté de la végétation, qu'à l'embellissement & au service des maisons. Ces agrémens réunis rendent Florence la ville d'Italie la plus agréable pendant l'été. Les chaleurs y sont beaucoup plus tempérées qu'à Rome, à Naples & à Gênes; alors l'air y est fort sain, le ciel y est presque toujours pur, & on n'y redoute pas le serein si dangereux dans toute l'Italie méridionale: aussi est-ce une des villes où les étrangers habitent de préférence pendant l'été; mais à la fin de l'automne, & pendant la meilleure partie de l'hiver, lorsque les pluies ont commencé à tomber en abondance, l'air y devient pernicieux, les brouillards y sont continuels & de la plus mauvaise qualité; les gens à catharre, & qui n'observent pas le régime le plus exact, périssent presque tous dans cette saison, & beaucoup d'apoplexie à tout âge, sans que rien leur annonce une fin si prochaine & si funeste. Cette malignité de l'air est sensible même à ceux qui cherchent avec le plus de soin à s'en garantir. Il paroît que ces brouillards coagulent le sang, épaississent les humeurs, & en interrompent absolument le cours, dans ceux que l'on regarde comme les victimes de l'intempérie de l'air.

Le feul remede à tous ces inconvéniens fi dangereux, font les vents du nord, qui diffipent les brouillards, changent la température de l'air, & amenent les gelées; c'eft pour cela que prefque toute la noblefſe & les bourgeois aifés quittent la ville à la fin d'octobre & en novembre, & fe retirent à la campagne & dans les villes voifines fituées dans la montagne, où l'air eft pur, & d'où ils ne reviennent qu'au mois de Janvier.

Avant que de dire quelque chofe du gouvernement, des mœurs & du commerce de ce pays, je dois parler d'un des grands objets de curiofité qui foit en Italie, de cette collection célébre de ſtatues, de bronzes antiques, & de tableaux choifis, connue fous le nom de galerie de Florence.

Galerie des grands ducs de Tofcane à Florence.

Galerie des grands ducs.

19. La galerie de Florence, célébre dans toute l'Europe par la quantité de ſtatues antiques, de tableaux choifis,

de bronzes, de vases, & d'autres effets rares & curieux qu'elle renferme, la plûpart aussi précieux par la beauté du travail, que par la richesse de la matiere, est déja connue par quelques descriptions qui en ont été faites : je ne les ai pas sous les yeux pour décider si elles sont exactes ou non, si elles peuvent donner une juste idée de ce qui est contenu dans la galerie, & de l'ordre où les choses y sont placées : ce que je crois pouvoir assurer, c'est qu'aucun n'a parlé de tous les objets de curiosité qui y sont. Les différens voyageurs qui en ont écrit, se sont contentés de l'indiquer ; le peu qu'ils en rapportent prouve qu'ils l'ont vue, mais ne suffit pas pour la faire connoître ; cependant c'est la plus belle collection que l'amour des arts ait fait jamais former, & qui n'est devenue si considérable, que parce qu'elle a été commencée dans des temps où les seuls Medicis sembloient connoître le prix de toutes ces beautés antiques qu'ils ont rassemblées. Ce goût a été héréditaire dans leur maison ; & les précautions qu'ils ont prises pour fixer dans la ville de Florence ce trésor inestimable, sont cause qu'il n'a pas été dissipé après leur mort, & qu'il a été conservé dans le même état où ils l'avoient laissé.

La galerie fut bâtie par les ordres du grand duc Cosme premier, qui commença à y placer une partie des statues, tableaux, & autres curiosités que l'on y voit, que ses ancêtres avoient amassées à grands frais, & que ses successeurs ont considérablement augmentées, surtout depuis qu'ils y ont réuni ce qu'ils ont trouvé dans la succession des ducs d'Urbin, de la maison de la Rovere, dont Ferdinand II, grand duc de Toscane, avoit épousé l'héritiere. On peut dire encore, que la perfection à laquelle la fabrique de la mosaïque a été portée dans ces derniers temps, a ajouté un nouveau prix à la galerie.

Elle est divisée en trois grands corridors; celui qui est au levant, a environ quatre cens soixante pieds de longueur; celui qui est parallele au couchant, est un peu moins long; la partie qui communique de l'un à l'autre, & qui est au midi, a cent douze pieds de longueur; la largeur de ces trois piéces est de vingt-un pieds, & la hauteur d'un peu plus de dix-neuf.

Le vestibule de ces galeries, qui est

au couchant, eſt décoré de bas-reliefs, de ſtatues, d'urnes & d'autres monumens antiques, étruſques, grecs & romains. On y voit une ſtatue de Junon, *pronuba*, couverte de ce voile que portoit la femme qui conduiſoit la nouvelle épouſe au lit nuptial ; il eſt ſemblable à celui des peintures antiques du même ſujet... Des trophées ſeulement ébauchés par Michel-Ange.... Un gladiateur, ſtatue moderne fort inférieure aux antiques connus... Quelques buſtes romains & grecs, que l'on n'a pas jugé à propos de placer dans la ſuite de la galerie, & dont le travail eſt médiocre... Un des plus grands bas-reliefs antiques que l'on connoiſſe ; il a neuf pieds de longueur ſur quatre & demi de hauteur, & de la plus belle exécution. La figure principale eſt une femme aſſiſe ſur une petite élévation ; la draperie qui la couvre eſt bien jettée ; ſes cheveux ſont nattés & ornés de quelques fruits ; elle tient entre ſes bras deux enfans qui la careſſent ; elle a ſur ſes genoux des fleurs & des fruits jettés ſans ordre. A ſes pieds ſont quelques animaux qui paiſſent tranquillement. A ſa droite eſt une autre femme de grandeur moindre que le naturel, élégamment coiffée d'une bandelette ou diadême qui lui soutient les cheveux; elle a l'air & la fraîcheur de la jeunesse; elle n'est vêtue que jusqu'à la ceinture ; le reste de la draperie qu'elle soutient de la main droite, passe au-dessus de sa tête, & est enflé par le vent; elle est assise sur un grand oiseau qui paroît planer doucement dans les airs; à ses pieds est un autre petit oiseau qui boit dans un vase d'où sort une liqueur : le champ au-dessous de ces deux figures est couvert de fleurs, de pavots, d'épis & d'autres plantes utiles. A la gauche est une femme ou divinité de même proportion que la précédente, appuyée sur un monstre marin, & couronnée d'algue ; elle sort de l'onde qui occupe tout ce côté du bas-relief. Ces trois figures représentent la terre fertilisée par l'air & l'eau, avec les effets de la fécondité. Ce bas-relief, pour la beauté de l'exécution & sa grandeur, est l'un des plus considérables qui restent.

Vis-à-vis sont cinq autres bas-reliefs, dont l'un a pour sujet Marc-Antoine qui déploie devant le sénat la robe ensanglantée de César... Un autre est Ulysse attaché au mât de son vaisseau, pour se souftraire aux chants séducteurs des syrènes; elles sont au nombre de trois, belles & bien proportionnées, sans aucune difformité de conformation, tels que des pieds & des jambes d'oiseaux, comme l'ont dit quelques commentateurs, ou moitié femmes, moitié poissons, selon d'autres; elles ont au contraire tous les agrémens capables de séduire... Un autre représente quelque sujet terrible; il n'est pas de la même beauté d'exécution que les premiers, & il semble qu'on doive le rapporter à quelque trait de l'histoire grecque du bas-empire. La figure principale est une femme à genoux que deux soldats tiennent par les bras, tandis que deux autres sont au point de l'aveugler avec un fer chaud. Derriere est un vieillard qui a la tête découverte, & une autre femme assise qui paroît dans l'agitation & la douleur, & qui est retenue par un autre soldat. A gauche est une femme très-affligée qui a deux enfans à ses pieds qui partagent sa douleur. Il y a un très-grand mouvement dans toute cette composition, qui paroît plutôt être un trait de l'histoire de l'empire grec, qu'aucune allégorie.

Les plafonds des trois corridors ou galeries sont divisés en compartimens.

remplis par des tableaux symboliques qui ont rapport à l'histoire de Florence, & des grands hommes en tous les genres qui l'ont illustrée.

A la tête de ces divisions est l'agriculture, avec les portraits des auteurs Florentins qui ont écrit sur la culture de la vigne & de l'olivier, & sur la meilleure maniere de fertiliser les terres... Vient ensuite la peinture, avec les portraits de ses restaurateurs, qui sont le Cimabué, le Giotto, le Masaccio, & Fra Bartholomeo della porta, qui a eu la gloire de contribuer à la perfection de Raphaël, & de l'égaler dans bien des parties. On y a aussi placé les portraits de Léonard de Vinci, d'André del Sarto, du Bronzin & du Cigoli... A côté de la peinture est la sculpture, avec les portraits des plus célébres sculpteurs du quatorziéme & du quinziéme siécle, qui sont Lorenzo Ghiberti, Luc della Robia, le Donatelli, l'incomparable Michel-Ange & le Bandinelli... L'architecture suit avec les portraits de Michel-Ange, & à côté de lui la coupole de saint Pierre de Rome; de Philippe Brunelleschi, avec la coupole de la cathédrale de Florence, aussi belle dans son genre que celle de Rome, & faite près d'un siécle plutôt; du Giotto, d'André Orgagna, de Leon-Baptista Alberti, tous signalés par quelque fameux monument de l'art encore subsistant... La poësie, où l'on voit les portraits du Dante, de Pétrarque, de Guido Cavalcanti & de monsignor della Casa... La langue Toscane, la musique, la politique, la théologie, la jurisprudence, la médecine & la philosophie ont aussi leurs divisions traitées dans le même goût.

L'amour des sciences & des belles-lettres, & la protection que quelques hommes puissans leur ont accordée, a sa division. On y voit les portraits de Cosme l'ancien, pere de la patrie, de Laurent le magnifique, des papes Leon X & Clement VII, du grand duc Cosme I, digne imitateur de ses ancêtres, & avec eux Jean Pic de la Mirandole, Ange Politien, Marsile Ficin, Demetrius Calchondile, Jean Lascaris, Bernard Ruccellaï, qu'Erasme compare à Salluste pour l'élégance & la politesse de ses écrits... A la division des mathématiques, on voit, entr'autres illustres, le célébre Torricelli & l'immortel Galilée.

Dans d'autres cartels on voit les portraits de tous ceux qui ont illustré la patrie, soit en la servant, soit en portant la gloire de son nom chez les nations étrangeres : ainsi on y voit ceux des Strozzi, que les troubles de Florence forcerent à quitter leur patrie, & à se retirer en France, où ils jouirent des avantages que leur procurerent leur valeur & leurs autres vertus. Dans le cartel dédié à la fortune, on voit ces mêmes Strozzi, que les Florentins eux-mêmes jugerent heureux d'avoir fait dans leur malheur de si beaux établissemens en France. Nicolas Acciaioli, grand sénéchal du royaume de Naples, qui y jouit de la plus haute faveur, dont les descendans ont possédé, pendant une longue suite d'années, le duché d'Athènes, & même en conservent encore le titre. Le portrait d'Americ Vespuce n'a pas été oublié; il a joui de l'honneur unique de découvrir la quatriéme partie du monde, & de lui donner son nom qu'elle conserve encore... Enfin, toutes les vertus civiles, morales & politiques des illustres Florentins, sont célébrées dans cette galerie, que l'on peut regarder comme un monument historique, que les arts, la reconnoissance & la fortune des Medicis ont élevé a l'honneur de la patrie, & des citoyens illustres.

qu'elle se glorifie d'avoir nourris dans son sein.

Le petit corridor qui sert à joindre les deux grandes galeries, est ouvert des deux côtés par de grandes fenêtres séparées seulement par des pilastres. Le plafond partagé en divers compartimens, est entierement peint de sujets, les uns à la gloire des grands ducs, les autres pour rappeller la mémoire des événemens les plus célébres arrivés à Florence, entr'autres... le concile général de 1439, où se fit la réunion des deux églises Latine & Grecque... L'établissement de l'ordre de saint Etienne, par le grand duc Cosme I... Les saints & les saintes de familles Florentines, peints, avec les attributs de leur état, dans différens cartels... Le plafond de la seconde galerie est peint d'ornemens arabesques. Toutes ces peintures sont à fresque, & ont été heureusement imaginées, autant pour la décoration de la galerie, que pour la gloire de Florence. Comme elles sont plates, sans aucuns ornemens en relief, & distribuées dans un très-grand espace, elles font peu d'effet dans la perspective; il faut les examiner dans le détail pour pouvoir en juger; ce qui a engagé quelques voyageurs, qui fans doute n'avoient vu que superficiellement cette galerie, à écrire qu'elle n'avoit d'autres ornemens que les statues antiques rangées fur des piédestaux. Ils auroient dû cependant remarquer qu'il y avoit une fuite de plus de quatre cents tableaux rangés par ordre chronologique, repréfentant les rois & les princes de l'Europe; les familles des fouverains qui ont régné en Italie; les hommes illuftres par la gloire des armes ou de l'érudition, qui ont rapport à l'hiftoire de Florence depuis le commencement du quatorziéme fiécle; & parmi ces peintures, les portraits des grands hommes de la maifon Medicis, de plus grande forme que les autres tableaux.

Statues & buftes antiques de la Galerie.

20. Cette galerie eft ornée de foixante-deux ftatues antiques, de quatre-vingt-douze buftes, & de quelques morceaux précieux des grands artiftes modernes; la fuite fur-tout des empereurs & des impératrices eft la plus confidérable que l'on connoiffe.

Parmi les ftatues, on verra d'abord la grouppe antique qui repréfente la défaite du centaure par Hercule; la force du héros y eft merveilleufement exprimée, par les mufcles & les nerfs qui font fortement exprimés; la peau du lion est jettée négligemment sur son dos. Le centaure est représenté avec l'expression de la douleur & du désespoir; il ne peut résister à la force du héros qui le terrasse, sans employer d'autres armes que la vigueur de ses bras.

Deux figures de femmes assises, l'une desquelles a toute la dignité d'une impératrice Romaine, & que l'on pourroit prendre pour une Agrippine, tant elle ressemble à la statue de ce nom qui est dans les jardins Farnese sur le mont Palatin; la draperie en est plissée du meilleur goût; l'une & l'autre paroissent avoir été destinées à orner quelque tombeau antique.

Une statue consulaire dans l'attitude d'un orateur parlant au peuple; le mouvement des bras & celui des yeux est reglé par ce qu'il dit: cette figure est traitée avec beaucoup d'esprit, & de la plus belle forme.

Une dame Romaine, en marbre noir, avec les pieds, les mains & le visage en marbre blanc: on peut juger par cet antique, comparé avec l'Agrippine, de la différente maniere des artistes de l'antiquité, & combien les uns étoient supérieurs aux autres.

Léda qui foutient un cygne appuyé contre fa cuiffe. Les parties qui font vraiment antiques font d'une grande beauté telles que la poitrine, la main qui fe perd dans les plumes du cygne, & la draperie: ce qui eft moderne n'eft pas fi heureufement traité.

La plupart des ftatues antiques mutilées, foit par le peu de foin que l'on a pris de les conferver, foit par le zèle indifcret de quelques chrétiens peu éclairés qui croyoient faire une œuvre agréable à Dieu, en détruifant ce qui avoit fervi au culte des idoles, ou au luxe de leurs adorateurs, ont été reftaurées lorfque le goût de l'antique reprit vigueur, & que l'on ouvrit les yeux fur les beautés des ftatues grecques & romaines. Dans quelques-unes les artiftes modernes ont fi heureufement imité le ftyle & la maniere des artiftes Grecs, que l'on ne voit aucune différence entre leur ouvrage & l'antique. Les pieds & partie des jambes de l'Hercule Farnefe, quoique modernes, font de la même beauté que le refte de la ftatue, que l'on fait être l'un des antiques le plus parfait. Mais il faut avouer que cette maniere de reftaurer n'eft pas la plus ordinaire, & que l'on ne s'apperçoit que trop aisément de ce qui est antique avec ce qui est moderne. Il seroit à souhaiter que les visages & les mains eussent été les parties les plus respectées ; mais d'ordinaire ce sont celles qui ont le plus souffert.

Une figure de jeune homme, que l'on croit être Marc-Aurele dans l'adolescence. Il est nu & tient un petit globe d'une main, & de l'autre une épée ou grand poignard ; il a le manteau sur les épaules, & paroît avoir été destiné à quelque temple.... il est dans le goût romain du meilleur temps.

Un athléte qui tient un vase à la main, du plus beau caractere de dessein ; les muscles sont fortement prononcés : quelques-uns croient que c'est un Ganimede, à cause du vase qu'il porte ; mais on sait que les athlétes se servoient de ces vases pour mouiller la poussiere qui s'étoit desséchée sur leur corps, & l'en détacher, ce quils faisoient même en courant. Le caractere du dessein est trop vigoureux & trop marqué pour un Ganimede, & convient beaucoup mieux à un jeune athléte.

Une vestale avec tous les attributs de son état : le feu sacré vers lequel elle étend sa main, est placé à droite ; elle tient une patere de la main gauche; la modeſtie eſt peinte ſur ſon viſage; la draperie dont elle eſt couverte eſt bien traitée: toute la figure eſt belle & noble, & dans la même attitude que la plupart des veſtales ſont repréſentées dans les médailles.

Mercure debout, le coude appuyé ſur un tronc d'arbre recouvert d'une draperie; il a le bonnet & les brodequins ailés; il tient entre ſes mains les morceaux d'un bâton qu'on peut ſuppoſer être les reſtes d'un caducée, ou du rameau d'olivier que portoit le Mercure pacifique, ainſi qu'il eſt repréſenté dans quelques médailles. Le corps & les cuiſſes ſont ce qu'il y a de mieux traité dans la figure, dont les mains ont été reſtaurées.

Pomone couronnée d'une guirlande de fruits & de feuilles; elle ſoutient de ſes deux mains une partie de la draperie qui la couvre, & qui eſt pleine de fruits. La ſtatue eſt ſvelte & traitée agréablement: il paroît qu'elle a été plutôt deſtinée à l'ornement de quelque jardin, qu'à être placée dans un temple.

Une Bachante couronnée de lierre & de pampres, tenant de gauche le thyrſe, & de la droite une groſſe grappe

GRAND-DUCHÉ DE TOSCANE. 141

de raisin : elle est dans l'attitude d'une personne qui va entrer en danse ; ainsi toute la figure est de mouvement : la proportion en est plus grande que le naturel, la tête est très-belle.

Un jeune homme nu, de belle proportion, se retournant pour regarder à la hauteur de l'horison avec un chien entre les jambes ; on croit que c'est Endimion qui observe le lever de la lune.

Une Vénus, qui paroît être une copie de la fameuse Vénus Medicis, ou au moins faite à son imitation.

Mars, de basalte ou marbre noir d'Ethiopie, (*a*) tirant sur la couleur du fer

―――――――――

(*a*) De toutes les especes de marbres ou cailloux, le Basalte est la plus rare & la moins connue. Les Egyptiens (dit Pline, L. 36. C. 7.) ont trouvé en Éthiopie le Basalte, pierre de la couleur du fer & aussi dure, *ferrei coloris atque duritiæ*, c'est ce qui les a engagé à lui donner ce nom. . . . Dans l'ancienne langue du pays, *Barsalte*, ou *Basalte*, signifie fer. . . . Strabon L. 7, parlant de la route de Philas à Siéné, dans une plaine de cent stades de longueur, dit qu'on y voyoit de part & d'autre le long du chemin, des rochers droits, ronds & polis, d'une pierre noire, luisante & fort dure. Il compare ces rochers, aux *Hermes* ou statues terminales si multipliées dans toute la Grece. Il

& d'une dureté extrême, statue antique, fort rare par rapport à la matiere qu'on y a employée; il a le casque en tête, tient le bouclier de la main gauche, & l'épée de la droite; il est nu & dans l'attitude de marcher; ce pourroit bien être le *Mars Gradivus* des anciens: il est entierement conservé, à l'exception de la moitié d'un pied qui est bien restauré.

---

ne donne pas la dimension de ces rochers, mais il n'y a pas d'apparence qu'ils fussent d'un grand volume, puisque le bloc le plus gros que l'on en connoisse est celui dont on a fait la statue collossale du Nil, que l'on conserve encore au Belveder du Vatican, & dont je parle au Ve vol. de ces Mémoires. Les Egyptiens en faisoient leurs idoles principales, on peut juger par celles qui restent, combien cette pierre étoit difficile à travailler. Le Basalte est une pierre de touche qui sert à éprouver l'or & l'argent. On trouve en Allemagne une pierre semblable & de même qualité que l'on emploie aux mêmes usages. La pierre de Stolpen en Misnie, à laquelle la nature donne tant de configurations différentes, est encore un Basalte. Daléchamps sur Pline, dit que l'on trouve près de Gaillon en Normandie, des cailloux de Basalte, couverts d'une espece de vase blanchâtre, mais qui sont à l'intérieur plus noirs que du jays. Ces différens Basaltes sont des pierres argilleuses.

Apollon assis sur un massif, tenant ou une branche de laurier, ou un archet entre les mains; on ne peut pas en bien juger, attendu que la plus grande partie en est rompue; il a sous les pieds une tortue; à côté de lui pend au rocher un grand carquois sans fléches; tout le corps est antique, le reste est restauré par une bonne main, quoiqu'elle n'ait pas parfaitement suivi la belle simplicité & la vérité du style antique.

Promethée, de grandeur plus que naturelle, figure svelte & légere, le corps antique est de la plus grande beauté; il tient à la main gauche le flambeau qu'il a allumé au char du soleil qu'il semble regarder, & vers lequel il tient la main droite levée: elle est dans la maniere grecque.

Flore, statue de grandeur ordinaire & nue; elle tient des fleurs dans la main droite, & dans la gauche un morceau de draperie qu'elle leve de terre comme si elle vouloit se couvrir la ceinture; elle a tous les traits de la beauté, des graces aisées, une certaine gentillesse qui porte à croire que c'est une statue de la fameuse Flore, courtisane Romaine, si célébre par sa beauté & ses richesses ; qui fut honorée après sa mort de jeux solemnels, si libres, que les graves Romains n'osoient y assister : ses cheveux sont rangés avec tant d'art & d'élégance, que la coiffure vient à l'appui de la conjecture.

Un homme vêtu de l'habit consulaire, tenant de la main droite un style, & de l'autre un rouleau ; cette figure est traitée d'une grande maniere, & a quelque ressemblance avec les Antonins.

Bacchus tenant d'une main une coupe, ayant l'autre appuyée sur la tête d'un enfant assis sur une grande urne ; il a les jambes entrelacées avec la jambe droite du Dieu ; ses deux mains sont placées sur un trophée formé de raisins, d'une tête de porc & de deux masques de satyre & de faune ; à une des extrémités de la draperie qui le couvre, est attaché un masque qui pend négligemment sur ses épaules, & qu'il semble avoir ôté dans l'instant de dessus son visage, à en juger par l'air gai & malin avec lequel il regarde Bacchus qui lui parle en riant ; le Bacchus a sur l'épaule gauche une peau de chevre jettée avec grace : ce morceau antique pour la plus grande partie, a été restauré habilement.

Mars

Mars & Vénus, grouppe antique de grande maniere; Mars le casque en tête & le poignard au côté, est entiérement nu; la Vénus est couverte de la ceinture en bas d'une draperie légere; elle caresse Mars avec beaucoup de passion; ce qui a fait croire que ce grouppe pourroit bien représenter Faustine & son gladiateur favori. On a prétendu qu'aucun sculpteur n'auroit été assez hardi pour faire une statue de cette espece; mais n'a-t-on pas trouvé dans les ruines d'Herculée des tableaux satyriques contre le cruel Néron, qui attaquoient ses passions favorites, celles dont il tiroit le plus de gloire ? N'en a-t-on pas découvert nouvellement dans la Villa Adriani, au-dessous de Tivoli, avec des inscriptions qui reprochoient à Antonin Caracalla le meurtre de son frere Geta ? L'impératrice elle-même dans l'ivresse de la passion, ne peut-elle pas avoir ordonné que l'on fît cette statue ? Elle a au bras le ceste ou bracelet de Junon, que l'on regardoit comme si capable de relever la beauté.

Bacchus & un jeune faune, beau grouppe dans la maniere grecque: le Bacchus couronné de lierre est jeune

& beau (*a*); il a la main appuyée sur l'épaule du faune comme pour l'engager à le suivre : le faune a les oreilles de chevre, l'air riant & malin ; il tient à la main un vase qu'il montre à Bacchus ; à côté de lui, contre un tronc d'arbre, sont le bâton recourbé & une flûte à neuf trous ou tuyaux ; singularité qui peut être un équivoque de l'artiste, quoique cependant ils fussent grands observateurs du costume.

Une grande statue de bronze ; le style, quoiqu'assez noble, en est rude, & fort différent des antiques grecs ou romains, mais elle est précieuse en ce qu'on la regarde comme un véritable antique Etrusque. Le P. Montfaucon n'en doute point, & l'a fait graver dans son antiq. expliq. t. III, p. 39. Cette statue fut trouvée en terre près de Pérouse, l'une des douze anciennes cités Etrusques, sous le régne du grand duc Cosme I qui en fit l'acquisition : il y a apparence qu'elle représente un de ces gouverneurs électifs des cités Etrus-

---

(*a*) *Tu puer æternus, tu formosissimus alto Conspiceris cælo.....* Ovid.

ques, connus sous le nom de Lucumon, qui durant leur magistrature, jouissoient d'un pouvoir presque royal. Il est revêtu d'une robe longue qui ressemble à la consulaire; il a la main droite élevée comme un homme qui parle en public, & porte un anneau à gauche; la chaussure est plus composée que la romaine.

Une grande statue qui peut être celle de la géométrie ou de l'astronomie; il n'est pas aisé de le décider, attendu que parmi les attributs qui la caractérisent, il n'y a rien d'antique que la tête du compas qu'elle tient à la main; les autres sont de l'idée de l'artiste qui l'a restaurée, & qui étoit médiocre.

Une Léda de petite proportion, différente de celle dont j'ai déja parlé: le cygne est petit, il semble qu'elle se veuille dérober à tous les regards: la draperie qui lui pend de l'épaule gauche jusqu'aux talons est heureusement jettée.

Une petite Vénus assise, dans l'attitude de se tirer du pied une épine de rose; elle est dans le goût grec, traitée avec délicatesse; la draperie lui couvre à peine la moitié du corps; elle a la main gauche appuyée, & paroît souffrir plus de délicatesse que de douleur réelle.

Une chimere (*a*), de bronze, antique Etrusque trouvée sous les murs d'Arezzo dans le seiziéme siécle ; le

---

(*a*) La chimere (Iliad. L. 6.) étoit un monstre épouvantable qui n'étoit pas de race mortelle, mais divine : elle avoit la tête d'un lion, la queue d'un dragon & le corps d'une chevre, & de sa gueule béante, elle jettoit des tourbillons de flammes & de feux.... Elle avoit été nourrie (Iliad. L. 16.) par Amosadar roi de Curie, dont Bellerophon épousa la fille, après qu'il eut vaincu ce monstre..... Voilà ce qu'Homere nous apprend de ce monstre singulier. Madame Dacier, dans ses doctes remarques sur l'Iliade, se contente de dire que cette fable tire son origine d'une montagne de Licie, qui avoit plusieurs sommets tous remplis de bêtes féroces que Bellerophon détruisit.... d'autres prétendent que ce heros mérita la confiance du roi par sa bonne conduite, & sur-tout pour avoir défait un fameux chef de bandits, qui infectoit les états du roi de Licie, & qui avoit sa retraite sur la chimere, montagne, qui selon Pline (L. 2. C. 106, & L. 5. C. 27.) jettoit des feux continuels que l'eau redoubloit plutôt qu'elle ne les éteignoit, mais que l'on étouffoit en y jettant de la terre & de l'herbe, c'est-à-dire, que l'on arrêtoit leur activité pour un instant, & qu'ensuite ils n'en devenoient que plus vifs. Cette montagne est appellée aujourd'hui, *il monte di Gorante*.

travail en est médiocre, mais elle est telle que Lucrece l'a décrite.

Prima leo, postrema draco, media ipsa chimera. . . . .

L'Amour & Psyché ; l'Amour est représenté avec tous ses attributs, les aîles, l'arc & le carquois ; Psyché a des aîles de papillon : ces deux figures s'embrassent tendrement, & sont dans la maniere grecque.

Une petite statue d'un jeune homme, dont il semble dans l'état actuel que l'on ait voulu faire un Ganimede : ce qui est antique est excellent....

Apollon, le coude gauche appuyé sur sa lyre, posée sur un autel antique : comme cette statue est restaurée pour la plus grande partie, il est difficile de juger de l'intention du premier artiste.

Une muse tenant un rouleau dans la main gauche, vêtue d'une draperie si légere, que le nud paroît à travers ; elle a pour ornement de tête deux plumes entrelacées dans les cheveux, qui, au rapport des anciens Philosophes, semblent signifier l'activité & la véhémence du discours....L'ensemble de cette statue est bon & du meilleur goût.

Une statue de bronze de belle proportion ; on croit que c'est une idole antique qui a la main droite étendue, comme pour recevoir les offrandes qu'on lui faifoit ; on voit à la place des yeux qu'il y eut autrefois des pierres précieuses que l'on a enlevées ; le piédestal sur lequel elle est posée, quoique moderne, est un ouvrage excellent de Lorenzo Ghiberti ; il est orné de festons de lierre, de pampres & de raisins, soutenu aux angles par des têtes de chevre & de deux bas-reliefs, l'un représentant Ariane sur un char tiré par deux tigres, ayant pour cortege plusieurs satyres ; l'autre le sacrifice d'un bouc : ces ornemens indiquent que l'on a pris cette statue pour un Bacchus.

Marsias attaché à un tronc d'arbre, & déja écorché ; cette statue est extrêmement savante, les nerfs & les veines sont à découvert ; il semble qu'Ovide (*a*) l'eût sous les yeux lorsqu'il parle de la

---

. (*a*) . . . . *Quid me mihi detrahis, inquit,*
Ah! piget, ah! non est, clamabat tibia tanti...
Detectique patent nervi, trepidesque fine ulla
Pelle micant venæ, falientia viscera possis,
Et perlucentes numerare in corpore fibras. . . . .

GRAND DUCHÉ DE TOSCANE. 151

défaite de Marsias, de son supplice & de ses plaintes.

Un secrétaire ou notaire tenant un rouleau ou volume dans la main, la cassette ou porte-feuille est à ses pieds: l'ouvrage en est médiocre. Cette statue est répétée & dans le même goût.

Esculape, grande statue; il est tel qu'il est représenté dans les médailles grecques & romaines, la barbe longue & épaisse, le bras gauche appuyé sur un gros bâton noueux, autour duquel un serpent se tortille.

Vénus tenant l'Amour sur ses genoux, que l'on croit être la *Venus genitrix*; elle montre un arc à son fils, & semble lui en indiquer l'usage: ce grouppe est beau & bien conservé.

Un homme en habit asiatique; statue plus curieuse à cause de la rareté de la maniere, que par la beauté de l'ouvrage: il y reste peu de parties antiques qui soient entieres; elle est restaurée & fort médiocre en tout.

Narcisse à genoux, la main droite levée, la gauche étendue, le corps avancé & dans une attitude gênée, il semble s'admirer dans la fontaine; cette statue antique de marbre Parien est très-belle, on y retrouve toutes les per-

G iv

fections qu'Ovide (a) a données à Narcisse, des doigts dignes de Bacchus, des cheveux aussi beaux que ceux d'Apollon, le visage le plus charmant, un col d'ivoire ; mais ce qui est bien exprimé, c'est l'espece d'étonnement & les desirs insensés que semble lui inspirer sa propre beauté.

Une statue de philosophe ; il a la main sous le menton, l'air appliqué & pensif, de la meilleure expression : la draperie est simple & à plis larges.

(a) Il sembloit avoir cette statue sous les yeux, lorsqu'il a parlé de Narcisse. L. 3. Métam. ♈. 418.

Stupet ipse sibi : vultuque immotus eodem
Hæret, ut é pario formatum marmore signum.
Spectat humi positus, geminum, sua lumina,
 sidus,
Et dignos Baccho digitos & Appolline crines,
Impubesque genas, & eburnea colla, decusque
 Oris......
Se cupit imprudens......
Irrita fallaci quoties dedit oscula fonti !....
. . . .
Quid rideat nescit : sed quod videt, uritur
 illo.

La victoire, statue travaillée d'une maniere élégante; elle tient une couronne dans la main droite, & une palme dans la gauche; elle n'a point d'aîles comme quelques autres statues du même sujet, & paroît avoir été faite dans le temps où la victoire étoit constamment attachée aux armes des Romains; ou si elle est grecque, c'est un antique du beau temps d'Athènes, lorsque ses citoyens faisoient représenter la victoire sans aîles, afin qu'elle restât chez eux, ainsi que Pausanias le rapporte (a). Il

___

(a) Les Athéniens avoient fait élever un petit temple à la Victoire, où on voyoit sa statue sans aîles; il étoit situé à l'entrée de la citadelle à gauche, sur le rocher même d'où Egée s'étoit précipité dans la mer. (Pausanias L. 1.) Les Athéniens eurent les premiers cette idée autant politique que religieuse, que les différens peuples de la Grece adopterent. C'est à leur imitation que les Spartiates prétendirent fixer chez eux la fortune des armes, en représentant Mars enchaîné (Id. L. 3.) Les Mantinéens à l'imitation des Athéniens, firent placer dans le temple de Jupiter Olimpien, une statue de la Victoire faite sur le modele de celle d'Athènes. (Id. L. 5.) On peut regarder toutes ces statues votives comme autant de signes de l'espérance présomptueuse de ces petites républiques, qui dans un instant de bonheur se croyoient au comble de

G v

y a une pensée heureuse dans l'antologie au sujet d'une statue de la victoire qui eut les ailes enlevées d'un coup de foudre.... Rome, reine des nations, ton nom sera immortel, la victoire ne peut plus te fuir, ses ailes lui ont été enlevées....

Vénus nue, tenant une coquille à la main ; à côté d'elle est un grand vase à mettre de l'eau avec un linge jetté dessus ; cette statue a servi à orner quelques bains : l'ouvrage en est médiocre.

Un soldat le genou gauche en terre ; il leve le bras droit ; de la main gauche il tient un bouclier : cette figure est d'un soldat étranger ou d'un gladiateur, n'ayant rien de l'habillement romain ; la chaussure est dans le goût grec. On sçait que les Romains faisoient combattre comme gladiateurs les prisonniers de guerre, & une statue de ce genre paroît avoir été employée à la décoration d'un amphithéâtre ou d'un cirque.

Un jeune homme destiné à servir dans les sacrifices, statue rare ; son ha-

---

la puissance, & assez sages pour ne devoir plus rien craindre des revers de la fortune, sous lesquelles leurs voisins avoient succombé.

GRAND DUCHÉ DE TOSCANE. 155

bit particulier à cet état lui couvre tout le corps, même les bras & les mains; il a l'air de l'attention & du respect, les cheveux courts & lisses; la maniere simple de la draperie est dans le goût étrusque.

Apollon assis qui touche la lyre, avec un serpent à ses pieds; il est nu; le corps est de la plus belle forme; le reste qui est restauré n'y répond pas.

La Santé, fille d'Esculape, porte un grand serpent tortillé autour du bras droit, qu'il quitte en se recourbant pour s'approcher d'une coupe qu'elle tient de la main gauche, & où il semble s'abreuver: la draperie en est belle (*a*).

―――――――――――――

(*a*) Les Phéniciens & les Grecs regardoient Esculape, fils d'Appollon, né sans mere, comme une allégorie de l'air qui influe comme cause premiere sur la santé, qui étoit reconnue pour fille d'Esculape sous le nom d'Hygée; Appollon ou le Soleil pouvoit donc être regardé comme pere d'Esculape, en ce qu'occasionnant par son cours annuel les vicissitudes qui arrivent dans la température de l'air, il étoit l'auteur de sa salubrité, ainsi que de celle des autres élemens qu'il animoit par sa chaleur... C'est pour cela qu'à côté de la statue d'Esculape à Epidaure, on avoit placé celle d'Hygée sa fille, & que par-tout on leur rendoit ensemble les mêmes honneurs. Tantôt leurs statues étoient nues,

G vj

Une Diane en habit de chasse qui ne lui descend pas plus bas que le genou; elle a le croissant sur la tête, l'arc dans la main gauche; elle étend la droite comme pour prendre un trait dans le carquois qu'elle porte sur les épaules; elle est coiffée de ses cheveux tressés & tortillés en rond sur sa tête, ainsi que les portoient les filles grecques & romaines.

Jupiter, grande statue en pied, ayant la poitrine, l'épaule & le bras droit découverts: il a un manteau jetté sur l'épaule & le bras gauche.

Un jeune faune couronné de pampres, portant sur les épaules la peau de chevre; statue restaurée pour la plus grande partie.

Junon, avec l'habit & le manteau

---

tantôt elles étoient habillées. On voyoit dans un bosquet sur les bords de l'Asope en Béotie, leurs statues habillées d'une robe de laine blanche, & celle d'Hygée presqu'entierement couverte des chevelures des femmes qui les lui consacroient (V. Pausanias L. 2 & 7.) Il est aisé de juger quelles étoient les idées qui déterminoient ce culte; & que les absurdités du polithéisme ne viennent que de l'ignorance du peuple, sur l'institution primitive des figures symboliques.

royal qui ne tombe pas jusqu'à terre, mais qui est replié, & semble rattaché au-dessous de l'épaule; elle porte le sceptre de la main gauche, & une coupe dans la droite. L'ouvrage en est médiocre; la draperie est ce qu'il y a de mieux exécuté.

Vénus nue, sans aucun attribut, très-belle statue antique.

Bacchus nud & assis; il a les cheveux longs, une grappe de raisin à la main, & un tigre à ses pieds.

Minerve, statue antique, d'un travail médiocre, mais très-curieuse par sa rareté, en ce qu'elle n'est pas une statue de Minerve guerriere, mais de Minerve ouvriere; elle tient d'une main la navette, de l'autre l'éguille; sa coiffure est un casque ouvert, ou heaume qui a pour cimier un petit dragon, symbole de la vigilance & de la prudence. Sur les côtés sont gravées des têtes de bélier & des griffons; c'est ce que les anciens mythologistes ont appellé *Minerva Ergane*, la déesse inventrice des arts utiles. Les traits du visage sont ceux d'une beauté sérieuse; elle est vêtue d'un habit long fait de peaux, dont les extrémités rattachées devant l'estomac forment une espece d'égide.

Pâris assis, présentant la pomme à Vénus, qu'il paroît regarder avec la plus grande satisfaction (a); statue antique de la belle maniere grecque, bien conservée & heureusement restaurée.

Un soldat ou gladiateur, vêtu de la saye ou habillement gaulois. Il paroît avoir quelque rapport avec la statue de ce genre, dont j'ai parlé plus haut, mais d'une meilleure main; il a sur les épaules une draperie légere, tortillée avec grace autour du bras; la chaussure est dans le goût grec.

Un sanglier antique, en marbre blanc, de la plus grande taille & d'un excellent travail.

Parmi ces statues antiques, sont quelques modernes des meilleurs maîtres.

Bacchus couronné de lierre & de pampres, tenant à la main droite une coupe qu'il approche de ses levres, & de la gauche des grappes de raisin, qu'un petit satyre qui s'enveloppe dans une peau de chevre, tâche de prendre; ou-

---

(a) *Luce deas, cœloque Paris spectavit aperto.*
Cum dixit Veneri, vincis utramque, Venus.
                                        Ovide. ...

vrage excellent de Michel-Ange Buonarotti....

Un Bacchus plus jeune, par le Sanfovin, très-beau.

Une figure de femme seulement ébauchée par Michel-Ange, & déja de belle expression.

Un jeune Hercule, que l'on dit de Michel-Ange.

Une excellente copie du Laocoon du Belvedere, par le Bandinelli.

Un enfant, statue moderne en marbre noir, de trois pieds & demi de proportion. Il paroît que l'intention de l'artiste a été de représenter le sommeil : l'ouvrage en est très-beau.

Le côté de la galerie où étoient placés le sanglier antique & le Laocoon du Bandinelli, a été fort endommagé par un incendie en 1763 : on dit même qu'on n'a pu sauver quelques statues qui étoient à cette extrémité.

Suite des Empereurs & Impératrices.

21. Jules César, bronze de grandeur ordinaire, d'un beau travail ; il ressemble en tout aux médailles les plus authentiques, le visage maigre & un peu allongé, les yeux vifs & pleins de feu,

Bustes antiques.

tous les traits qui annoncent l'activité, la pénétration & l'étendue du génie ; il a le front chauve qui paroît tout à découvert, ce buste ayant été jetté sans doute avant qu'il eût obtenu du sénat le privilége de porter toujours la couronne de laurier ; privilége qui lui devint si cher, parce qu'il cachoit cette prétendue difformité à laquelle il étoit si sensible ; tant il est vrai que les plus grands hommes tiennent toujours par quelques endroits aux foiblesses de l'humanité.

Ciceron, buste en marbre, du beau temps de la sculpture à Rome ; la tête, le col & le haut de la poitrine sont antiques, le reste est moderne. On y remarquera sur la joue gauche cette petite excroissance grosse comme un pois, (*cicer*) que l'on dit que portoient tous ceux de la famille de Ciceron, & dont même ils avoient pris leur nom.

Auguste. Il est avec tous les traits que Suetone lui attribue, d'une belle figure qui se conserva toujours dans les changemens qu'y apportoit l'âge (*a*). Les cheveux sont légérement crépus, les

---

(*a*) *Formâ fuit eximiâ, & per omnes ætatis gradus venustissimâ*......

sourcils épais & unis ensemble, les oreilles petites & bien faites, le nez élevé du haut, & rabattu par le bas.

Sapho, de petite proportion, dans le goût grec. L'air de tête est extrêmement gracieux, & la physionomie aimable.

Marcus Agrippa, le sourcil élevé, les yeux couverts & retirés, le visage sévere, sans dureté, très-ressemblant, à ce que Tacite nous apprend de ce grand homme.

Sophocle, poëte tragique grec; l'ouvrage en est bon, sans être bien caractérisé.

Tibere, les yeux grands, les traits majestueux, qui annoncent encore la fraîcheur de l'âge & sa force; ce qui fait croire que ce buste est des premiers temps de cet empereur, non pas des dernieres années, lorsqu'accablé de débauches & d'inquiétudes, sa physionomie eut tout-à-fait changé; son visage n'étoit presque jamais sans pustules ou boutons; défaut que l'artiste a eu raison d'éviter.

Aristippe, philosophe grec, d'une proportion plus grande que le naturel. Le travail de sa barbe & l'arrangement de ses cheveux, annoncent cet homme délicat qui vivoit voluptueusement, &

en donnoit des préceptes.

Caïus César Caligula, le sourcil froncé, le regard sévere, le front plein de rides comme un vieillard, avec les traits de la jeunesse; ce qui prouvoit, dit-on, l'atrocité de ses desseins & de ses pensées. La forme de sa tête est allongée & chauve dans la partie supérieure. Il avoit une pâleur habituelle, que le marbre semble indiquer (*a*). Ce buste est bien fini & traité avec beaucoup de vérité.

Agrippine, mere de Caligula, que le soupçonneux Tibere força à se laisser mourir de faim ; femme vertueuse, représentée avec cette noblesse de sentimens qui fit son caractere (*b*).

―――――――――――――――――――

(*a*) *Tanta illi palloris insaniam testantis fœditas erat.....*

Tanta oculorum sub fronte anilli latentium torvitas..... Seneca, ...

Fronte latâ & torvâ, capillo raro ac circa verticem nullo, hirsuta cœtera.....

Sueton. . . . .

(*b*) *Virilibus curis feminarum vitia exuerat...* dit Tacite (An. L. 6.) son caractere étoit altier & avide de dominer. Tibere la connoissoit & la regardoit comme son ennemie, aussi ayant remarqué qu'elle étoit morte, deux ans après

GRAND DUCHÉ DE TOSCANE. 163

Claude; ses traits annoncent cette ineptie, cette pesanteur, qui le caractériserent dans toutes ses actions (*a*); cet homme auquel la moindre application donnoit un tremblement de tête qu'il ne pouvoit arrêter; on verra même que sa bouche est traitée de façon à y faire reconnoître un autre défaut naturel de ce foible prince, dont parle Juvenal, sat. 6.

Longam manantia labra salivam.

Antonia, mere de Claude, femme d'un grand mérite; on la reconnoît à la modestie de ses regards, à la tranquillité de ses traits, à la décence de

---

le supplice de Sejan & le même jour, il ordonna que le quinze des Calendes de Novembre fut désormais regardé comme un jour heureux pour lui: il vouloit même qu'on lui sçut gré de ce qu'il ne l'avoit pas fait étrangler, & de ce qu'il n'avoit pas ordonné qu'on traînât son corps comme celui des criminels, & qu'on le jettât dans le Tibre (*ingemonias*) le tyran la détestoit, mais tous les Romains vertueux la regretterent.......

(*a*) *Non faciendo nocens, sed patiendo fuit...*
Auson.

son habillement, que l'artiste a parfaitement bien rendus.

Néron, d'une excellente maniere; ses traits ont plus de beauté que d'agrément; l'air riant sous lequel il est représenté semble être affecté, & cacher de la cruauté; il a le visage plein & les cheveux frisés par étage, mode qu'il avoit prise des Grecs, au rapport de Suetone (*a*), & qu'il porta à l'excès.

Popée, femme ou maîtresse de Néron; ses traits sont délicats & pleins d'agrémens; le regard franc, vif & hardi qu'on lui a donné, annonce qu'elle faisoit trophée de sa fortune & de son état.

Seneque; ce buste est traité de la plus grande maniere, & représente bien le philosophe accrédité à la cour de l'empereur, ayant une grande réputation de sagesse & de prudence. Cet ouvrage est sans doute des premiers temps de Néron; il ne ressemble pas à d'autres statues du même Seneque, où l'on voit un vieillard accablé de craintes & de

---

(*a*) *Vultu magis pulchro quam honesto... comam semper n gradus formatam, peregrinatione Achaicâ etiam penes verticem sumpserit......* Sueton. ....

douleur, exténué d'une abstinence forcée, & ayant à peine assez de force pour se faire ouvrir les veines.

Galba; il y a des traits de force qui prouvent que l'ouvrage est d'un bon artiste; mais on n'y retrouve pas, comme dans les précédens, ces traits fins & marqués qui caractérisent l'homme. Galba régna peu, & ses bustes sont rares.

Othon; buste plus rare encore & plus précieux que les médailles d'or & d'argent de cet empereur; on y retrouve le visage plein & efféminé de ce prince, qui n'eut pas le courage de porter le sceptre plus de trois mois, & qui céda à sa premiere disgrace, mais qui se faisoit raser tous les jours, qui même dans les camps vivoit avec luxe : pour remplacer les cheveux qui lui manquoient, il portoit une petite perruque ronde & frisée aussi courte devant que derriere. Suetone & Juvenal (a),

───────────────────

(a) *Munditiarum pene muliebrium, vultu, corpore, galericulo capiti, propter raritatem capillorum adaptato, & annexo.......*

      Sueton....

Nimirum summi ducis est, occidere Galbam,

sat. 2, parlent beaucoup du luxe ridicule & de la mollesse de cet empereur.

Carneade, philosophe & excellent orateur Grec : ce buste est beau & bien caractérisé.

Vitellius ; il semble le voir avec cette taille prodigieuse & ce tein enflammé que Suetone lui attribue (a) : il est extrêmement gras & gros, & a bien l'air d'un homme qui passoit son temps, & ruinoit les autres, à faire grande chere, & qui ne savoit parler & s'occuper

---

Et curare cutem summi constantia civis,
Bebriaci in campo, spolium affectare palati,
Et pressum in faciem, digitis extendere pa-
    nem. . . .

                  Juvenalis. . . .

Ce qu'il y a de mieux dans son histoire, comme le dit Ausone, c'est que son empire fut de courte durée.

Fine tamen laudandus erit, quod morte decorâ
    Hoc solum fecit nobile, quod periit. . . .

(a) *Enormi proceritate & facie rubidâ. . . .*

                  Sueton. . . .

Ces deux compétiteurs à l'empire étoient bien dignes l'un de l'autre. Le premier étoit une espece de damoiseau qui n'étoit occupé que d'autre chose. Comment un homme de cette trempe peut-il être compté au rang des empereurs Romains ?

Xénocrate, philosophe Grec ; l'exactitude & la sévérité de ses mœurs est parfaitement bien rendue dans tous les traits de son visage.

Vespasien ; belle tête traitée avec les détails heureux qui caractérisent l'attention, l'activité & la grandeur d'ame de cet empereur ; le front est ridé, les yeux sont couverts, mais point durs, le né aquilin, les joues larges ; il a un certain éclat de majesté répandu sur tout le visage.

Bérénice, reine d'une partie de la Judée, que Tite aima si tendrement : elle est coiffée d'une bandeau royal qui ceint le dessus de sa tête ; l'arrangement de ces cheveux n'a rien de commun avec celui des dames Romaines ; ses cheveux sont frisés à plusieurs étages

---

de sa figure & de ses aises..... Le second un gourmand à l'excès, qui ne songeoit qu'à se remplir l'estomac, & qui n'étoit pas capable d'autre chose. Ce fut cependant pour placer l'un ou l'autre de ces hommes, indignes de l'être, sur le trône de l'Univers, qu'il y eut tant de sang répandu......

de boucles, dont les plus longues tombent sur les épaules, & accompagnent le visage. Il y a un buste semblable à celui-là dans la ville Borghese à Rome. Cette coiffure est la même que celle des dames de la cour de France du temps de la reine Marie-Therese d'Autriche, de Mesdames de Montespan, de la Valiere, &c. Les auteurs contemporains de Bérénice disent que cette frisure étoit postiche, & que toutes les femmes de Judée s'en paroient.

Titus; la majesté, la beauté, la grace, cette bienfaisance qui caractérisent ce prince, & qui en firent les délices du monde, sont habilement exprimées sur ce marbre (*a*).

Julie, fille de Titus, peu connue: ce buste est d'un beau travail.

Domitia, de belle exécution, & qui paroît bien faire portrait.

Domitien n'a pas dans son buste cette beauté & cette force qu'on lui donne dans les médailles; ce qui peut venir de ce qu'il n'a pas été bien conservé, & qu'il a été ensuite restauré par une main qui a travaillé d'après sa propre

---

(*a*) *Forma egregia & cui non minus authoritatis inesset quam gratiæ....* Suetone.

idée,

idée, & non fur aucun bufte original: il manque d'expreffion, le travail en eft froid.

Nerva (a), vieillard d'un afpect majeftueux, que fon équité éleva fur le trône; il eft de proportion plus grande que le naturel, ce qui fait que fon nez aquilin paroît d'une grandeur énorme.

Trajan; fon bufte eft de bonne maniere, la plupart de fes traits femblent répondre à fes grandes qualités fi connues; cependant le travail n'eft pas d'un artifte du premier rang.

Mathidia & Plotina, buftes rares: le travail du fecond eft bien fupérieur à celui du premier.

Adrien, beau de vifage, les cheveux

(a) *Nerva fenex, princeps nomine, mente parens.*
Nulla viro foboles, imitatur adoptio prolem,
  Quam legiffe juvet, quam genuiffe velis.
                    Aufon......

La penfée de ces vers eft belle, le premier fur-tout caractérife un excellent prince, qui avoit le cœur d'un pere pour fes fujets, & qui le prouva par le choix qu'il fit de Trajan pour lui fuccéder.

peignés avec art, ce qui est une distinction remarquable pour ce temps ; la barbe large & épaisse, entretenue de ce volume pour couvrir quelque difformité naturelle que ce prince avoit sur le visage (*a*): ces parties sur-tout sont d'un excellent travail.... Vis-à-vis est un autre buste d'Adrien représenté beaucoup plus jeune.

Antinoüs, dans le plus excellent goût grec, conservé entier & d'un travail admirable ; ce buste est bien fait pour donner une grande idée des artistes de l'antiquité : il est un peu plus grand que nature, & tout-à-fait nu.

Un buste de femme voilée, que l'on croit-être une vastale, ou Sabina femme d'Adrien, d'un beau travail & bien fini.

Elius César, adopté par Adrien, & destiné à lui succéder, s'il lui eût survécu ; il étoit beau, son aspect majestueux inspiroit le respect ; mais il étoit de la plus foible santé : il semble que

---

(*a*) *Staturâ fuit procerus, formâ comptus, flexo ad pectinem capillo.... Promissâ barbâ ut vulnera quæ in facie naturalia erant tegeret.....*

Spartianus....

l'artiste ait rendu tous ces sentimens, tant le buste est beau.

Antonin le pieux, du plus beau travail, très-ressemblant aux médailles & statues antiques de cet excellent prince, qui sont fort communes.

Les deux Faustines, mere & fille, toutes deux de bonne main & bien conservées.

Marc-Aurele Antonin le philosophe : il y a de suite trois bustes de cet empereur à différens âges ; il n'est pas étonnant que ses portraits soient si fort multipliés. Capitolin a écrit, que quiconque n'avoit pas chez lui son portrait, étoit réputé sacrilége, & que ses statues avoient été conservées au nombre de celles des Dieux Pénates. Le premier paroit fait sur la fin du régne de ce prince ; il est d'un grand caractere ; la barbe & les cheveux peu soignés sont bien rendus... Le second a moins de barbe, & est beaucoup plus beau.... Le troisiéme paroît être du temps auquel Marc-Aurele fut adopté par Antonin.

Lucius Verus, associé à l'empire par son frere Marc-Aurele, a le visage boutonné, la barbe longue & abattue, telle que la portoient les barbares, & une gravité majestueuse dans toute la figure (*a*) : il ne régna que neuf ans avec son frere.

Commodus, fils de Marc-Aurele : cette tête eſt d'un excellent travail, & celle d'un jeune homme dont tous les traits ſont beaux ; le viſage eſt gracieux & d'un bel embonpoint, les cheveux ſont bien traités ; il ſemble avoir déja dans la phyſionomie quelques ſignes de cette ſotte foibleſſe qui le rendit ſi facile aux mauvais conſeils, & ſi indigne du rang qu'il occupoit.

Criſpina, femme de Commode, repréſentée à la fleur de ſon âge, ſans doute dans les premiers temps de ſon mariage : il y a beaucoup d'expreſſion & de fineſſe dans cet ouvrage.

Pertinax, vieillard vénérable, qui a la barbe longue, les cheveux hériſſés & mal en ordre, de l'embonpoint & une taille majeſtueuſe : le travail en eſt beau, & conforme à la vérité hiſtorique (*b*).

(*a*) *Vultu gemmatus, barbá prope barbarice demiſſá procerus, & fronte in ſupercilia adductiore venerabilis*. . . . Capitolinus. . . .

(*b*) *Senex venerabilis, immiſſá barbá, reflexo capillo, habitudine corporis pinguiore, ſtaturá imperatoriá*. . . . . Jul. Capitol.

GRAND DUCHÉ DE TOSCANE. 173

Didius Julianus; on sait qui il étoit; & son portrait rendu avec beaucoup de vérité, n'annonce qu'un vieillard encore livré à ses passions, qui n'acheta l'empire que pour les perdre aussi-tôt (*a*).

Didia Clara, Manilia Scantilla, l'une femme, l'autre fille de Didius Julianus. Leurs bustes n'ont rien de remarquable, ni par la beauté de l'ouvrage, ni par la ressemblance des figures, quoique, suivant les historiens, la premiere eût été la plus belle des filles de son temps, & l'autre une des plus laides; ce qui pourroit faire soupçonner la vérité de ces deux bustes, qui n'ont rien qui les caractérise d'une maniere conforme à l'histoire, ni qui ressemble aux médailles.

Albin, compétiteur de Sévere à l'empire, & qui en conserva le titre pendant quelques années dans les Gaules, a la barbe épaisse, crépue & courte, & tous les traits qui caractérisent un guerrier: ce buste est d'albâtre, traité d'une grande maniere, & d'une entiere conservation.

─────────── ───────────

(*a*) *Dii bene, quod spoliis Didius non gaudet opimis,*
Et cito perjuro, premia adempta seni. . . .
                               Auson. . . . .

H iij

Septimius Severus; belle tête pleine d'esprit & de mouvement: il y a quelque chose d'auſtere & de dur dans la phyſionomie qui caractériſe cet empereur; la barbe eſt épaiſſe & négligée.

Deux buſtes de Julia Severa, femme de Septime; l'un où elle eſt repréſentée avec la beauté, les graces & la majeſté qui la rendirent ſi célébre à Rome & en Syrie; l'autre où la vieilleſſe lui a enlevé ces avantages, & ne lui a laiſſé que quelque majeſté dans la phyſionomie.

Antonin Caracalla; ce buſte n'a plus cet air aimable, les graces de phyſionomie, qui rendirent ce prince ſi cher dans ſa jeuneſſe au peuple & au ſénat (a); il a l'air effrayé & féroce, le viſage plein de rides: on voit ſeulement à la maniere dont la tête eſt tournée ſur l'épaule gauche, que l'artiſte a au moins imité l'attitude habituelle de ce prince, qui avoit la fantaiſie de ſe croire un autre Alexandre, lequel avoit la tête placée de cette maniere.

(a) *Vultu etiam truculentior factus eſt, prorſus ut eum quem puerum ſcirent, multi eſſe non crederent......*

Alexandrum magnum, ejuſque geſta in ore ſemper habuit...... Spartianus.....

Plautilla ; sa tête est assez belle, quoique médiocrement traitée..... Une autre Plautilla plus vieille.

Deux bustes de Géta, frere de Caracalla, qui régna quelque temps avec lui. Dans le premier il commence à avoir un peu de barbe; & sans doute il fut fait peu avant qu'il fût mis à mort par les ordres du cruel Caracalla. Le second est celui d'un enfant. L'un & l'autre sont traités habilement.

Deux têtes de Diadumene encore enfant; elles paroissent faites d'idée, & sont plus précieuses à cause de leur rareté, que de la beauté du travail.

Marc-Aurele-Antonin-Eliogabale, prince d'une belle figure, mais de mœurs si dissolues & si cruelles, qu'il est regardé comme le plus méchant des souverains qui ayent jamais deshonoré le trône. Son buste est habilement traité, & d'autant plus précieux, qu'après que son corps eut été jetté dans le tybre par ordre du sénat, on détruisit également toutes ses statues, & très-peu échapperent à la sévérité de cet ordre. Celui-ci est antique, & fort ressemblant aux médailles.

Aquilia, vestale qu'Eliogabale épousa, disant qu'il convenoit que la femme d'un prêtre du Soleil fût une vestale : l'ouvrage est imparfait ; on voit que l'idée de l'artiste a été de la représenter avec l'air & les attributs de son premier état.

Alexandre Sévere ; son buste annonce la majesté de sa taille, la dignité de son maintien, & l'affabilité qui lui étoit naturelle : l'ouvrage en est médiocre.

Julia Mammea, mere d'Alexandre Sévere ; son buste, dont l'ouvrage est altéré, semble être de la même main que le précédent ; on reconnoît dans ses traits cette soif de régner, & cet orgueil qui la rendirent si odieuse.

Julia Messa, qui par ses artifices parvint à porter Eliogabale sur le trône ; elle a joui de la dignité d'auguste. L'ouvrage qui représente une vieille femme, est médiocre.

Gordien l'Africain le vieux ; des qualités extérieures que lui donnent les historiens, on ne reconnoît dans son buste que l'épaisseur de sa taille ; on n'y retrouve ni cet air triomphant, ni ce regard & ce front respectable dont ils parlent, & qui n'est point d'accord avec les médailles de son temps.

Maximin Pupien, buste d'un assez beau travail ; il a les yeux vifs & le regard fier, indices de ce grand courage que Capitolin lui attribue.

Antiochus Evergete, roi de Syrie ; sa tête est ornée du bandeau royal : le travail en est lourd.

Philippe l'ancien ou le pere ; buste rare, quoique le travail en soit médiocre ; il est estimable pour son temps, où l'art commençoit à beaucoup dégénérer.

Un buste médiocre de quelque roi ou prince asiatique ; il porte sur son front les marques de la royauté.

Décius, buste dans lequel on remarque quelques traits qui annoncent la bravoure & l'affabilité qui le rendirent cher aux soldats, & agréable au peuple.

Un buste antique dans le meilleur goût romain, & de grand caractere ; il représente un vieillard chauve & sans barbe, qui a la physionomie la plus noble & la plus honnête.

Un buste d'un travail médiocre, que l'on dit représenter Quintus Herennius.

Une très-belle tête traitée avec feu & légereté ; son air respire le courage & la fierté ; une barbe épaisse & frisée couvre plus de la moitié du visage ; les cheveux sont traités de même : on dit qu'il représente Annibal, mais sans certitude.

Volusien; le travail n'en est pas à mépriser pour le temps; il représente ce prince sous un aspect aimable, avec l'air de vivacité de son âge; à peine la barbe commence-t-elle à paroître.

Deux bustes de Gallien; le premier assez bien traité: on reconnoît dans ses traits un homme né pour la bonne chere, qui passoit les jours à boire, & les nuits dans d'autres débauches (*a*): on voit

---

(*a*) *Natus abdomini & voluptatibus, dies ac noctes vino & stupris perdidit....* Trebellius.....

Quelque connoissance de l'histoire & l'étude des statues antiques, comparées avec les tableaux modernes de portraits, même avec les originaux vivans, pourroient donner des connoissances assez étendues dans l'art de la Physionomie. Sans intention directe, & par le seul rapport des traits du visage & de l'habitude du corps avec quelques antiques, j'ai trouvé des caracteres modernes très-ressemblans avec ce que les meilleurs historiens nous ont transmis, sur les principaux personnages de leur temps; malheureusement les rapports en mal sont plus sensibles & plus communs que ceux en bien, qui sont aussi les plus rares dans l'antiquité; & il est rare de trouver de ces têtes vivantes, dans lesquelles on puisse remarquer les traits dans tout l'air du visage cet abattement & cette nonchalance, qui sont la suite ordinaire de la débauche.... Le second, plus grand que nature, est traité d'une manière plus ferme & plus fière; on voit que c'est le même portrait, mais il semble annoncer des dispositions toutes différentes de celles que les historiens attribuent à ce prince.

Constantin le Grand; ouvrage médiocre, mais bien dans le goût du temps, & fort semblable aux médailles de ce prince: on remarque dans ses traits une sorte de délicatesse que Julien lui a reprochée, comme une marque de mollesse & de vanité qui ne convenoit point à un prince. On verra encore que le cavalier Bernin, dans la belle statue de Constantin qui est sous le vestibule de l'église de saint Pierre de Rome, a bien saisi la ressemblance de cet empereur.

On voit à la suite d'autres bustes incon-

---

caractéristiques du buste de Platon qui est à la villa Borghese à Rome, tels que j'ai cru les remarquer sur la physionomie du marquis Tanucci, min.... d'état à Naples, & sans avoir aucun desse[in] ... de le flatter.....

nus, dont quelques-uns font d'un beau travail.

Dans le corridor qui eſt au midi, & qui joint les deux galeries paralleles, font placés pluſieurs buſtes, dont je n'ai encore rien dit, pour ne pas interrompre la ſuite des empereurs telle qu'elle ſe trouve dans la galerie. On y verra les buſtes d'Adrien & de Sabina de grandeur héroïque: ils font l'un & l'autre d'un travail médiocre.

Une tête d'homme qui n'eſt qu'ébauchée par Michel-Ange, mais déja pleine de vie & de la plus grande maniere; on croit que c'eſt un Brutus : on lit au bas ce diſtique du cardinal Bembo....

M. *Dum Bruti effigiem ſculptor de marmore*
    ducit, A.
B. *In mentem ſceleris, venit & abſtinuit.* F.

Il n'eſt pas à croire que pareille idée ait empêché ce grand homme de finir un ouvrage qu'il avoit ſi bien conçu, & qu'il rendoit avec tant de vérité ; il me paroît au contraire que l'horreur que doit inſpirer le crime du meurtrier de Céſar, bien conçue, eſt très-capable de conduire le ciſeau d'un habile artiſte, & de faire ſortir du marbre cette expreſsion frappante qui l'anime, & qui rend l'art rival de la nature.

Une tête de femme, par le Bernin ; elle est d'un travail excellent, & de ce fini admirable que l'on connoît dans ce maître. On dit à Florence qu'elle représente Constanza Bonarelli, maîtresse de ce grand artiste; mais on lit dans sa vie qu'elle est le portrait de la femme d'un de ses éleves favoris, dont il retouchoit les ouvrages, & dont plusieurs passent même pour être de lui.

Annius Verus, fils de Marc-Aurele, enfant âgé d'environ sept ans, temps auquel il mourut: un décret du sénat ordonna qu'on porteroit sa statue à ses funérailles; ce qui n'a été fait pour aucun autre enfant de cet âge: ce buste est l'un des plus précieux de cette collection; le travail en est admirable.

Pan, buste de marbre blanc dans le goût grec, bien conservé, d'un expression merveilleuse, & conforme en tout à la description que les poëtes ont faite de cette divinité champêtre; deux petites cornes rougeâtres lui sortent du front, les oreilles sont droites & pointues, les yeux riants & malins, le nez un peu recourbé, les épaules couvertes d'une peau de daim rattachée fur fa poitrine (a).

Alexandre le Grand, bufte coloffal trois fois auffi grand que le naturel, d'un beau marbre jaunâtre; on peut le regarder comme une merveille de l'art & le chef-d'œuvre de quelque fculpteur Grec, dont le ftyle étoit grand & fublime : le héros eft repréfenté mourant, le haut du nez eft enflé, la bouche entr'ouverte, les yeux font légerement tournés, & tous les traits font dans un fi grand repos, qu'il n'y a aucune marque de douleur, tout y annonce plutôt une défaillance générale : ainfi ce bufte doit être la repréfentation du héros, ou lorfqu'on le tira des eaux froides du Cidne, ou bien à l'inftant qu'il expira ; mais non pas lorfqu'il fut bleffé à l'affaut de la ville des Oxidraques, comme quelques-uns l'ont prétendu ; il fouffroit alors d'une bleffure violente & dangereufe, mais il ne fe mouroit point : on en peut juger par la force qu'il montra

---

(a) *At parva erumpunt, rubicunda cornua fronte,*
Stant aures, fummoque cadit barba hifpida mente. . . . Silius Ital. l. 3.

en se faisant faire l'extraction de la fléche qui l'avoit percé, sans vouloir qu'on le soutînt : dans toute cette action son caractere d'héroïsme ne se démentit point.

Dans ce même corridor sont deux colonnes ou pilastres de marbre blanc, carrées, hautes chacune de dix pieds romain (le pied romain est de dix pouces dix lignes); elles sont sculptées des quatre côtés en demi-relief, & chargées de trophées d'armes antiques offensives & défensives, entrelacées d'instrumens de musique militaire, d'enseignes & d'étendards; on y voit les autels portatifs, & tout ce qui servoit au culte des Dieux & aux sacrifices dans la marche des armées & dans les camps. Cet ouvrage, qui est romain, quoique l'on y trouve une partie de ce qui servoit aux Grecs, est aussi curieux qu'instructif, pour quiconque voudra se mettre au fait de l'armure des anciens.

Cabinets de curiosités tenans à la galerie.

Plusieurs chambres ou grands cabinets tiennent à cette galerie, dans lesquelles on trouve une multitude de tableaux de prix, de bronzes rares, de statues, de meubles riches d'un travail exquis, & des matieres les plus précieuses.

Premiere chambre des peintres.

22. La premiere, dans l'ordre où elles font placées, est celle des peintres, garnie des portraits de tous les peintres célébres, tant d'Italie que de France, de Flandres & d'Allemagne, peints par eux-mêmes. On doit regarder cette collection unique comme une espece d'académie, où le mérite seul donne lieu d'être admis, & où l'on vit encore après sa mort. Le cardinal Léopold de Medicis commença la collection, & invita tous les célébres peintres vivans à y envoyer leurs portraits, ce qu'ils tinrent à grand honneur, & depuis ils ont continué; car on y voit les portraits des écoles Romaine & Florentine, depuis Raphaël jusqu'à Sebastien Concha; ceux de l'école Lombarde commencent au Titien, & finissent à la Rosalba Carriera : ainsi des autres écoles; car tous les peintres en réputation se font fait un honneur d'envoyer leurs portraits peints par eux-mêmes, pour être placés à côté des hommes illustres dont ils ont suivi les traces, & partager avec eux la gloire dont ils jouiront tant que les beaux arts feront en honneur.

Comme ces tableaux font au nombre de près de deux cens cinquante, placés les uns à côté des autres, ils font peu d'effet; il est même difficile de les considérer séparément, l'attention est toujours partagée par les tableaux voisins, ce qui cause une sorte d'inquiétude qui brouille les idées, & empêche de sentir le mérite de la peinture.

Dans cette même chambre est la statue du cardinal Léopold de Medicis en marbre blanc; il est assis, & a divers papiers devant lui. Sur la base du piédestal on lit une inscription à la louange de ce cardinal, qui apprend que Cosme III, grand duc, a fait ériger ce monument à la gloire de son oncle & des beaux arts (a).

(a) *Leopoldo. ab Etruriâ. cardinali.*
Numismatum. tabularum. signorum. Gemmarum.
Omnium. denique deliciarum.
Erudit, antiquitatis.
Vindici. arbitroque.
Inter. hæc. ipsius. monumenta.
Vere. Regia.
Viros. ac. spirantes. quasi. vultus.
Pictorum. toto. orbe. celebriorum.

Seconde chambre des porcelaines.

23. Dans la seconde chambre, dite *des porcelaines*, on en conserve de toute grandeur & de toute forme. Les principales sont anciennes de la Chine & du vieux Japon, tant vases que figures. Il y en a de belles formes, sur-tout de ces porcelaines vertes que les curieux estiment beaucoup. Au milieu est une grande table de marqueterie d'un beau travail. C'est à cette chambre que répond la galerie qui traverse l'Arno, & va jusqu'au palais Pitti.

Troisiéme chambre des idoles.

24. La troisiéme chambre, appellée *des idoles*, à cause de la multitude de bronzes antiques qui s'y conservent, peut être regardée comme un des plus beaux & des plus riches cabinets de curiosités qui existent... A côté de la porte est une colonne d'albâtre oriental trans-

---

Proprid. manu. æternitati. consecratos.
Patruo. de. se. de. civibus.
Deque. posteris. optime. merito.
Cosmus. III. M. Etrur. d. memor. gratusque.
Suum. quoq. uti. par. erat. lucum dedit.

On voit dans un cartel la dévise de ce prince, qui étoit une colonne, avec ces mots.... *semper rectus, semper idem.*

parent, haute de six pieds, travaillée en spirale avec beaucoup de délicatesse. La base & le chapiteau sont de marbre d'Afrique. Au-dessus est une Diane antique de marbre d'environ deux pieds de haut, dans l'attitude de tirer quelque bête à la chasse.

Autour de ce cabinet régnent deux corniches, sur lesquelles sont rangés plus de trois cents bronzes de différentes tailles, parmi lesquels on voit plusieurs têtes de grandeur naturelle; entr'autres Tibere, Antinoüs, Faustine; ensuite quatre bustes ou têtes trouvées dans la mer près de Livourne en 1720. Des plongeurs essayant de retirer quelques balots d'une chaloupe qui avoit fait naufrage, l'un d'eux ramena avec ses crochets une tête ou buste de bronze entiérement conservé; ses compagnons en trouverent trois autres dans le même endroit. On voit de suite ces quatre têtes qui sont de bonne maniere grecque, parmi lesquelles on croit reconnoître un Homere qui est très-beau.

Saturne armé d'une faulx.... Cybele assise sur un massif, ayant sur la tête une couronne de creneaux... Plusieurs Jupiter de formes & d'attitudes différentes, les uns nus, les autres habillés, avec le sceptre, la foudre, la lance, la patere, ou d'autres attributs.... La Junon Sospita...Vesta, ou la déesse du feu, dont elle porte l'emblême dans sa main... Une vestale tenant le vase (*acerra*) à conserver l'encens... *Minerva salutare*, & *Minerva ergane*, même petite idole ou statue; elle a le serpent tortillé autour du bras droit, & tient de la main gauche la navette du tixier. On ne doit pas donner la préférence à une de ces opinions sur l'autre. La plûpart de ces petites statues ont été certainement des idoles domestiques; & on sçait que pour ne les pas multiplier, on représentoit la même divinité avec tous les attributs sous lesquels on pouvoit avoir recours à elle; ainsi l'ancien possesseur de cette idole avoit dans cette même figure la déesse de la santé & celle de l'industrie.... Une muse tenant une flûte d'une main, de l'autre un livre avec les notes ou caracteres de la musique... Plusieurs Vénus différemment caractérisées, parmi lesquelles la Vénus pudique ou céleste, vêtue jusqu'à la ceinture; la triomphante, la pomme à la main; la marine, sur une conque... Bacchus & trois figures de Bacchantes, dans lesquelles une Ménade furieuse, d'une grande expression (a)... Plusieurs petits Hercules; à la suite quelques soldats ou gladiateurs, au nombre desquels une figure, que l'on dit étrusque, fort singuliere. Elle est armée d'une espece de massue, & porte des cornes au front, ou au moins des cheveux rangés de façon qu'ils ressemblent à des cornes, ce qui me porteroit à penser que ce pourroit être la figure d'un soldat ou gladiateur Gaulois... Une figure de femme, d'un pied de haut, de bonne maniere & bien conservée, blessée sous la mammelle gauche; elle leve les bras au ciel, & paroît beaucoup souffrir de sa plaie : ce peut être une amazone... La victoire & la réputation, la premiere habillée, la seconde nue... Un grouppe composé de trois figures; deux victoires qui soutiennent & qui regardent avec admiration un soldat mort... Un autre grouppe composé de deux soldats armés de toutes piéces, qui en portent un troisiéme qui est mourant. On peut lui donner

---

(a).... *Cornu pariter, vinoque feruntur Attonitæ, crinemque rotant ululante Priapo, Mænades.....* Juv. sat. 6.

le nom de charité militaire.... Un Hercule soulevant Antée : il est aidé de Pallas; ainsi sa force est personifiée, & paroît différente de lui-même.... Le Laocoon avec ses deux fils, aux prises avec les serpens ; petit grouppe bien travaillé dans la maniere grecque.... La chimere & un sphinx, figures composées & connues; la premiere grecque ou étrusque, la seconde égyptienne.... Un petit squelette en bronze. On ne doute point de son antiquité, & il prouve que l'on étudioit l'anatomie... Une femme, les cheveux épars, l'habillement mal en ordre, les traits du visage beaux, mais respirant la férocité, le corps découvert jusqu'à la ceinture ; elle a perdu la main gauche. Ne seroit-ce pas une de ces Lamies, monstres d'Afrique que l'on trouvoit en Lubie, qui nourrissoient leurs enfans ou petits, &. les dévoroient ensuite? Ce morceau est rare & curieux. (*a*) Un pe-

---

(*a*) Peut-être est-ce de cette espece de monstre dont parle Jérémie (Thren. c. 4.) que l'on trouvoit dans la Libie, province de l'Afrique intérieure. Mais ces prétendus monstres ont-ils existé? La Mithologie nous apprend que *Lamie* étoit une fort belle femme Afri-

tit Telesfore, fils d'Esculape & d'Hygée, regardé comme le dieu des convalescens, vêtu d'un manteau qui ne descend que jusqu'à mi-jambe, & coiffé d'un capuchon qui tient au manteau....
Plusieurs idoles égyptiennes, représentant Sérapis, Isis, Osiris, Anubis, Canope; parmi lesquelles une Isis symbolique, couronnée d'un disque ou rond,

---

caine, fille de Neptune, & la premiere qui eut prophétisé. Elle eut quelques enfans de Jupiter, dont Junon fut tellement irritée qu'elle les fit tous mourir : ces pertes redoublées, rendirent *Lamie* si furieuse & si cruelle, qu'elle devoroit tous les enfans qu'elle trouvoit. Brochart prétend que le mot *Lamia*, est Phénicien & signifie *dévorer*. Peut-être encore doit-il son origine à l'espece de Requin ou Chien de mer, appellé *Lamie*, le plus cruel & le plus vorace de tous les monstres marins. On a encore appellé *Lamies* (*Lamiæ*) ou *Laniæ*, certains demons larves ou lémures qui, sous la figure de belles femmes, devoroient les enfans. N'est-ce pas à cette idée qu'Horace fait allusion lorsqu'il dit (*De Art. poët.* ⋎. 340.) N'obligez pas à croire qu'une Lamie ayant dévoré un enfant, on le retira encore plein de vie de son estomach...
De tout cela ne peut-on pas conclure qu'une connoissance confuse de la voracité des Requins ou Lamies, a très-anciennement donné lieu aux fables & aux contes qui se sont débités à ce sujet.

aux côtés duquel pointent les extrémités du croissant de la lune. Elle tient le petit Orus sur ses genoux, & est assise sur une poule de Numidie, qui l'embrasse & la couvre en partie. Ce petit grouppe est porté sur un autel environné d'un grand oiseau de riviere. Toutes ces figures hyéroglifiques sont symboliques de la fécondité de l'Egypte... Le Canope est d'une forme singuliere; il a la tête humaine avec la barbe de bouc, le corps très-long, & fait en vase à conserver de l'eau; les bras & les jambes si courtes, que les pieds & les mains tiennent immédiatement au corps. Telle étoit la divinité favorite des prêtres Egyptiens, celle qui avoit vaincu toutes les autres, même le feu qu'adoroient les Chaldéens. Les anciens historiens, entr'autres Rufin & Eusebe, dans la préparation évangélique, racontent que les prêtres Egyptiens & Chaldéens ayant eu querelle sur la puissance de leurs divinités; les Chaldéens prétendant que le feu étoit supérieur, & qu'il consumoit tout; les Egyptiens assurant au contraire que Canope arrêteroit l'activité du feu, & le détruiroit enfin. Pour soutenir leurs prétentions, ils fabriquerent une idole telle que je l'ai décrite,

le

le corps rempli d'un volume d'eau considérable, percée par le bas de petits trous bouchés avec un maſtic qui devoit céder à la premiere action du feu. Ils étoient ſeuls dans le ſecret de la ſupercherie ; le feu s'éteignit, Canope reſta vainqueur, ſa réputation fut faite & ſolidement établie.... Un petit Harpocrate, haut d'environ ſix pouces ; il a le lotus ſur la tête, avec les aîles & le carquois ſur les épaules ; il tient de la main gauche une corne d'abondance, autour de laquelle ſe tortille un ſerpent qui cache ſa tête dans les fruits qui en ſortent. Il eſt nu, & n'a qu'une peau de chevre ſur les épaules, la petite draperie qui pend de ſon bras à terre ne touchant point le corps. L'ouvrage en eſt aſſez bon, & il eſt bien conſervé (*a*). Cléopatre prête à mourir avec l'aſpic tortillé autour du bras gauche, bronze antique

---

(*a*) Cet Harpocrate, dieu du ſilence, étoit fils d'Iſis. On en a peu parlé, & cette petite idole renferme à peu près toute ſon hiſtoire : ſoit que ce ſilence ait été une ſuite du reſpect que l'on croyoit devoir à ſa mere, ſoit que comme l'a écrit Varron, on n'en ait rien dit de plus, pour ne pas violer le ſilence qu'il commandoit.

d'un beau caractere (a)... Amphitrite, belle femme jusqu'à la ceinture, poisson à deux queues dans le reste du corps... Une aigle romaine, qui a servi d'enseigne à la vingt-quatriéme légion.... Une main ouverte de bronze, enseigne de compagnie appellée *Manipulus*.... Une couronne murale, antique de bronze bien conservé.... Plusieurs pateres ou coupes antiques, dont quelques-unes sont étrusques, celle sur-tout sur laquelle est gravé l'enlevement de Proserpine... Deux trépieds antiques entierement conservés, le plus petit n'a aucun symbole

---

(a) *Ausa & jacentem visere regiam*
Vultu sereno, fortis, & asperas
Tractare serpentes: ut atrum
Corpore combiberet venenum;
Deliberata, morte ferocior.
Horat. L. 1. Od. 37.

Le bronze rend très-bien cette grande idée: on y reconnoît les traits de cette Princesse courageuse, qui de l'excès du plaisir passe à la résolution la plus décidée de se donner la mort, pour se soustraire à l'opprobre dont elle est menacée; elle regarde d'un œil intrepide & serain, & le désastre de sa cour, & l'aspic dont le venin va arrêter le cours d'une vie qui ne pourroit plus qu'être malheureuse....

qui le caractérise, il se replie & a été portatif. Le second, plus grand, ne se replie point, les pieds sont formés par trois corps de serpens, terminés par des bustes de femmes voilées, qui tiennent à la main une fleur étoilée. Il paroît avoir servi aux mysteres d'Apollon.... Parmi les lampes antiques de bronze & de terre cuite, il y en a quelques-unes sur lesquelles on voit de plein relief des figures symboliques, telles que celles qui portent le soleil & la lune avec leurs attributs, & un triton qui sonne d'une trompe marine.... Deux de figures entieres, l'une de Priape, l'autre de Silene... Dans le nombre de celles qui ont servi aux premiers chrétiens, l'on en voit deux en bronze d'une forme singuliere; l'une sur laquelle est un Moïse qui frappe le rocher, avec une autre figure qui puise de l'eau; l'autre en forme de barque, sur laquelle saint Pierre & saint Paul prient à genoux. Au mât est attaché un petit cartel avec cette inscription... *Dominus legem dat Valerio Severo; Eutropi vivas.*

Cette chambre a deux rangs de tableaux, placés l'un entre les deux corniches, l'autre au-dessus. Il y en a de très-beaux, parmi lesquels une esquisse orignale du Titien, très-bien coloriée qui a pour sujet une bataille; c'est le dessein d'un grand tableau qui a péri à Venise dans un incendie.... Deux de Jacques Bassan, le mauvais riche à table, & le déluge universel, tous deux d'un beau ton de couleur... La Vierge, l'Enfant Jesus, saint Joseph & saint François, par le Barocci; tableau excellent pour le dessein & la couleur; les chairs sont extrêmement fraîches, les airs de tête gracieux, & toutes les attitudes vraies & naturelles... Une esquisse que l'on dit être de Paul Veronese, qui représente une sainte qui prie à genoux; la couleur en est belle.... La famille de Paul Veronese, peinte par lui-même, figures de grandeur naturelle, vues jusqu'aux genoux. Ce tableau a beaucoup souffert, cependant on y reconnoît la touche savante & gracieuse de ce maître... Un sujet tiré du Tasse, qui paroît représenter Armide & Tancrede. Le jeune homme est assis à terre & souffrant, la femme est debout & armée d'un dard. Le dessein en est parfait, la couleur en est gracieuse & claire; tout dans ce tableau est net & précis, sans dureté, les draperies sont heureusement jettées. Ce beau morceau est du Guide, de la meilleure maniere... Judas qui se présente pour donner le baiser à Jesus-Christ. Les figures n'y sont qu'en buste, très-bien dessinées & d'un caractere bien exprimé, par le Titien... Une sainte famille, par André del Sarto, dessinée de grande maniere, & d'un pinceau moëlleux, quoiqu'elle ne soit pas du plus beau de ce maître... Plusieurs miniatures de dom Jules Clovio, copiées d'après quelques tableaux célébres à Florence... Deux tables de mosaïque, l'une en relief, l'autre dans le goût actuel, avec des desseins de fleurs & de fruits; le travail en est parfait.

25. On a rassemblé dans la quatriéme chambre, dite *des arts*, plusieurs tableaux des anciens peintres, auxquels on a joint quelques-uns de ceux que l'école de Florence regarde comme ses premiers maîtres, parmi lesquels un tableau de Jacques Coppi, vivant en 1481, dans lequel cet ancien maître a représenté l'invention de la poudre par Belthold Schwartz; tableau précieux par son ancienneté, & dont les détails sont rendus avec fidélité... Deux tableaux de *Gio da Fiesole*, l'un représentant le mariage de Joseph & de Marie, l'autre la mort de la Vierge. Les habits & les

Quatriéme chambre des arts.

ornemens sont enrichis d'or. Le dessein en est sec, les figures roides & sans mouvement; les visages ont quelque chose de gracieux, & le coloris en est assez beau... Une adoration des Mages, par *Sandro Boticelli*. On commence à y remarquer un goût de dessein plus exact, & qui approche de la premiere maniere de Raphaël..... La Vierge à genoux, l'Enfant couché à terre, avec un doigt dans la bouche, & un Ange à côté, par *le Ghirlandoïo*... Deux tableaux représentant chacun un prophete de grandeur naturelle, par *Fra Bartholomeo del Porta*, dessinés de grande maniere, de belle expression, & d'un pinceau moëlleux. Dans ces deux ouvrages, le second maître de Raphaël est aussi grand que Raphaël lui-même.... Une tête de fille, par *André del Sarto*; portrait de la plus grande vérité, du plus beau de ce maître, & très-bien conservé... Un *Ecce Homo*, par *Albert Durer*, de la meilleure maniere de ce maître, qui est bien inférieur, dans toutes les parties de la peinture, aux peintres de Florence.... Le portrait de Julien de Medicis, duc de Nemours, par *le Vasari*. Il a un bonnet sur la tête, les deux mains l'une sur l'autre, une lettre dans la droite. Cet ouvrage, digne du Titien ou du Georgion, est peut-être le chef-d'œuvre du Vasari... Une tête de Méduse, d'un beau dessein & d'une grande expression, mais foible de couleur, par *Leonard de Vinci*. Les autres ornemens ou meubles de cette chambre, sont des armoires ou bureaux de bois précieux, & d'un excellent travail, qui renferment quantité d'ouvrages curieux faits au tour, parmi lesquels on voit quelques figures finies sur le tour. Une de ces armoires est remplie de chandeliers, crucifix, petites statues & vases d'ambre, qui paroissent avoir été destinés à orner une chapelle. On y voit aussi quelques tasses de même matiere & de belle forme. L'un de ces bureaux, enrichi de colonnes d'albâtre oriental, est orné de petits bas-reliefs d'ivoire, séparés par des cadres ou moulures d'ébene, d'un travail admirable. C'est-là que l'on admirera plusieurs petits grouppes d'environ dix pouces de haut, travaillés en argent par Jean de Bologne; ils représentent les travaux d'Hercule, & quelques autres sujets. (*a*) La science & le travail excel-

---

(*a*) L'Allegorie des travaux d'Hercule est

lent de cet artiste sont aussi frappans dans ces petites figures que dans ses grands ouvrages. On y trouve la même exactitude de dessein & la même en noblesse d'idées. On y verra un grand crucifix d'ivoire, placé sur un pied de marbre noir, revêtu d'ornemens de bronze doré, par quelque excellent artiste.

Un Sicilien nommé *Zummo*, très-industrieux, vivant sur la fin du dix-septiéme siécle, a représenté en cire un sépulcre plein de différens cadavres, dans toutes les situations où ils peuvent être depuis l'instant de la mort jusqu'à leur dissolution totale : cet objet affreux & dégoutant est rendu avec tant de vérité, qu'il semble voir fourmiller les vers dans quelques-uns. L'autre caisse renferme un monument où sont

---

l'une des idées les plus heureuses & les plus nobles qui se soient jamais présentées à l'esprit humain. Elle a toujours été respectée: par-tout & dans tous les temps elle a exercé les artistes; Pausannias nous apprend qu'elle faisoit l'ornement des temples les plus célébres dans l'antiquité. Les siécles les plus réculés l'ont vû naître, elle s'est conservée jusqu'à nos jours; elle nous intéresse encore, moins sans doute pour le héros de la fable, que pour les vertus qu'elle annonce.

rassemblés plusieurs pestiférés morts ou mourans, & rendus avec autant d'énergie : ces différentes figures ont environ un pied de proportion. Il y a dans ce cabinet deux belles tables de marqueterie, l'une entierement formée des pierres précieuses que l'on trouve en Bohême, l'autre sur laquelle est tracé le plan de la ville & du port de Livourne.

26. La cinquiéme chambre renferme une collection précieuse de tableaux Flamands, au nombre de cent cinquante. La maniere de cette école est plus connue que celle d'aucune autre, à l'exception de Rubens & de Vandick, que l'on peut mettre au rang de ces hommes rares, que le génie, la science & la maniere admirable ont placé au premier rang parmi les grands peintres; tous les autres sont plus recommandables par le fini précieux de leurs ouvrages & l'éclat du coloris, que par la correction du dessein, la beauté de l'ordonnance, & la sublimité de l'expression, qui sont les parties essentielles & constitutives des grands peintres; cependant on trouve dans cette collection quelques grands morceaux, où les peintres Flamands se

Cinquiéme chambre. Tableaux Flamands.

sont élevés au-dessus de leur maniere connue.

Le sacrifice d'Abraham, par *Livio Meus*. Les figures sont de grandeur naturelle ; le dessein en est fier ; il y a du feu dans la composition ; les idées des différentes têtes sont belles ; le ton de couleur en est vigoureux ; enfin ce tableau est fort dans le grand goût de l'école Romaine : mais on ne sait par quel accident les teintes se perdent les unes dans les autres, de façon qu'on ne voit plus les couleurs que comme à travers un brouillard qui trouble tout. . . .

Hercule, entre le vice & la vertu, représentés par Minerve & l'Amour, sujet allégorique admirablement composé par *Rubens* ; l'expression en est d'une noblesse singuliere & d'une vérité parlante ; le héros n'est pas encore décidé, mais on voit qu'il suivra les conseils de Minerve ; les têtes sont belles & bien caractérisées ; l'effet de lumiere y est bien entendu ; le coloris est excellent, & il régne entre toutes les parties de ce tableau une harmonie admirable. . . . . Plusieurs excellens portraits de *Vandick*, parmi lesquels un gros homme vêtu de noir, deux femmes, & Charles V à cheval.... Un tableau de *Peternef* (a) repréfentant une églife vue de nuit; l'intelligence de la lumiere y eft à un haut degré; le fond, quoique dans l'obfcurité, eft traité avec une vérité qui étonne.... Deux tableaux de *Wanderveff* (b); l'un repréfente Efther devant Affuerus; l'autre le jugement de Salomon: on connoît le fini de ce maître, dont les carnations ont le poli luifant de l'ivoire, mais qui traitoit les étoffes dans le goût le plus riche & avec beaucoup de vérité.... Quatre petits tableaux du fameux graveur *Callot*, qui font des hiftoires de difeurs de bonne avanture, & d'autres héros de gueuferie: ils font compofés avec efprit & feu, mais il n'y a ni couleur ni effet de lumiere. Il y a plufieurs autres tableaux

---

(a) *Peternef* naquit à Anvers à la fin du feiziéme fiécle. La précifion & les détails de fes ouvrages font admirables. Il peignoit mal les figures.....

(b) *Wanderveff*, né à Rotterdam, mort en 1727, âgé de foixante-huit ans, un des meilleurs peintres de l'Ecole Flamande. Il finiffoit trop fes ouvrages.

des *Breugheils* (a), de *Mieris*, de *Gerard dow*, &c. qu'il feroit trop long de détailler.

Au milieu de cette chambre eft une armoire ou bureau à pans, haut de neuf à dix pieds, d'ébene & de bois rouge, brillant & dur. Les maffifs, les pilaftres, les colonnes, les moulures & les corniches font alternativement de l'un & de l'autre, & font travaillés avec beaucoup d'art. Dans les panneaux font encadrés différens morceaux de lapis lazuli, de verd antique, de jafpe & d'autres pierres précieufes, au nombre de plus de foixante & dix, fur lefquels Breughels de Velours & fes éleves ont peint avec autant de patience que d'induftrie les traits les plus remarquables de l'ancien & du nouveau teftament. Le deffus eft couronné par une horloge à figures mouvantes, & une orgue. Le dedans eft occupé par une machine qui tourne fur un pivot, & qui préfente quatre perfpectives ou tableaux différens. L'un eft un travail de mofaïque

---

(a) Il y a eu plufieurs peintres de ce nom; le meilleur eft Jean, dit *Breugheils de Velours*, mort en 1647.

Grand Duché de Toscane. 205

en pierres fines, qui représente des oiseaux, des fleurs & d'autres ornemens. L'autre est une descente de croix exécutée en cire sur les desseins de Michel-Ange. Le troisiéme a pour sujet Jesus-Christ & les Apôtres; les figures sont d'ambre, hautes d'environ dix pouces; le corps & les draperies sont jaunes; le visage, les pieds & les mains sont blancs. Le quatriéme est un crucifix d'ambre, avec la Vierge & saint Jean. Ces différens sujets sont posés de façon qu'ils sont en quelles sorte multipliés par des miroirs qui se réfléchissent les uns les autres, & qui font un effet de perspective très-agréable.

On voit dans cette même chambre deux tables d'albâtre oriental, sur l'une desquelles est un vase antique de même matiere, d'un très-beau travail; il a la forme allongée d'une petite barque : sur l'autre est une tête en cire, qui semble nouvellement séparée du corps, ouverte par le dessus pour faire l'anatomie du cerveau : imitation qui ressemble parfaitement à la nature.

27. On trouve dans la chambre suivante plusieurs instrumens de mathématiques, d'astronomie & de physique; deux globes, l'un terrestre & l'autre

Sixiéme chambre des mathématiques.

céleste, qui ont six pieds de diametre ; un très-gros aimant armé, qui soutient un poids de quarante livres ; un fort grand miroir ardent ; un morceau d'aloës oriental, qui a près de douze pieds de longueur.

Tribune. Vedus. Medicis. Autres statues.

28. Septiéme chambre, dite *la tribune*, est la piéce la plus riche de la galerie, la plus curieuse à tous égards, & celle qui mérite le plus d'attention ; c'est-là où est la fameuse statue de Vénus, connue sous le nom de *Venus Medicis* ; elle est d'un marbre fin & blanc, qui par la suite des temps est devenu jaunâtre, cependant d'une belle couleur, & si net qu'il semble transparent. Pour bien juger de la beauté de cette statue & s'en former une idée juste, je conseille de lire la description que fait Lucien de la Vénus de Cnide, dans le dialogue intitulé *les Amours*. Elle comcence à ces mots.... » Nous entrâmes » dans le temple où brilloit au milieu » la statue de la déesse, qui ouvroit à » demi les lèvres comme une personne » qui sourit ; elle étoit toute nue depuis » les pieds jusqu'à la tête..... p. 192 de la trap. d'Ablancourt, vol. 2, édit. in-12.

Elle est placée sur un piédestal moderne d'environ trois pieds de ha. t, dans le fond de la tribune vis-à-vis la porte. Elle a un peu plus de cinq pieds de hauteur, qui eſt la belle proportion de la taille des femmes ; elle feroit même un peu plus grande, ſi elle n'étoit dans une attitude de mouvement qui lui fait plier en avant le genou droit, & avancer tout le corps qui eſt légérement courbé. Elle eſt poſée ſur une conque marine, & à côté d'elle eſt un dauphin, la tête en bas, la queue en haut ; devant ſont deux petits amours. Ainſi on ne peut douter que ce ne ſoit la Vénus *Pontia* ou maritime des Grecs. Que l'on conſulte la deſcription que donne Anacréon dans l'ode cinquante-une, de Vénus ſur les ondes ; on y verra le même accompagnement & les deux petits enfans annoncés ſous le nom d'amour & de cupidon, portés ſur un dauphin… Elle eſt entierement antique ; les piéces reſtaurées ou rajuſtées, ſont celles de la ſtatue même, qui fut briſée dans le tranſport de Rome à Florence ſous le pontificat d'Innocent XI, car on prétend qu'elle avoit été trouvée dans ſon entier. La Vénus de Cnide étoit l'ouvrage de Praxitele ; on lit ſur la baſe de celle-ci, qu'elle a été faite par Cléomene fils d'Apollodore Athénien : on doute de l'authenticité de cette inscription, qui semble en effet avoir été mise fort tard. Pline l'ancien, qui parle de tous les artistes célébres, ne dit rien, ni de Cléomene, ni de sa statue ; on peut dont conjecturer que cette statue a été faite plus tard, c'est-à-dire du temps d'Adrien, plus de trente ans après la mort de Pline. Alors il y avoit à Rome nombre d'artistes Grecs excellens, que le goût de cet empereur pour les beaux arts, & la protection qu'il leur accordoit, y avoit attirés. Les statues & bustes d'Antinoüs, qui sont de ce temps, vont de pair avec tout ce que l'antiquité a produit de plus beau. A quoi on peut ajouter que cette statue a été trouvée à Tivoli ou dans les environs, d'où l'on tire encore plusieurs statues admirables d'artistes Grecs. On en peut juger par les deux centaures du cardinal Furietti, qui ont été tirés des ruines de la villa Adriani sous le pontificat de Benoît XIV, qui sont entierement conservés & du plus beau travail ; cependant l'ouvrage est si beau, d'une si grande délicatesse, il a l'air tellement original, que plus on l'examine, plus on est porté à croire que ce chef-d'œu-

Grand Duché de Toscane. 209

vre a échappé aux recherches de Pline, & que c'est véritablement un antique grec des plus beaux temps de la sculpture.

A la droite de la Vénus Medicis, sur un piédestal un peu moins élevé, est la Vénus victorieuse, ainsi appellée de la pomme qu'elle tient à la main; elle est beaucoup plus grande que nature, ce qui fait paroître la Vénus Medicis plus petite. Par derriere, il lui pend des épaules une draperie négligemment jettée, qui descend jusqu'aux talons; le devant de la statue est absolument nu: on croit que c'est la Vénus de Phidias que l'on conservoit au belveder à Rome, & que le zéle de la religion fit jetter dans le tybre. On ne sait pas en quel temps se fit cette dévote expédition; mais *Ercole Ferrata*, bon sculpteur vivant en 1677, avoit un plâtre qu'il regardoit comme modele d'après la Vénus de phidias que l'on croyoit perdue. Il vint à Florence, vit la statue dont je parle mal restaurée, & couverte en partie d'une draperie maladroitement posée. Malgré tant de difformité, il crut reconnoître l'original antique du modele dont il étoit possesseur; il le fit venir de Rome, le compara, & porta ses conjectures au degré de l'évidence même : il restaura la statue dans l'état où elle devoit être, & où elle est à présent.

A gauche est une autre statue de femme, aussi d'une grande beauté, appellée la Vénus céleste ou pudique. De la main gauche elle soutient une belle draperie qui la couvre plus haut que la ceinture ; le reste du corps est nu. La main droite est élevée au-dessus du front, & paroît toucher une touffe de cheveux annelés, rangés d'un goût différent du reste de la coiffure. Elle a la tête ceinte d'un réseau ou diadême qui a été autrefois colorié en rouge & or, & dans lequel il reste quelques cavités qui prouvent qu'il a été enrichi de pierres précieuses. Dans le bras droit elle porte le bracelet ou ceste. Tous les antiquaires s'accordent à dire que c'est une Vénus ; cependant l'air de modestie répandu sur toute la statue, le diadême qu'elle a sur la tête, le ceste qu'elle porte au bras, ce toupet qui pourroit bien être une flamme, symbole de l'air, permettent de conjecturer qui ce peut être une statue de Junon, déesse de l'air.

Le faune qui danse, est une des plus belles statues antiques qui ayent été conservées; il est entierement nud, de la plus belle expression de mouvement & la plus animée; il tient des cymbales dans les deux mains, & les frappe l'une contre l'autre. La tête & les bras ont été restaurés par Michel-Ange, de façon à ne pas faire regretter l'antique. Lorsque cette statue fut rétablie, l'opinion commune l'attribuoit à Praxitele, plutôt sur la perfection de l'ouvrage, que sur aucune preuve certaine. Le marbre qu'on y a employé est de la plus belle couleur; il y a seulement quelques taches au visage, occasionnées par les plâtres que l'on y a appliqués en différens temps pour faire des moules : ce que l'on ne permet plus à présent.

L'aiguiseur *Arrotino*, statue célèbre qui tient de la main gauche un couteau à un tranchant, qui est posé sur une pierre, & appuyé par deux doigts de la main droite; il est entiérement nud, dans une attitude gênée, ni à genoux, ni assis, on pourroit dire accroupi; le corps un peu penché en avant, parce qu'il a son point d'appui sur la main gauche. On prétend lui trouver un air occupé de toute autre chose que du soin d'aiguiser son couteau; effectivement il a la tête tournée, & ne regarde ni la pierre, ni le couteau ; son air d'attention ne marque point de finesse, & tous les traits indiquent un esprit épais ; la tête cependant est traitée de la meilleure maniere ; la chevelure est courte, négligée & rude, mais faite avec la vérité de la nature même. Les uns ont prétendu que cette statue avoit été érigée par ordre du sénat à un aiguiseur de profession, qui, occupé à son métier, avoit entendu le plan de la conjuration de Catilina qu'il avoit découverte ; mais Saluste dit au contraire que ce fut Curion, confident de Catilina, qui en découvrit toute la trame à Fulvia, dame Romaine.... D'autres prétendent que c'est la statue de Milicus, esclave ou affranchi de Scevin, qui découvrit la conjuration que son maître avoit formée contre Néron.... Enfin on dit que c'est l'augure Attius Nævius, prêt à fendre un caillou avec un rasoir ou un couteau devant Tarquin l'ancien. Ce qu'il y a de certain, c'est que la statue tient un couteau ordinaire, & non un poignard ou un rasoir ; que la pierre même sur laquelle il est posé, est un caillou brut fort inégal, & qui ne ressemble en rien à une pierre à aiguiser; ce qui sembleroit donner quelque vraisemblance à la derniere opinion, s'il étoit honnête de repréfenter un augure nu, qui n'a qu'une légere draperie qui couvre à peine une partie des épaules; mais les artiftes Grecs repréfentoient même les empereurs nuds. J'ai déja eu occafion de parler de plufieurs ftatues de ce genre tout-à-fait nues.

Les lutteurs, grouppe excellent de grandeur ordinaire, traité avec feu: l'un femble vaincu; fon adverfaire lui tient une main & un genou appuyés fur le flanc & fur les épaules, & de l'autre main il lui éloigne du corps un bras qu'il met hors de combat; ce bras même paroît être difloqué: cependant celui qui fuccombe a le vifage tourné du côté de fon antagonifte, & a une jambe levée comme pour faire un nouvel effort pour fe tirer de la gêne où il eft, & culbuter fon adverfaire: il y a une force d'expreffion & une vérité admirable dans l'attitude de ces deux combattans. Ce beau grouppe fut trouvé en terre, hors de la porte S. Jean de Rome, à la fin du treiziéme fiécle.

Autour de la tribune régne une corniche faillante à une hauteur proportionnée à l'ordre, fur laquelle font placées plufieurs petites ftatues antiques du meilleur choix, & de la plus belle exécution.

Deux enfans couchés de femblable taille, c'eſt-à-dire d'environ deux pieds de proportion ; l'un étendu ſur une draperie, dont l'extrémité rattachée comme un ſac lui ſert de chevet ; il tient à la main droite un paquet de pavots ; près de ſa tête eſt un inſecte qui peut être un grillon. L'autre couché ſur la terre a la tête appuyée ſur un lionceau endormi ; il tient de la main gauche quelques pavots ; les aîles qu'il a aux épaules ſont pliées, de même que celles qu'il porte à la tête, & qui ſont plus petites ; à ſes pieds eſt un lézard endormi : la premiere de ces ſtatues me paroît être l'emblême du génie des ſonges, il ſemble même que l'artiſte ait voulu le caractériſer, & par la légereté de la taille de l'enfant, & par le ſac vuide ſur lequel repoſe ſa tête. Le ſecond eſt l'emblême du ſommeil. Pauſanias avoit vu une ſtatue ſemblable à Corinthe. (l. 2) A côté de la ſtatue du ſonge eſt celle du ſommeil endormant un lion, on lui donnoit le nom d'épidote ou ſurabondant... Les Lacédémoniens lui dédierent des ſtatues d'airain ſous le même nom. Ils le regardoient comme une ſorte de génie expiatoire (id. l. 3.)

Britannicus, statue haute d'environ trente pouces, d'une excellente maniere, vêtu de la robe que portoient les jeunes Romains avant que de prendre la toge virile; elle est d'un marbre presqu'aussi noir que le Basalte, tirant sur la couleur du fer.... Deux enfans placés vis-à-vis l'un de l'autre, tenant tous deux dans la main gauche un oiseau de riviere.... Hercule enfant, qui sort de son berceau pour tuer deux serpens.... Bacchus, grimpant contre un rocher pour attraper quelques grappes de raisin qui pendent d'une vigne; il les tient de la main gauche, & fait effort pour les arracher; il a l'air satisfait & joyeux; de la droite il tient une coupe.... Un Silene assis qui se soutient sur son bras gauche, à peine il ouvre ses yeux appesantis; il rassemble toutes ses forces pour porter à ses levres une tasse pleine de vin, qu'il ne peut pas rencontrer; c'est la représentation la plus vraie d'une profonde ivresse: la chaussure est le véritable *soccus* d'usage dans l'ancienne comédie.

Outre ces statues, il y a plusieurs bustes antiques de petite proportion, parmi lesquels on remarquera ceux de Néron dans sa premiere jeunesse, de

Marc-Aurele, de Livie, de Cléopatre, de Vitellius, de Trajan ; mais ce qu'il y a d'admirable pour le travail & pour la matiere, ce sont quelques têtes de plein relief formées de pierres précieuses, entr'autres, un jeune Tibere d'une turquoise orientale, de trois pouces de hauteur.... Titus & Sabina en agathe-sardoine... Domitia en cristal de roche... Adrien, d'une calcédoine orientale blanche.... Un buste de femme bien proportionné, haut de six pouces, d'un seul morceau d'agathe... Melicerta sur un dauphin, d'une calcédoine... Plusieurs autres têtes de différentes grosseurs, faites de grenat, de cornioles, de cristal de roche, & d'un très-beau travail.... Les bronzes entremêlés parmi ces différentes statues, sont antiques & d'un beau choix ; quelques-uns même sont précieux par la rareté... Plusieurs bustes de Bacchus, Silene, Faunes & Satyres, du plus beau travail grec... Jupiter, Esculape, Vénus dans l'attitude de la Medicis, & avec les mêmes attributs, Cybele... Deux grouppes d'Hercule, la défaite d'Anthée, & celle du lion Néméen.... Une Diane Polimmama, figure finguliere que l'on peut regarder comme un petit panthéon portatif,

tif, par la multitude d'attributs différens qui sont rassemblés autour d'elle, & qui prouvent que c'est une ancienne idole à l'usage de quelque maison particuliere: l'idolâtrie avoit ses dévots & ses superstitions... Un lion qui déchire un cheval, bronze antique d'une délicatesse de travail admirable, & d'une vérité d'expression qui le fait distinguer de tout autre... Un coq antique, dans l'attitude de se battre, figure très-rare, & qui prouve que les Romains & les Grecs ont eu le goût qui se conserve encore en Angleterre... Une petite statue presque tout-à-fait nue, tenant sous le bras gauche un instrument qui ressemble à un violon, & de la droite un archet ou petit bâton : elle est dans l'attitude de marcher. C'est probablement un Orphée qui va chercher Euridice aux enfers.... Un autre grouppe précieux, composé de deux figures; l'une coiffée d'un oiseau de riviere, dont la peau lui recouvre les épaules. Elle a le genou gauche appuyé sur l'épaule de la seconde figure qui est à demi couchée, & tient une urne remplie d'une liqueur qu'elle veut lui faire avaler. Ces deux figures sont d'un travail gracieux & fini. Celle qui est couchée a des aîles, & ressemble à un génie que l'on croit être celui de Naxos, auquel Bacchus veut faire boire du vin, symbole de l'attachement qu'il avoit pour les peuples de cette isle où son culte étoit en honneur.

Tableaux de la tribune. 29. Les Tableaux qui enrichissent cette tribune, que l'on peut regarder comme le dépôt le plus riche & le plus précieux qui soit en Italie, ne sont pas moins estimables que les belles choses dont j'ai parlé.

Deux tableaux de Raphaël, qui représentent l'un & l'autre la Vierge, l'Enfant Jesus, & le petit saint Jean; ils sont excellemment dessinés. On voit dans les airs de téte toute la finesse, l'expression, les graces & la vérité que l'on peut souhaiter dans un pareil sujet; mais le coloris en est foible & bien inférieur à celui de la Madona della Sédia, qui est au palais Pitti... Saint Jean assis dans le désert, nu, la main étendue. On lui voit le visage en face; le coloris en est beaucoup plus fort; il est de la troisiéme maniere de Raphaël, & ressemble aux tableaux du même maître, qui sont au palais royal à Paris, & au palais du légat à Bologne. Il semble que celui-ci soit peint plus fortement que les deux autres: il est excellent...

Une Madone du Corrége, à genoux, admirant, les bras un peu étendus, l'Enfant Jesus qui est couché devant elle. La draperie qui couvre le corps de la Vierge est singuliérement jettée ; une partie lui sert de coiffure, & descend de-là jusqu'à terre : c'est sur le bout de cette draperie que l'Enfant est couché, de sorte que la Vierge ne peut faire le moindre mouvement sans renverser l'Enfant. Ce tableau est d'une fraîcheur admirable ; on y voit une beauté d'expression, une tendresse de sentimens qui passe jusqu'aux spectateurs. Il n'existe rien du Corrége aussi-bien conservé... Une nymphe vue par le dos, à laquelle un satyre présente une corbeille de fleurs ; elle est accompagnée de deux enfans. Les figures sont de grandeur naturelle, vues jusqu'aux genoux. Ce tableau est d'Annibal Carrache, peut-être le meilleur qu'il ait fait... Un autre petit tableau de la Vierge, par le même... Le portrait d'André del Sarto, peint par lui-même, d'une excellente couleur... Une tête de vieillard, par Paul Veronese, du plus beau coloris, d'une force d'expression & d'une correction de dessein rares dans ce maître... Une Vénus de grandeur naturelle, ayant à côté d'elle un amour, très-beau tableau du Titien. On l'appelle sa femme... Au-dessous, sous une toile médiocre qui s'enleve, est la célébre Vénus du Titien, que l'on appelle sa maîtresse. La figure principale, éclairée par-tout, est étendue sur un matelas blanc, & de la plus grande beauté. Elle représente une jeune personne nue, qui tient des fleurs de la main droite, & qui laisse aller négligemment la gauche sur ce que la pudeur couvre toujours. L'air de tête, les pieds, les mains, la carnation sont d'une pureté de dessein & d'une beauté de pinceau inexprimables. Au pied de la Vénus est couché un chien épagneul ; dans le fond est une petite figure qui paroît chercher des habits dans un coffre. Ce tableau est un chef-d'œuvre du Titien, & de la plus belle conservation... Un autre tableau couvert, qui représente une Vierge qui reçoit par-dessus l'épaule l'Enfant Jesus de S. Joseph. Dans le fond sont plusieurs figures nues, qui sans doute devroient être des Anges, mais qui ne sont pas achevées. Ce tableau est de Michel-Ange ; il y a des beautés dans les draperies & une grande force de dessein, mais qui n'ôte rien à l'agrément... Un petit tableau du Parmesan, qui repréfente la Vierge les mains jointes, & l'Enfant Jefus à côté d'elle excellent, de la plus belle couleur & d'un beau caractere... Une Vierge de la maniere gracieufe du Guide, très-bien deffinée... Une cléopatre dans la maniere forte du même... Un finge qui peigne un enfant, beau tableau du Tintoret... L'ivreffe de Silene, petit tableau de Rubens, de la plus grande beauté de couleur, & bien deffiné... Une tête d'homme, par le Giorgion... L'adoration des bergers, figures d'environ un pied de hauteur, par Vanderverf, d'un beau deffein, d'un coloris excellent, trop fini comme tous les ouvrages de ce maître, cependant l'un de fes meilleurs pour la beauté de l'expreffion & du deffein...

J'aurois pu allonger ce détail, en citant une quantité d'autres tableaux excellens qui font dans cette tribune; mais j'en dis affez pour apprendre que l'on y a raffemblé des tableaux des peintres les plus célébres des différentes écoles, du meilleur choix, & tous admirablement confervés....

La forme de ce falon eft en octogone régulier; au-deffus eft un attique, dans lequel font ouvertes fept grandes fenêtres; les ornemens font riches & de bon goût. La coupole a huit pans, & revêtue de piéces de nacre de perles rangées par compartimens. Le pavé, qui eft de marbre de rapport, répond à la diftribution de la coupole. On y voit au milieu une table de marqueterie, auffi à huit pans, ornée d'une guirlande de fleurs, & au milieu les armes de la Tofcane & de la Rovere, accollées, parce qu'elle fut faite fous le régne du grand duc Ferdinand II. On voit encore dans ce falon un cabinet d'un travail admirable, où l'on a employé les matieres les plus riches ; les entablemens, les maffifs, & tout ce qui eft plein, eft formé de différens jafpes mêlés avec les bois étrangers les plus précieux. Les colonnes font de lapis lazuli ; les chapiteaux, les corniches, les moulures font en or ou en pierres précieufes, & on y voit plufieurs petits bas-reliefs en or, faits fur les deffeins de Jean de Bologne. Au-deffus eft une perle d'une belle eau, d'une groffeur prodigieufe.

Dans deux armoires cachées, font des taffes, des foucoupes, & d'autres vafes de différentes formes & grandeurs, d'agathe orientale, de jafpe, de criftal de roche, de lapis lazuli, & d'autres pierres précieuses, tous de belle forme, montés en or avec des ornemens très-ingénieusement imaginés & exécutés du meilleur goût. La beauté & le prix de ces bijoux étonnent.

30. La huitiéme chambre porte le nom de *l'Hermaphrodite*, de la figure principale qui y est. Elle est de grandeur naturelle, couchée sur un matelas recouvert d'une peau de lion, qui est antique de même que la draperie, que l'hermaphrodite a tortillée autour du bras gauche. Cette statue a bien réellement le visage & la gorge d'une femme; le sexe masculin y est marqué d'une maniere forte; l'autre sexe paroît à peine... On sçait que les Grecs, qui donnoient à tous les êtres une origine céleste, firent de cette espece informe la production de Mercure & de Vénus (*a*).

Huitiéme chambre de l'hermaphrodite.

(*a*) Ainsi appellée de Ἑρμῆς Mercure, & Ἀφροδίτη; Vénus. Ce nom fut imaginé par les Romains.....

Cujus erat facies in quâ materque paterque
Cognosci posset, nomenque traxit ab illis.

Ovid. l. 4. metam.

Outre quantité de petites idoles antiques, placées sur une corniche autour de cette chambre, on y voit plusieurs

---

Ausone, ép. 98, en donne une idée assez plaisante :

Mercurio genitore satus, genitrice Cytherâ,
Nominis ut mixti, sic corporis hermaphroditus,
Concretus sexu, sed non perfectus utroque,
Ambiguæ Veneris, neutro potiundus amori.

Les Grecs, & Platon même, donnerent à cette espece le nom d'androgyne, des mots grecs ανὸρος homme, & γυνη femme..... On peut voir à ce sujet la fable de Salmacis dans Ovide. Quant à l'idée que l'on en avoit, voici ce que Pline en dit (l. 7 c. 4.) *Quos hermophroditos vocamus, olim androgynos vocatos, & in prodigiis habitos; nunc verò in deliciis....* Les Romains, qui avoient porté leurs voluptueuses débauches à l'excès, chercherent dans les monstres même un rafinement de plaisir. On vit un de leurs empereurs épouser publiquement un androgyne; ce qui fut cause que dans la suite on donna ce nom aux plus infames débauchés..... Les ligueurs, avant qu'ils eussent formé le dessein de porter leurs mains parricides sur Henri III, chercherent à le rendre odieux à ses sujets, en donnant une prétendue histoire de sa cour & de ses mœurs, sous le titre de relation de l'Isle des hermaphrodites.... Les plus hastatues d'environ trois pieds de haut, de marbres choisis, dont les unes sont antiques, les autres modernes. Parmi les

---

biles observateurs s'accordent presque tous à dire que ces êtres singuliers que l'on appelle hermaphrodites, loin d'être en même-temps homme & femme, ne sont ni l'un ni l'autre. Leur conformation n'est qu'un jeu irrégulier de la nature dont l'opération a été troublée, & qui au lieu de former un sujet décidé, n'a produit qu'un monstre. On ne le doit cependant regarder comme tel, que lorsqu'il est à un âge, où il n'y a plus de développement à espérer, car on a vu des enfans que l'on prenoit pour hermaphrodites, qui à l'âge de puberté devenoient décidément hommes. Les parties distinctives du sexe, se développoient alors, soit par la force du tempéramment, soit par quelque secousse violente. Il peut en arriver de même pour les filles. J'en ai vû une qui passoit pour hermaphrodite : son inclination décidée pour le sexe, son air & son regard plus fier & plus assuré que ne l'ont ordinairement les filles, sa force & sa hardiesse, un filet de barbe bien marqué à la lévre supérieure, & les apparences d'une barbe naissante au menton; un beau tein brun, & une gorge bien formée, ces contrastes faisoient croire qu'elle étoit hermaphrodite, & que le sexe mâle étoit le dominant. Cependant elle s'est mariée & a eu plusieurs enfans, ce qui porte à croire que dans tout ce qu'on appelle hermaphrodite, le sexe feminin est le dominant. On ne les prend plus comme autrefois à Athènes &

K v

antiques, on remarquera avec plaisir un grouppe de Drusilla, qui veut arrêter Caligula son frere, qui lui tourne les épaules avec mépris. Ces statues sont d'un beau caractere & très-bien travaillées... Un satyre antique, ouvrage grec extrêmement gracieux ; à côté de lui est attachée à un tronc d'arbre une flûte à six trous seulement. Je remarque cette diversité, pour faire voir que l'usage constant n'étoit pas d'attribuer à ces divinités champêtres la flûte à sept trous; mais qu'il y en avoit depuis trois trous jusqu'à neuf.

Un Therme ou Hermès antique, statue rare & curieuse, sur laquelle on peut prendre une idée de ces statues ou idoles qui étoient si fort multipliées dans les rues & carrefours des villes de la Grece. Cette figure, coiffée à-peu-près comme Mercure, a la barbe d'un sa-

---

à Rome, pour des êtres de mauvais présage que l'on devoit jetter à la mer, ou au moins éloigner de la société. Nous en avons vû courir la France, qui étoient l'objet de la curiosité générale. Les voyageurs assurent que les hermaphrodites sont communs dans l'Inde, ils portent un turban avec un habit de femme, habillement mi-parti qui annonce leur état.

Grand Duché de Toscane. 227

tyre, tient un chevreau sous le bras gauche, & de la main droite une aiguiere ou vase à mettre de l'eau. La draperie qu'il porte sur les épaules est rustique.

Priape, marbre antique très-rare ; il est figuré par le bas en lion ; le dessus est un Priape monstrueux, ou *Pénis* de près de deux pieds de hauteur ; il est à côté de la porte, & recouvert d'une tête de lion de carton battu & peint qui le cache... Le culte de cette divinité obscène est très-ancien. On voit dans saint Jérôme, c. iv. sur Osée, qu'Asa, roi de Juda, détruisit le bois sacré & la caverne consacrée à ce dieu, & éloigna sa mere Maacha, qui s'en étoit établie la prêtresse. Ce n'étoit autre chose que le symbole de la végétation & de la fécondité, puisqu'on en avoit aussi fait le dieu des jardins ; mais la figure sous laquelle on le représentoit, en avoit porté le culte beaucoup plus loin (*a*). On voit

---

(*a*) D'excellens auteurs attribuent l'origine de ce culte à la dévotion des femmes. Elles l'adoroient sous le nom de Béelphegor, sur les montagnes, dans les bois & dans les cavernes. Asa, roi de Juda, eut besoin de toute son autorité pour retirer sa mere Maacha du culte de ce dieu, dont elle s'étoit établie prêtresse. . . . . .

encore dans cette collection le premier ouvrage du ciseau de Michel-Ange, qui est une tête de satyre qu'il fit à l'âge

---

Beelphegor idoli nomen est, quod apud Madianitas præcipuè à mulieribus colebatur. . . . . Origen. hom. 20, in numer.

Istiusmodi idolatria erat in Israël, colentibus maximè fæminis Beelphegor ob membri obscenti magnitudinem; undè Asa rex tulit excelsa de populo, & hujusmodi sacerdotes & Maacham matrem suam amovit, ne esset princeps in sacris Priapi. . . . . Hyeron. in cap. iv. Oseæ. . . . La même chose est en termes exprès au chap. 15 du liv. 3 des Rois. . . . .

Virgile, toujours chaste & modeste, ne fait de Priape que le dieu des jardins.

. . . . . Priape. . . . .
. . . . custos es pauperis horti,
Nunc te marmoreum pro tempore fecimus : at tu
Si fætura gregem suppleverit aureus esto. . . . . .

Virg. Eglog. VII.

Cette divinité ridicule me paroît originaire d'Egypte, voici ce qu'en dit Eusebe (Préparat. évang. l. 2. c. 1.) Osiris fut tué par Tiphon, son frere, qui divisa son corps en vingt-six parties, il en distribua vingt-cinq à autant de complices de son crime, la vingt-sixiéme (*verenda*) fut jettée dans le Nil ; vingt-cinq de ces parties furent aisément retrouvées par Isis sœur & femme

Grand Duché de Toscane. 229

de quinze ans, & qu'il présenta à l'académie qu'avoit établie Laurent le magnifique, à laquelle il fut aggrégé dès-

---

d'Osiris, qui leur décerna un culte public, après les avoir placées dans autant de statues ressemblantes pour la taille & la figure à Osiris, ces statues étoient de cire & d'aromates précieux, quant à la partie qui manquoit & qu'elle fit chercher inutilement, tant qu'elle vécut, on en fit des modéles qui furent placés dans les temples & qui eurent des ministres & des cérémonies particulieres; ces nouvelles idoles eurent le nom de *Phallos*. Eusebe dit expressément que ce culte passa des Egyptiens aux Grecs, & fut employé dans les mystères de Bacchus.

Celius Rhodiginus (Lect. Antiq. l. 7. c. 16.) en parle fort au long, & cite à ce sujet Herodote & Diodore de Sicile, qui disent expressément que la partie du corps d'Osiris, dont la perte avoit causé tant de regrets à Isis, avoit le nom de *Phallos*, qu'on en avoit fait des statues ou des représentations d'environ deux pieds de hauteur, que les femmes portoient en Egypte processionnellement par les campagnes. Athénes (Deiphnos. l. 5.) parlant d'Antiochus Epiphanes, nous apprend que le culte de cette idole étoit encore en honneur du temps de ce prince, il monta sur le trône de Sirie 175 ans avant l'ére chrétienne, & se distingua par ses profusions extravagantes & sa magnificence outrée, au point, que selon cet auteur, il étoit plus digne du surnom d'Epimanes ou insensé, que celui d'Epiphanes. Ce prince voulant donner des fêtes lors, avec une distinction marquée de la part du protecteur, qui l'admit à sa table, & lui assigna une pension.

Dans cette chambre sont deux armoires faites en forme de médailler, & pleines de planches couvertes de velours noir, avec des moulures d'argent, sur chacune desquelles sont rangés plusieurs portraits en miniature très-bien peints, & qui servoient à orner la cellule du cardinal Léopold de Medicis pendant ses conclaves... Il y a, je crois,

---

& des spectacles, dignes de la curiosité de l'univers, y fit inviter tous les peuples connu & sur-tout les Grecs. Le lieu destiné à ces fêtes étoit le fameux fauxbourg d'Antioche, appellé *Daphné*. Elles commencerent par une marche solemnelle & pompeuse, dans laquelle on vit paroître les représentations des idoles de toutes les nations, entr'autres un *Phallos* d'or, de cent vingt coudées de hauteur, peint, entourré de bandelettes ou de couronnes dorées, avec une étoile d'or de six coudées de tour qui brilloit sur sa tête. Cette représentation étoit trainée seule sur un char...... On prétend encore que la lettre *Tau* qui sert de marque distinctive à quelques sociétés qui ont eu leur premier établissement en Egypte, n'est autre chose qu'une représentation imparfaite du *Phallos*, que l'oubli de son origine & l'usage à laquelle elle est employée, ont rendu fort honnête.

GRAND DUCHÉ DE TOSCANE. 231

soixante planches, sur chacune desquelles sont cinq, sept, & quelquefois neuf tableaux différens... Que l'on juge par cet échantillon de la magnificence & du goût de ce prince pour les beaux arts.

31. La suite des médailles qui est conservée dans une autre chambre, est l'une des plus considérables que l'on connoisse. On dit que l'on y en compte douze mille, au nombre desquelles quantité de médailles grecques en grand bronze, toutes très-rares... Le nombre des camées & pierres gravées est d'environ trois mille, parmi lesquelles on en voit plusieurs d'un travail excellent. Le Marc-Aurele & la Faustine sur une agathe orientale... Marciana, sœur de Trajan, dont les médailles sont si rares, est gravée sur une belle sardoine. On y trouve une suite presque complette des empereurs, de leurs femmes, & de toutes les personnes de leurs familles qui ont porté le titre d'augustes... Plusieurs figures égyptiennes & grecques, gravées sur des pierres précieuses... Jupiter avec le Soleil & la lune... Pàris assis, jouant de la lyre ; tous deux sur des cornioles... La piéce où sont ces médailles, est décorée de plusieurs tableaux des meilleurs maîtres.

Suite de la Galerie.

On voit dans une autre falle une grande quantité de vafes étrufques, de toutes fortes de formes... Par ce détail on peut juger de la richeffe de cette collection, à laquelle rien ne peut être comparé dans ce genre, & qui pour un amateur eft l'objet le plus digne de curiofité qui exifte en Europe.

Ces richeffes furent raffemblées dans un temps où les Medicis ayant fait une fortune confidérable dans le commerce du Levant, avoient un état & un crédit qui alloit de pair avec celui des fouverains de leur fiécle. Ce font eux qui les premiers ouvrirent les yeux fur les beautés des ftatues antiques; car ils réunirent prefque tout ce qui étoit connu de leur temps, au moins ce que l'on jugeoit le plus parfait. On fçait même que fatigués en quelque forte de la quantité de chofes qu'ils poffédoient en ce genre, ils négligerent de l'augmenter encore plus. Laurent le magnifique, que l'on peut regarder comme le Mécene qui a le plus contribué au rétabliffement des arts & des lettres dans fa patrie, après avoir raffemblé en affez grand nombre les ftatues, les bas-reliefs antiques, & les tableaux des meilleurs maîtres alors connus, avoit établi une école de peinture & de sculpture dans ses jardins, où étoient une partie des statues qui se voient dans la galerie. C'est-là que s'est formée l'école de Florence sur l'étude de l'antique. Il entretenoit les jeunes étudians, afin qu'ils n'eussent à penser à autre chose qu'à se perfectionner; il admettoit même à sa table ceux qui se distinguoient le plus. Lorsque Pierre de Medicis son fils fut chassé de Florence en 1494, ce trésor fut vendu à l'encan & dispersé; mais en 1512 les Medicis ayant repris le dessus, & étant rentrés dans leur patrie avec un crédit & une autorité qui les conduisit au pouvoir souverain, ils rassemblerent la plus grande partie des statues que les acquéreurs leur rendirent volontairement. Ils eurent plus de peine à retrouver les manuscrits que Jean Lascaris avoit rassemblés en Grece & en Orient aux frais de Laurent le magnifique, qui l'y avoit envoyé avec des lettres de recommandation pour Bajazet II, qui seconda parfaitement les vues de Laurent, & procura à Lascaris toutes les facilités pour faire une récolte abondante. Il n'en reste que ce qui forme une partie de la bibliothéque Medicis à saint Laurent, plusieurs ayant été perdus. Un grand nombre passerent en France avec Catherine de Medicis, & furent mis dans la bibliothéque que François I commençoit à former. Les richesses des Medicis ayant augmenté avec leur puissance, & ayant conservé le même goût pour les beaux arts, ils porterent leur collection au point où elle est à présent, & ils n'épargnerent rien pour la rendre la plus considérable & la plus précieuse de l'Univers. Ils pousserent ce goût au point de dépouiller les monumens publics. Un cardinal de cette maison fit enlever les têtes des statues qui sont à l'arc de Constantin à Rome, pour les transporter à Florence, & ces statues sont restées mutilées jusqu'au pontificat de Benoît XIV, qui les a fait restaurer. Ils ont eu soin d'y rassembler les meilleurs tableaux des plus excellens peintres, les chef-d'œuvres dans tous les genres d'industrie, & on suit encore actuellement leur intention, en augmentant tous les jours la collection de quelque chose de nouveau, soit en peinture, soit en sculpture, mosaïques, ou autres effets de ce genre.

Plusieurs particuliers ont à Florence des collections précieuses en marbres antiques, bronzes, tableaux & desseins. J'ai oui beaucoup vanter celle du marquis Nicoli, que l'on dit être, après celle du grand duc, une des plus belles & des mieux choisies ; mais il ne m'a pas été possible de la voir, le possesseur étoit à la campagne, & ne vint point à Florence pendant le tems que j'y passai. En général, il n'y a presque aucune maison de quelque importance, où l'on ne trouve des statues & des tableaux qui méritent l'attention des curieux. Ces sortes d'effets sont une richesse réelle dans ce pays, comme dans toutes les autres villes principales d'Italie. Les possesseurs les conservent avec soin, à moins qu'un très-grand dérangement dans les affaires domestiques n'oblige à les vendre, ou qu'ils ne passent dans d'autres familles par successions ou mariages, ce qui n'arrive jamais que lorsque les mâles viennent à manquer dans les maisons.

Gouvernement politique de Florence & de la Toscane.

32. Quand la ville de Florence, pour

ment. Tribunaux de Justice. Police.

mettre fin aux divifions qui l'agitoient depuis fi long-temps, fe détermina à reconnoître les Medicis pour fes fouverains, elle fe conferva quelques priviléges qui la fiffent au moins fouvenir de fon ancienne liberté. Le fénat compofé des chef des principales familles Florentines, fut maintenu en apparence dans prefque tous fes droits; mais il n'eut plus la liberté de s'affembler auffi fouvent qu'il lui plairoit, & de traiter des affaires du gouvernement. Ce droit fut réfervé aux grands ducs, qui à la vérité ne firent rien fans le confulter, mais dont la volonté fut toujours la loi dominante. Peu de fouverains furent plus attentifs au bien du pays foumis à leur domination, que les Medicis. Riches par eux-mêmes, ils n'accablerent pas d'impôts leurs nouveaux fujets; ils n'en tirent que ce qui étoit néceffaire à la fûreté du pays, & à l'entretien de la dignité dont ils étoient revêtus, & qui étoit reconnue héréditaire dans leur famille.

Après l'extinction de cette maifon, lorfque François duc de Lorraine eut acquis le grand duché, par la ceffion que lui en firent les héritiers de la maifon Medecis, il laiffa le gouvernement sur le même pied; il y établit seulement un ministre plénipotentiaire, avec le titre & l'autorité de gouverneur dépositaire de sa puissance, mais qu'il ne pourroit exercer arbitrairement.

Ce ministre est à la tête de tous les conseils auxquels il préside, dont le premier est le conseil suprême d'état de régence & de guerre, formé par le gouverneur, trois secrétaires d'état pour les affaires intérieures de la Toscane, la guerre & les affaires étrangeres qui y ont rapport, & deux secrétaires de ce conseil. Pour les affaires purement ecclésiastiques, il y a un théologien de la régence que l'on consulte, ou que l'on appelle suivant l'exigence des cas, mais qui n'a point droit d'entrer. Ce conseil s'assemble une fois par semaine dans le palais du souverain. Les affaires ordinaires, même celle des finances qui ont rapport aux intérêts de l'empereur comme grand duc de Toscane, se traitent chez le gouverneur, où sont obligés de se rendre tous ceux qui doivent y répondre. Les autres gouverneurs particuliers, ou commissaires résidans à Livourne, Pise, Sienne, & autres places de Toscane, sont subordonnés au gouverneur général de l'état, & ont leur correspondance directe avec lui, ou avec le conseil souverain de régence. (*a*)

Il y a un autre conseil, appellé le conseil des deux cens, qui forment un corps de magistrature municipale, où les seuls chefs des familles Florentines ont droit d'être admis. Il s'assemble six fois par an de deux mois en deux mois, & nomme les officiers différens qui doivent remplir les tribunaux de la ville & de ses dépendances, qui ont pour objet la police des denrées, l'entretien des ouvrages publics & du pavé de la ville, les hôpitaux, la santé, & tous les objets de détail qui demandent les soins continuels de magistrats bien instruits

_____

(*a*) Depuis que cet état a un souverain résidant à Florence, ce n'est plus dans la personne du gouverneur que réside l'autorité, mais dans celle du grand duc; quoique le gouvernement soit essentiellement le même, que la plus grande partie des ministres soient restés en place; on peut dire qu'il est plus favorable aux habitans du pays, en ce qu'ils sont plus à portée des graces, qu'on leur a donné de préférence les charges de la maison du grand duc, & que la plûpart, sans quitter leur famille &

de l'état des choses sur lesquelles ils doivent avoir l'œil. Ce conseil des deux cens représentent l'ancien sénat, & a conservé quelques loix & quelques usages d'administration municipale, qui avoient cours lorsque la république subsistoit.

Cette ombre de pouvoir qui reste aux citoyens de tous les rangs, suffit pour les satisfaire, & leur faire trouver le gouvernement monarchique plus doux & plus égal que la puissance républicaine, qui ne s'est jamais soutenue dans une tranquillité parfaite, & qui presque tout le temps que la république de Florence a subsisté, n'a vu l'autorité entre les mains de ses citoyens que pour en abuser, former des factions, & chercher à se détruire les uns les autres. (a)

---

leur pays, y ont trouvé des établissemens honorables & utiles.

(a) Tant que les Florentins subsisterent en corps de république, ils ne mirent, ainsi que les Grecs, point de bornes à la vengeance qu'il prirent de la tirannie, ou de ceux qu'ils soupçonnerent d'y aspirer. Ils firent mourir jusqu'à leurs enfans, ils forcerent une infinité de familles à se retirer du pays; leur exil, ou leur rappel ne manquerent jamais d'occasionner quelque change-

Depuis que la puissance des Medicis a été solidement affermie, les choses ont totalement changé de face. Ils ont protégé le mérite, les sciences & les arts; on a vu la ville de Florence s'aggrandir & s'embellir, la population y augmenter, & mille ressources ouvertes contre l'indigence & les malheurs attachés à l'humanité. Les factions étant anéanties, les charges de l'état, & les places, soit honorables, soit utiles, ont été partagées plus également entre les citoyens, qui tous y ont eu droit, & qui n'ont plus eu lieu de craindre qu'une faction opposée à la leur, & plus puissante, leur donnât l'exclusion.

Le soin qu'ont eu les grands ducs de décorer la ville de quantité de monumens publics, & de l'enrichir par cette collection immense de chefs-d'œuvres de tous les genres qui sont conservés à la galerie, a beaucoup flatté les Flo-

---

ment marqué dans la constitution de l'état & presque toujours précedé ou suivi de scènes sanglantes, enfin, on peut dire que cet amour furieux de la liberté, donna à la république de si violentes secousses, qu'enfin il la détruisit.

rentins,

rentins, qui se regardent comme dépositaires nés, & en quelque sorte propriétaires de ces trésors qui attirent beaucoup d'étrangers à Florence, & qui contribuent nécessairement à faire vivre le peuple dans une plus grande aisance. À ces motifs, on doit ajouter que les grands ducs ont porté toute leur attention à embellir la capitale, & à l'enrichir aux dépens même des autres villes de l'état, de Pise sur-tout & de Sienne, qui sont des conquêtes des Florentins, & qui sont subjuguées au point, qu'elles ne conservent plus rien de leur premiere splendeur que l'étendue de leurs murailles, & la magnificence de leurs édifices publics. Livourne, qui est une nouvelle ville très-peuplée & très-opulente, est entierement subordonnée à Florence, qui lui envoie tous les officiers qui sont chargés de l'administration, & qui partage avec elle une grande partie des émolumens du commerce, sans en avoir aucun embarras.

Après la mort du dernier grand duc de la maison Medicis, lorsque l'empereur eut pris possession du grand duché, il donna beaucoup de places aux Lorrains, à l'exclusion des gens du pays, & les choses alloient de façon à faire craindre une autorité despotique & arbitraire. L'administration municipale n'étoit plus qu'un ombre de pouvoir sans aucun droit. Le peuple n'étoit pas content; ce qui le fâchoit sur-tout, c'étoit de voir toutes les places utiles, même les plus subalternes, occupées par une multitude d'étrangers, qui ne songeoient qu'à s'enrichir aux dépens du pays. Mais les choses ont totalement changé, le gouvernement sage & exact du maréchal marquis de Botta a rendu la confiance aux peuples, & tous les avantages qu'ils pouvoient espérer. Sans autres intérêts que ceux de la justice qu'il doit, & du souverain qu'il représente, cet homme, vraiment respectable, s'est attiré l'estime, la confiance & même l'attachement de toute la Toscane. Il n'a d'autres créatures attachées à sa personne que les différens officiers qui remplissent le mieux les devoirs de leurs charges, pour lesquels il choisit des gens d'un mérite reconnu, & les Toscans de préférence à tous les autres. Les chemins sont bien entretenus, il encourage l'agriculture & tous les arts utiles, il n'a en vue que le bien général du pays; c'est la justice qu'on lui rend par-tout. (*a*)

A Florence, on auroit souhaité qu'il eût été moins attaché aux prérogatives de son rang, qu'il eût rendu sa maison plus agréable & plus vivante; mais ce seigneur élevé dans le sérieux de la cour de Vienne, habitué à une étiquette exacte, toujours occupé d'affaires intéressantes, dont il avoit l'habitude depuis long-temps; accoutumé à la gravité de la représentation, déja âgé, d'une piété solide, chevalier de Malte, & croyant qu'en cette qualité il étoit obligé à plus de circonspection que dans un état libre de tout engagement religieux, il n'est pas étonnant qu'à plus de soixante-douze ans un homme de ce rang, avec cette façon de penser, n'aimât pas les assemblées & les fêtes de

_____

(*a*) M. le Maréchal Botta depuis l'avenement du grand duc au trône, est resté quelque temps Gouverneur de Toscane, avec la confiance du Souverain & le rang de chef des conseils ou de premier Ministre; il s'est retiré en 1766, & a été remplacé dans le ministere par M. le comte de Rosemberg, employé ci-devant à differentes ambassades.

pure galanterie : car pour tout ce qui étoit d'étiquette, pour toutes les fêtes d'ufage, il s'y portoit avec la plus grande magnificence. J'ai vu fa maifon & fa table ouvertes à tous les étrangers qui lui avoient été préfentés ; ils y étoient reçus de la maniere la plus obligeante ; ils y faifoient très-bonne chere, & y étoient bien fervis. La compagnie y étoit choifie, d'ordinaire férieufe, mais inftructive, & dès-lors utile aux voyageurs. La reconnoiffance m'oblige encore à ajouter que fes attentions pour les étrangers étoient foutenues. Il connoiffoit parfaitement Florence, & tout ce qu'il y a de curieux & d'intéreffant, & il donnoit des ordres précis pour que l'on pût tout voir & examiner librement. Il eft vrai qu'il fe faifoit rendre compte de ce que l'on avoit vu, & dès qu'il étoit fatisfait des détails dans lefquels on entroit avec lui, on acquéroit de nouveaux droits fur fes attentions : j'ai eu plus d'une occafion de l'éprouver.

L'*Arno*, petit fleuve qui defcend de l'Apennin, traverfe la ville de Florence, & la divife en deux parties inégales ; il eft fujet à des inondations fubites & qui font très-fortes. Au mois de Novembre 1761 il s'éleva en huit heures de temps, de huit pieds au moins au-dessus de son niveau ordinaire, par rapport à la ville; il passa par-dessus les quais; non-seulement le rez-de-chaussée de toutes les maisons qui l'avoisinent fut inondé, mais dans la plus grande partie des rues de la ville il y avoit de l'eau à la hauteur de deux pieds. On craignoit beaucoup pour les ponts, qui résisterent à la force de l'eau, & ne furent point endommagés. Je fus témoin des attentions de M. le Maréchal Botta, & des ordres qu'il donna dans cette occasion, pour empêcher que les ponts ne s'engorgeassent, & pour faciliter, autant qu'il étoit possible, l'écoulement des eaux. Ses soins réussirent, il n'arriva rien de fâcheux; le peuple de Florence n'en eut que la peur, & les eaux s'écoulerent presqu'aussi vîte qu'elles étoient arrivées. Le lendemain les rues furent pleines de pénitens de toutes couleurs, pour obtenir du ciel la cessation du fléau & la sérénité de l'air. Il est vrai qu'ils ne commencerent leurs pieuses marches, que lorsque l'eau retirée des rues leur permit de les parcourir librement, & d'aller d'une église à l'autre.

Les impôts qui se payent au souverain, & que l'on m'a assuré monter à dix-sept millions de livres de notre monnoie, se levent sans beaucoup de frais. Il a des bureaux établis à Florence, & dans toutes les villes principales, où les contribuables viennent eux-mêmes apporter leurs taxes. Malgré l'empressement des Lorrains à se faire des établissemens dans la Toscane, on n'y a pas multiplié les préposés à la perception des droits du souverain.

Les douanes ne sont pas incommodes dans cet état; il y a des commis établis à l'entrée de Florence, de Livourne, & de quelques autres villes principales, qui font payer les droits dûs par les marchands, mais qui inquiétent peu les voyageurs. En général, on voit qu'il y a baucoup d'ordre dans cette partie de l'administration, & même que les peuples ont conservé quelques-uns des priviléges dont ils jouissoient dans les temps les plus heureux de la république.

Mœurs. 33. L'extérieur de la religion n'a rien de bien frappant à Florence; les églises, quoique la plupart d'une belle construction, n'y sont pas décorées avec autant de magnificence qu'à Bologne, Milan, Gênes & Rome. Les ecclésiastiques y sont très-multipliés, & y jouissent de peu de considération, à l'exception de quelques corps qui tiennent le premier rang, comme le chapitre de la cathédrale, celui de faint Laurent collégiale; & en vérité ce font les revenus dont ils jouiffent, les prérogatives attachées à leur état, & leurs droits, qui leur donnent cette confidération. Ils y vivent avec autant de liberté que dans le refte de l'Italie. Le fervice divin fe fait à la cathédrale avec décence & fouvent avec pompe. Le peuple ne paroit pas avoir cette dévotion fuperftitieufe que l'on remarque dans plufieurs autres villes de l'Italie. Ce n'eft pas qu'il foit plus inftruit, c'eft qu'il eft plus indifférent fur quantité d'objets qui frappent plus vivement dans d'autres lieux, & auxquels on a plus d'attachement.

Il y a en général une liberté de mœurs à Florence, qui probablement n'a pas été le premier état de cette ville, mais qui s'y eft établie infenfiblement par l'exemple des étrangers, & fur-tout des Anglois qui y font en grand nombre, & qui donnent le ton dans prefque tous les états. Ils font beaucoup de dépenfe, la plupart ne fongent qu'à s'amufer : ceux même que les affaires de commerce y attirent, fe conduifent de même, & ont des relations fort étendues dans

L iv

une ville dont le séjour est très-agréable pour eux, & où leur opulence leur donne beaucoup de considération.

On peut dire que les Florentins ont naturellement de l'esprit, de l'agrément & de la politesse dans le commerce ordinaire de la vie. Les personnes de la plus illustre naissance n'ont rien de cet orgueil ridicule, de cette morgue affectée, que tant de leurs semblables regardent comme la grande prérogative de leur état. On trouve chez eux de l'affabilité & des attentions; mais il ne faut pas compter sur autre chose que sur beaucoup de complimens. Ils vivent chez eux de la maniere la plus resserrée. Ils ont, comme dans le reste de l'Italie, des appartemens magnifiques que l'on n'habite pas; de grandes cuisines, où il est rare d'allumer du feu; des équipages qui ne servent que pour aller à la promenade ou en campagne.

Plusieurs même dans le premier rang y sont très-habiles. Les Ruccellaï, les Antinori, les Nicolini, & autres noms de ce poids, tiennent un rang distingué parmi les savans; & sans chercher à en faire parade, ils montrent dans les conversations beaucoup de connoissances.... Il n'est pas à croire que la jalousie régne encore parmi eux ; au moins elle est si bien cachée, qu'on ne peut même pas la soupçonner. Les femmes y vivent avec une liberté entiere; elles sont polies & aimables dans la conversation. Accoutumées à vivre avec les étrangers, elles savent les recevoir avec les attentions les plus gracieuses. Il y a plusieurs maisons ouvertes où l'on s'assemble tous les jours, où l'on peut les voir & faire avec elles quelque connoissance. Quand les théâtres sont ouverts, les loges doivent être regardées comme des lieux d'assemblée générale, où l'on est reçu très-honnêtement à faire la conversation; il ne s'agit que d'avoir une connoissance qui veuille bien instruire de l'état actuel des intrigues, & indiquer les loges où l'on sera le mieux reçu. Quant aux affaires de galanterie, elles sont si fort d'usage, que l'on n'affecte aucun mystere à ce sujet. Toutes les femmes ont leurs cicisbés qui ne les quittent point. Les Anglois tiennent parmi eux le premier rang: on en voit quelques-uns des autres nations; mais les femmes de Florence ne les prennent qu'autant qu'elles ne peuvent pas en avoir d'autres, parce qu'ils tiennent peu de temps en place. Il n'en est pas de même d'un

Anglois qui se détermine à passer plusieurs années de suite à Florence, sans autre motif que celui d'y vivre avec une femme qui lui plaît, & qu'il fait promener dans toutes les villes d'Italie où il y a spectacle, fêtes & assemblées; ainsi on les voit aller de foires en foires, au carnaval de Venise, & par-tout où ils croyent devoir s'amuser: plusieurs même achetent des maisons à Florence ou dans les environs, & y restent très-long-temps. On a vu des Angloises s'y établir, & vivre avec les Florentins dans le même goût que les Anglois vivent avec les Florentines. Ces différens usages varient le spectacle, & amusent un voyageur assez circonspect pour n'y prendre aucun intérêt personnel. Pour peu qu'il soit répandu, il est bientôt au fait de toute la chronique. Le femmes elles-mêmes sont d'une franchise singuliere sur cet article; elles ne font aucune difficulté de raconter leurs intrigues, les voyages qu'elles ont fait avec leurs cicisbés, le nombre qu'elles en ont eu, & les qualités qui les rendoient aimables.

Sciences, arts, commerce. 34. Les sciences ont plusieurs beaux établissements à Florence. Je n'entrerai à ce sujet dans aucun détail; ce n'est

GRAND DUCHÉ DE TOSCANE. 251

pas pour avoir vu les bibliothéques & les salles de l'université, que l'on peut en prendre une idée suffisante pour en parler. Le garde principal de la bibliothéque de saint Laurent étoit absent lorsque je l'ai vue; on en disoit beaucoup de bien. M. Bianchi, garde de la galerie impériale, est très-digne de la place qu'il occupe; il entend parfaitement la partie de la littérature qui a pour objet l'étude des monumens antiques. Il est le cinquiéme de son nom qui occupe cette place. Son bisaïeul a beaucoup contribué à metttre en ordre cette immense collection, & lui-même par la diversité de ses connoissances, est très-capable d'achever ce qui reste à faire, pour porter l'ouvrage à sa perfection. J'ai parlé ailleurs de M. Menabuoni, bibliothécaire du palais Pitti. C'est à Florence où il faut se fournir de bons livres de principes pour étudier la langue Italienne (a).

(a) Le commerce de la Librairie est très-florissant dans cette ville, on y trouve les meilleurs livres Italiens & beaucoup de pieces rares & curieuses que l'on chercheroit inutilement ailleurs; sur-tout chez *Bouchard*, Libraire François, chez lequel se vend la Collection cé-

La peinture & la sculpture n'ont point de grands maîtres qu'elles puissent vanter ; je n'y ai vu que de bons coloristes qui faisoient de belles copies des meilleurs tableaux de la galerie, quelques peintres de portraits qui avoient du mérite, & qui travailloient en miniature & en émail avec la plus grande propreté. J'ai vu dans ce goût des copies charmantes des plus beaux tableaux de la galerie & du palais Pitti. Les Anglois forment des suites considérables de ces petits tableaux en miniature & en émail, qu'ils payent très-cher aux artistes qu'ils employent.

Les montagnes qui sont entre Florence & la mer au couchant, ont beaucoup de carrieres de marbre & d'albâtre. On en fait des statues, des vases & des ornemens de toute espece, que l'on trouve aisément & à bas prix dans les magasins des sculpteurs. Ces morceaux sont copiés ou imités de l'antique, & la plupart très-bien exécutés. J'ai vu deux excellentes copies de la Vénus Medicis, de même grandeur que

---

lèbre des gravures, sous le nom de *Musæum Florentinum.*

l'original, en beau marbre, bien traitées, & que l'on n'auroit pas vendues plus de cent pistoles la piéce. La difficulté du transport, qui ne se peut faire que par mer, dégoute les curieux, dont plusieurs ont perdu les acquisitions qu'ils avoient faites, ou ont eu le chagrin de les voir arriver toutes mutilées, sans avoir la facilité de les faire restaurer.

La gravure se perfectionne tous les jours à Florence. On connoît les grands & magnifiques recueils faits d'après la galerie, & qui en peuvent donner une idée. On a gravé avec goût les principales vues de la ville & des environs ; les particuliers même qui ont des collections de tableaux & d'antiques, les multiplieront & les feront passer chez les étrangers par le moyen de la gravure.

Quant à l'architecture, il y a peu de villes en Italie où elle se soit mieux conservée dans le vrai goût, & dans la noblesse & la beauté de ses proportions, qu'à Florence. Elle y est d'un sérieux & d'une régularité totalement opposée à l'extravagance de goût, & à cette maniere grotesque que beaucoup d'architectes modernes, amateurs de la nouveauté, ont adoptée. Les bâtimens les plus nouveaux, quoique d'une maniere moins févere, tiennent encore au bon goût, dont il femble qui l'on n'ofe pas s'écarter à Florence. Cette maniere doit fon origne à Michel-Ange & à fon école, qui ont adopté les bonnes regles au temps où ils ont vécu, & à la pofition des citoyens pour lesquels ils bâtiffoient. Les Medicis, les Strozzi, les Salviati, & tant d'autres illuftres habitans de Florence, étoient autant occupés de leur propre fûreté, que de la décoration de leurs palais. Ils vouloient avoir des maifons d'un extérieur noble & impofant, qui annonçaffent leur état diftingué, & qui puffent leur fervir de place de fûreté dans les révolutions fréquentes qui arrivoient : de-là cette folidité & cette force dans les conftructions, où l'on pouvoit s'affembler en grand nombre, & fe défendre avec avantage. Ce font peut-être ces circonftances qui ont empêché Michel-Ange & fes éleves, qui connoiffoient certainement les beautés de l'architecture grecque antique, de les imiter dans leurs édifices modernes, comme a fait depuis Palladio à Venife & à Vicence, dont la maniere fi élégante & fi noble réunit l'agrément & la beauté de l'antique avec l'aifance & la commodité de ce temps.

Je n'ai rien remarqué de bien brillant dans les théâtres de Florence, ni pour la conftruction, ni pour la grandeur. On y repréfentoit avec beaucoup de vérité, & le jeu le plus fimple, les comédies de Goldoni. Les acteurs font toujours des marchands, des petits bourgeois de la ville, & quelquefois des artifans qui ont du talent pour le théâtre, & qui, moyennant une médiocre rétribution, repréfentent prefque tous les jours; ils trouvent dans les magafins du théâtre les habits qui leur font néceffaires. Une répétition ou deux fuffifent pour les mettre enfemble; ils ne fe donnent jamais la peine d'apprendre leurs rôles qu'on leur fouffle d'un bout à l'autre. Ces gens font naturellement acteurs, & pour la vérité du jeu théâtral, il fuffit qu'ils ayent une idée de l'intrigue. D'ailleurs, comme je l'ai déja dit, on va peu au théâtre pour fuivre & entendre la piéce; il n'y a que le parterre & quelques fixiémes loges qui y prennent intérêt. Entre les actes, on joue des intermedes de mufique boufonne, qui d'ordinaire font bien exécutés; on y mêle auffi quelques ballets, ce qui fait que le fpectacle eft bien rempli & fort long. Les principaux acteurs que j'ai vu sur le théâtre de Florence, étoient un marchand bijoutier, sa femme & un garçon de boutique. Le marchand, homme très-sérieux dans sa boutique, étoit sur le théâtre l'arlequin le plus plaisant. Celui qui jouoit les rôles à manteau, ou les comiques sérieux, & qui dans les intermedes de musique faisoit aussi le rôle principal, étoit un maître écrivain d'une piété exemplaire, qui passoit la plus grande partie de sa vie dans la priere & les bonnes œuvres, & sur-tout dans un silence presque continuel. On voit par-là que la profession de comédien n'a rien de deshonnête dans ce pays.

Le commerce à Florence est très-considérable; l'Arno, qui est navigable une partie de l'année, est très-utile pour diminuer les frais d'importation & d'exportation dans l'intérieur du pays. On y fabrique des étoffes de soie de toutes sortes, la plupart de bon goût & de premiere qualité pour les matieres que l'on y emploie. Les vins de Florence & des environs se transportent dans le reste de l'Italie, où ils sont en réputation. Ceux de *Montepulciano* sur-tout sont renommés; c'est une espece de muscat fort rouge qui a beaucoup de corps, & qui est très-chaud; il se garde plusieurs années, & acquiert de la qualité. Il est difficile de le transporter sans de grandes précautions : je crois cependant que si l'on s'appliquoit à le faire avec plus de soin, on en tireroit un meilleur parti, & que l'on pourroit en faire un commerce avantageux avec l'étranger ; il est à très-grand marché dans le pays. On trouve à Florence beaucoup de boutiques bien fournies de marchandises de toute espece, autant de luxe que de nécessité; le pays est abondant en bétail, en volaille, en gibier, en grains de toute espece, en légumes & en fruits; les denrées de consommation y sont à bon marché; les rivieres & le voisinage de la mer y fournissent du poisson en abondance. On y fait de l'huile au-delà de ce qu'il en faut pour la consommation du pays. Tous ces objets d'utilité générale réunis rendent la Toscane une des contrées de l'Italie la plus agréable à habiter. Tout le pays qui avoisine l'Arno jusqu'à la mer, est riche & fertile : mais combien de terrains incultes dans les montagnes ; que de parties qui pourroient être peuplées, & qui ne le sont pas! Le climat, quoique fort élevé, ne l'est point assez pour être froid & inhabitable. Les environs de *Radicofani*, qui est une des plus hautes montagnes de l'Apennin, sont cultivés & fertiles. Que n'est-on encore au temps où l'on donnoit aux anciens moines des terrains inhabités & incultes à peupler & à défricher! ils auroient peu de peine à s'établir dans des contrées où la terre produit par-tout des herbages abondans qui serviroient à nourrir des troupeaux nombreux, qui fertiliseroient des terrains, que l'on cultiveroit ensuite avec le plus grand avantage: mais il semble que par-tout la quantité des hommes diminue, & que les bras manquent pour cultiver la terre, en voyant tant de terrains abandonnés: on regrette que les climats glacés du nord ne fournissent plus, comme autrefois, des colonies d'hommes forts & laborieux, qui viennent s'établir dans les contrées délicieuses du midi. Une partie des paysans qui habitent les montagnes de Toscane, descendent à la fin de l'hiver dans la plaine, & se répandent dans la campagne de Rome, où ils font les ouvrages les plus pénibles.

Les fleurs & les fruits des jardins de

Florence & des environs, donnent la facilité de faire beaucoup de confitures, de pommades & d'essences d'une odeur exquise, qui se transportent par-tout & qui sont les meilleures de l'Italie; c'est sur-tout dans les maisons religieuses que se fait ce commerce. Le gouvernement tolere toute l'industrie que la plûpart des communautés d'hommes & de femmes mettent en œuvre pour se soutenir; mais il ne souffre point qu'elles fassent de commerce étranger; il faut qu'elles trouvent dans leur enceinte, ou au moins dans le pays, les matieres qu'elles emploient, & qu'elles ne font en quelque sorte que façonner. Ainsi plusieurs maisons de femmes élevent des vers à soie, en préparent & en filent la soie, en fabriquent elles-mêmes des mouchoirs, & d'autres petites étoffes dont on leur permet le débit, sans les assujettir à aucune charge publique. Comme elles laissent leurs ouvrages à un prix assez bas, les marchands de la ville se fournissent chez elles.

On peut mettre au rang des fruits les plus délicieux qui croissent en Italie, les cédrats, dont le parfum est exquis, & que l'on emploie, quand ils sont frais, à faire des limonades & des syrops; ils font auffi excellens en confiture. Ce fruit eft oblong, & a plutôt la forme d'un citron que d'une orange, quoique pour la nature & la conformation intérieure il tienne plus de l'orange que du citron. Les feuilles tiennent de celles de l'oranger, mais elles ont plus d'odeur. Les cédrats de Florence font regardés comme les meilleurs de l'Italie, on en fait un très-grand débit, de même que des autres fruits de cette efpece, dont il y a beaucoup de plantations dans toute la Tofcane.

On n'allume point de lanternes en cette ville pendant la nuit; ce qui la rendroit très-obfcure & difficile à tenir, fi les propriétaires des maifons ou palais principaux ne faifoient allumer, ou à la porte, ou aux angles de ces maifons, de groffes lanternes à reverbere, qui éclairent une partie du quartier; d'ailleurs il n'y a pas de rue où il n'y ait au moins une image ou deux de la Vierge, devant lefquelles il y a tous les foirs une ou plufieurs lampes allumées, & fouvent même des cierges, qui rendent encore plus de lumiere. Ces illuminations pieufes font d'une grande utilité pour fe conduire fur-tout en hiver, & reconnoître les différens

GRAND DUCHÉ DE TOSCANE. 261

quartiers, lorsque l'on est à pied. Cette sorte de dévotion est si bien établie, que dans les villages même c'est l'usage de trouver à la plûpart des maisons des images de Madonne éclairées pendant la nuit; l'illumination se fait aux dépens du quartier, qui s'y assemble tous les soirs pour faire une priere commune. Je me rappelle, à ce sujet, qu'arrivant de Pise à Florence par une nuit très-obscure, nous vîmes à nous conduire aisément pendant cinq à six milles de chemin, par le moyen de ces lumieres qui se succédoient les unes aux autres.

35. La route de Florence à Pise a environ cinquante milles de longueur, & se fait pour la plus grande partie en plaine le long de l'Arno, que l'on a à sa droite. On trouve quelques villages où il y a des fabriques de poterie, où l'on fait de grandes urnes de différentes formes, & sur des modèles antiques que les potiers n'ont pas devant les yeux, mais qu'ils font d'habitude. On prétend que ces manufactures subsistent depuis le temps des anciens Etrusques qui les établirent les premiers. Si la forme de la plupart des vases & pots que l'on y fabrique pouvoit venir à l'appui de ce sentiment, il est

Route de Florence à Pise.

sûr qu'elle y seroit favorable, tant la ressemblance des formes est frappante. On y fait de grandes urnes rondes, dont le corps est beaucoup plus évasé que la bouche, & qui, chargées de quelques ornemens en relief, & peintes ensuite, servent à décorer les jardins, & même à y placer des arbustes. On en voit beaucoup de cette sorte dans quelques jardins ou vignes des environs de Rome, qui paroissent fabriquées de cette même terre, qui est douce, grasse, point sablonneuse, & qui prend aisément la cuite. Tout ce pays est bien cultivé; le chemin y est assez inégal, & se fait sur la croupe des montagnes qui bordent l'Arno.

A vingt milles environ de Florence, on trouve *Empoli*, joli bourg bien peuplé, bâti, à ce que l'on croit, par les anciens rois Goths. La rue principale que l'on traverse est large & bordée de belles maisons. A en juger par son nom latin d'*Emporium*, il paroît que c'étoit le marché de tout le pays voisin qui est très-fertile.

Peu loin de-là on traverse la petite ville épiscopale de *san Miniato al Tedesco*, joliment bâtie & assez peuplée. Ses habitans obtinrent du grand duc Ferdinand II qu'il feroit ériger leur églife paroiffiale en cathédrale, & pour cela ils firent une forte contribution pour l'entretien de l'évêque & des chanoines. San Miniato eft bâti fur les bords de l'Arno. De-là jufqu'à Pife le chemein eft uni & très-bien entretenu; il a été réparé nouvellement & fort élargi par les ordres du maréchal Botta. Comme le lit de l'Arno eft au niveau des terres, pour peu qu'il s'éleve, il les inonde entierement, & fouvent y caufe beaucoup de dommage, ce qui a obligé le gouvernement à faire élever une très-longue digue pour l'arrêter; mais dans les grandes crues, ces digues qui ne font foutenues que d'une maçonnerie légere, cédent au poids de l'eau, ce qui arriva en 1761; alors toute communication eft interrompue entre Florence & Livourne. Il faut efpérer que l'on remédiera à cet inconvénient, en faifant des digues plus folides, qui forcent les eaux à s'écouler du côté de la mer. J'ai traverfé ce pays daus un temps où la riviere commençoit à déborder, & il y avoit quelque danger, car les chemins étoient couverts de près de trois pieds d'eau. La race des chevaux du pays eft forte & affez belle, à en juger par ceux qui servent aux postes.

<small>Pise. Université. Edifices.</small>

36. *Pise*, ville très-ancienne de l'Italie, que l'on croit avoir été fondée par les Grecs habitans de Pise en Elide, ou d'Olympia, où les jeux olympiques furent institués; fut ensuite une des douze cités principales de l'Etrurie. Elle passa avec le reste de l'Italie sous la puissance des Romains, & fut décorée par l'empereur Auguste du nom de colonie romaine, pour jouir de toutes les prérogatives attachées à ce titre. C'étoit alors une ville très-considérable, qui avoit un sénat & des magistrats municipaux.

Lorsque l'Empire Romain eut été renversé par les barbares, Pise se mit en liberté, & prit la forme républicaine. Le voisinage de la mer dont elle n'est qu'à deux ou trois lieues, sa situation sur l'Arno, fleuve assez considérable, & qui lui servoit d'un port sûr, où les galeres pouvoient remonter & être à l'abri des orages & des corsaires, favoriserent le commerce de cette ville, qui s'augmenta rapidement, & parvint à se faire compter parmi les puissances maritimes de l'Italie. Les Pisans firent sur les Sarrasins la conquête des isles de Corse
&

& de Sardaigne, de Palerme en Sicile, & de Carthage en Afrique; ils donnerent des loix aux isles Baléares (*a*), & furent en état d'entretenir quarante galeres au service des croisés. Enfin Pise étoit parvenue à un si haut point de grandeur dans le douziéme siécle, qu'on la regardoit comme une des villes les plus puissantes de l'Europe. Ce fut dans ce temps qu'elle fit construire ces édifices superbes qui subsistent encore, & qui sont dignes de la curiosité des voyageurs. Elle avoit alors la même étendue qu'aujourd'hui, mais elle étoit prodigieusement peuplée; on y comptoit treize mille quatre cens feux, qui se cotiserent volontairement, à un sequin, pour la construction du baptistere de saint Jean, qu'ils firent élever à leurs frais, & avec magnificence, eu égard au siécle où il fut bâti.

(*a*) Ils tuerent dans cette expédition le roi de Majorque, qui étoit Mahometan, firent la reine sa femme prisonniere, avec son fils encore jeune, qu'ils firent élever dans la religion chrétienne, auquel même ils donnerent un canonicat de leur cathédrale, & qu'ils renvoyerent enfin occuper le trône de son pere..... *Raphaël Volater. L. 5. de Geogra.*....

Dans le temps de la grande division des Guelphes & des Gibelins, la ville de Pise fut tantôt du parti des papes, tantôt de celui des empereurs. Ces variations, & les pertes qu'elle fit dans les guerres qu'elle eut avec les Génois, commencerent à diminuer sa puissance. Le commerce ne s'y fit plus avec autant d'avantage & de liberté. Des tyrans s'éleverent, qui prirent le nom de comtes de Pise. On voit encore la tour où Ugolin de la Gherardesca, l'un d'eux, enfermé avec ses fils, mourut de faim. Jean Galeas Visconti, duc de Milan, en acheta la souveraineté, qu'il ne conserva pas long-temps. Les Florentins, soutenus de la faction des Gambacorta, s'en rendirent les maîtres dans le quinziéme siécle, & Laurent de Medicis y fonda une université en 1472. Charles VIII, en allant à l'expédition de Naples, lui rendit sa liberté, qu'elle ne conserva qu'autant que ce prince fut en état de se faire redouter en Italie. Les Florentins la remirent de nouveau sous le joug. Le nombre des habitans, les richesses de la plupart d'entr'eux, y entretenoient encore quelque splendeur; mais ayant voulu faire en 1609 quelques mouvemens pour se mettre en liberté, les grands ducs de Toscane prirent les précautions les plus sévères pour n'avoir rien à craindre de la part des Pisans, qui, depuis ce temps, sont tombés avec leur ville dans une sorte d'anéantissement qui va toujours croissant. Les souverains ont fait des efforts inutiles pour la repeupler, & y rétablir les arts & l'industrie. Pour y contribuer, ils ont mis l'université sur le pied le plus florissant. Quant aux professeurs, ils y sont au nombre de quarante-cinq pour les différentes facultés, ayant à leur tête un grand chancelier, qui est ordinairement l'archevêque de Pise, un proviseur résident, un auditeur général & un recteur, qui passent pour être tous d'un mérite distingué. J'y ai vu en passant monsignor *Cerati*, alors proviseur de l'université, & grand prieur de l'ordre de saint Etienne, également recommandable par son érudition, sa politesse, & la beauté de son caractere. Cette université doit se souvenir encore qu'elle a compté au nombre de ses professeurs en droit le célébre marquis Tanucci, aujourd'hui ministre d'état du royaume de Naples... Malgré les priviléges accordés aux professeurs & aux étudians, cette université est peu fréquentée, & n'a pas autant contribué à repeupler la ville, qu'on avoit droit de l'espérer.

Ordre de saint Etienne à Pise. 37. En 1561, Cosme I, grand duc de Toscane, institua un ordre militaire sous l'invocation de saint Etienne, pape & martyr, dont il se déclara grand maître, lui & ses successeurs à perpétuité. La destination des chevaliers est de tenir la mer, comme ceux de Malte, pour défendre les côtes de Toscane contre les incursions des corsaires. Il y a dans cet ordre des chevaliers de grace & de justice. Les chevaliers de grace sont reçus sur la présentation du grand maître, sans faire de preuves. Les chevaliers de justice font preuve de noblesse de quatre quartiers francs, non compris le présenté, dont le pere, l'aïeul, le bisaïeul & le trisaïeul doivent avoir possédé des charges nobles dans la ville de leur résidence. Les meres & grand'meres, &c. doivent faire les mêmes preuves. Ceux qui fondent des commanderies pour cet ordre, y sont admis, sans autre preuve que le contrat de fondation; ils y peuvent même conserver le droit d'en disposer en faveur de tous leurs descendans en ligne directe, à condition qu'elle rentrera ensuite dans le droit commun de l'ordre. Cependant le fils du fondateur se présentant pour succéder à la commanderie, doit faire preuve de deux quartiers de noblesse du côté maternel ; & s'il ne le peut, il doit augmenter le fond de la commanderie de mille écus.

Les caravanes que doivent faire les chevaliers, sont de trois ans ; ils passent à Pise le temps qu'ils ne sont pas en mer, & habitent dans une grande maison conventuelle, où chacun a son appartement, où la religion lui fournit du bois, de la chandelle & du sel pour son usage & celui de ses domestiques, & une solde fixe pour son entretien.

Outre le grand maître, ou son lieutenant qui le représente, & tient sa place dans les chapitres généraux de la religion, les officiers principaux sont le grand connétable, le grand prieur, le grand chancelier, le grand trésorier, & le grand conservateur, qui sont continués ou remplacés dans les chapitres généraux de l'ordre qui se tiennent tous les trois ans, & auxquels tous les chevaliers doivent assister, à moins qu'ils n'ayent une dispense du grand maître chef de l'ordre, qui s'obtient aisément.

Plus de huit cens perſonnes, tant en Italie qu'ailleurs, portent le titre & la croix de chevalier de S. Etienne de Piſe; mais il n'y en a que très-peu qui s'aſtreignent à faire les caravanes & autres exercices qui ſont ordonnés, pour parvenir aux dignités & bénéfices de l'ordre. Le grand prieur conventuel jouit des droits & des marques de l'épiſcopat dans l'égliſe de la religion, quand il y officie ſolemnellement. Ces chevaliers portent pour marque diſtinctive extérieure, une croix patée d'or émaillée, avec la figure de S. Etienne au milieu; le cordon en eſt rouge; le grand habit de cérémonie eſt noir, chargé d'une grande croix rouge à huit pointes.

Cet établiſſement, dont l'inſtituteur avoit fixé la réſidence principale à Piſe, dans l'intention de contribuer à ſa population, n'a pas eu l'effet qu'il en eſpéroit; le quartier où il eſt placé eſt auſſi déſert que les autres; à peine voit-on quelque mouvement dans celui de l'univerſité.

La ville de Piſe, diviſée en deux parties à-peu-près égales par l'Arno, a près de ſix milles de tour. La plûpart de ſes rues ſont larges, bien pavées & décorées de beaux bâtimens. Le fleuve, qui fait un canal droit dans toute la longueur de la ville, est revêtu des deux côtés de larges quais, sur lesquels on voit plusieurs édifices de l'architecture la plus noble ; quelques-uns sont revêtus de marbre ; d'autres sont peints. Trois grands ponts bâtis sur le fleuve servent à la communication des deux parties de la ville : ils ne sont embarrassés d'aucune espéce de bâtimens, & laissent des deux côtés la vue libre, & la plus belle perspective.

Celui du milieu est de marbre ; il a été rebâti en 1660 sous le grand duc Ferdinand II : on prétend que celui qui subsistoit auparavant n'avoit qu'une seule arcade ; ce qui est difficile à croire, eu égard à la largeur du fleuve. C'est sur ce pont que se fait tous les ans (au mois de Juin) un combat ou une joûte entre les deux quartiers de la ville & leurs dépendances, qui marchent chacun sous leurs bannieres, & avec des uniformes différens. Ce combat, qui ne doit être que de plaisir, est souvent funeste à plusieurs des combattans, qui s'opiniâtrent trop à défendre le terrain qu'ils perdent : ils ne peuvent avoir d'autres armes qu'une espéce de rame ou d'aviron court & plat, fait d'un bois léger, du tranchant duquel il est défendu de frapper ; il ne doit leur servir que pour repousser l'ennemi, & non pour se blesser réciproquement.

Eglises. Baptistere. Tour penchante, & Campo Santo de Pise.

38. L'église cathédrale de Pise, d'architecture gothique, est bâtie à une des extrémités de la ville, dans la partie occidentale : c'est un très-grand édifice construit & revêtu de marbre, dans lequel on a employé à l'extérieur des pierres qui sont chargées d'inscriptions antiques, mutilées pour la plûpart, & mises sans ordre ; ce qui prouve le peu de goût & l'ignorance du siécle auquel elle a été bâtie : on l'a entourée par dehors de colonnes antiques de différens ordres, & de marbres de différentes couleurs, entre mêlées de bas-reliefs, rangés dans un petit ordre gothique mauvais & déplaisant par lui-même, mais qui fixe l'attention par la beauté des matériaux, & l'élégance de quelques-unes de ces colonnes, quoiqu'elles soient déplacées & hors d'œuvre.

L'intérieur de l'église est d'une obscurité majestueuse à raison de sa construction. La nef du milieu est séparée des bas côtés par de grandes colonnes de granit, tirées des isles d'Elbe & de

Sardaigne, lorsque les Pisans en étoient les maîtres; ce qui donne beaucoup de noblesse à l'architecture, en la dégageant des piliers gothiques, & en y substituant les colonnades d'usage dans la belle antiquité; ce que l'on ne retrouvera dans aucun autre édifice de ce temps. Les trois portes de bronze qui sont à la face principale de l'église, faites, à ce que l'on dit, sur les desseins de Jean de Bologne, ont quelques parties de détail d'une assez bonne exécution; mais elles sont fort au-dessous de celles du baptistere de Florence.

Cette église est décorée d'une multitude de tableaux, dont la plûpart étoient d'un très-beau coloris, & qui ont été gâtés par un mal-à-droit, qui prétendoit leur rendre leur premier éclat en les nettoyant à sa maniere : ils représentent en grande partie l'histoire de saint Rainier, patron de la ville....On y verra encore à côté de la chaire archiépiscopale, deux tableaux représentans saint Pierre & saint Paul, de la meilleure maniere, d'André del Sarto...L'apparition de Dieu à Moïse dans le buisson ardent, par le Rosselli de Florence....La manne tombant dans le désert, belle & gracieuse composition de Ventura Salimbeni.... Un très-beau tableau des Anges Gardiens, par le même.... Plusieurs martyres représentés dans un tableau d'autel, par le Passignani.... Un saint Philippe de Neri, par Pierre de Cortone.... Dans une chapelle sont deux colonnes de verd antique bien conservées, & d'une belle proportion. Au-dessus de la porte du vestiaire, on voit le tombeau de l'empereur Henri VII de Luxembourg, qui mourut à Buonconvento dans le Siennois.... La chaire à prêcher, de forme octogone, ornée d'anciennes sculptures qui représentent les vertus cardinales, a des beautés ; elle est de marbre revêtu d'ornemens de bronze. Au-dessus de la porte principale est une grande tribune fort décorée, où sont diverses armoires, dans lesquelles on conserve les reliques de cette église, qui sont en grand nombre, & fort précieuses. Les Pisans étoient assez puissans dans le douziéme & le treiziéme siécle pour en tirer beaucoup de l'Orient, d'où les puissances maritimes de l'Europe & les croisés en firent passer un si grand nombre en Occident. ... Le pavé à compartiment de marbre de diverses couleurs, est bien conservé, & fait une des beautés de cette églife, qui a été érigée en archevêché en 1092. L'archevêque eft primat des métropolitains des ifles de Corfe & de Sardaigne, & légat né du faint fiége dans ces ifles.

Hors de l'églife, du côté de la tour du clocher, eft infixé dans le mur un tombeau antique de marbre, chargé de bas reliefs d'un beau travail grec, qui repréfentent la fable de Méléagre & Atalante, où font renfermés les os de la comteffe Béatrice, mere de la comteffe Mathilde. C'eft principalement fur l'étude de cet antique que fe forma le fculpteur Nicolas Pifani, vivant dans le quatorziéme fiécle.

L'édifice le plus fingulier de Pife, & peut-être de toute l'Italie, eft la fameufe tour penchante qui fert de Clocher: elle a été conftruite en 1174; elle eft ronde, a fept ordres ou rangs de colonnes l'un fur l'autre: au-deffus eft une tourelle plus étroite, auffi décorée d'un ordre de colonnes; chaque ordre ou rang eft féparé par une corniche pofée fur les arcs pratiqués entre les colonnes, ce qui eft tout-à-fait dans le goût gothique. La plûpart de ces colonnes font antiques, elles font entierement détachées du corps de la tour,

& laissent entr'elles & le mur circulaire assez d'espace pour y passer librement ; ce qui donne à cette décoration gothique un air agréable & léger : toute cette construction est de beaux marbres. Quant à la cause de la forte inclinaison de la tour, qui est du nord au midi, les uns ont prétendu que le terrain s'étoit affaissé ; les autres, que c'étoit un caprice de l'ouvrier. Après l'avoir bien examinée, j'ai eu tout lieu de croire qu'après que les quatre premiers ordres eurent été construits, on s'apperçut de l'affaissement du terrain ; qu'alors l'architecte principal ne voulant pas démolir ce qui étoit déja bâti, fit sans doute assurer les fondemens, & imagina un moyen de donner à cette tour la hauteur convenue, en faisant les colonnes des trois derniers ordres plus longues du côté qu'elle penche, que de l'autre ; ce qui, par ce moyen redonne à la totalité de la masse son point d'appui, & en fait en même temps une construction fort singuliere : aussi, en l'examinant avec attention, on s'apperçoit qu'elle penche & qu'elle est tordue. Malgré tout cela, l'ouvrage, quoiqu'en apparence fort léger & prêt à tomber, est d'une grande solidité, puisqu'il subsiste depuis près de six cents ans, & qu'il n'a souffert aucune altération. On compare cette tour à celle de Garizende à Bologne ; mais il y a une grande différence entre l'une & l'autre. On voit à n'en pouvoir douter que lors de l'affaissement du terrain, une grande partie de la tour Garizende tomba ; au lieu que celle-ci, quoique plus ancienne, subsiste en son entier. Cette tour a environ cent cinquante pieds de hauteur, & elle est terminée par une plate-forme environnée d'une balustrade, d'où le plomb jetté tombe à douze pieds de la fondation. C'est une merveille singuliere de l'art. Les Pisans prétendent qu'elle a été faite exprès de cette façon pour étonner les spectateurs ; mais ce n'est qu'une tradition populaire destituée de tout fondement.

Le baptistere, situé vis-à-vis de la cathédrale & dans la même place, est un grand édifice gothique de forme ronde, tout construit de marbre. L'architecture a de l'élégance & de la noblesse, & semble avoir été destinée à annoncer le rétablissement du bon goût. L'intérieur a un grand ordre de colonnes de granit qui portent des arcades. Au-dessus est un second ordre de colonnes qui soutiennent la coupole, & autour desquelles règne une galerie qui s'étend sur les bas côtés. Au milieu est le grand baptistere de forme octogone, qui est le réservoir principal de l'eau qui sert à baptiser. Aux côtés sont quatre autres petites cuves ou baptisteres, que l'on dit avoir été d'usage lorsque l'on baptisoit par immersion. Ce baptistere sert à toute la ville ; il a été décoré avec assez de goût de marbres précieux. En général, on voit que l'on n'a rien omis pour rendre cet édifice le plus magnifique qu'il étoit possible ; on n'y a épargné ni marbres, ni bronzes. On voit dans l'intérieur, & au-dessus des portes à l'extérieur, plusieurs statues faites dans le temps de la premiere construction, c'est-à-dire dans le douziéme siécle, ainsi que l'apprend une inscription gravée sur une des colonnes, où on lit que cet édifice fut achevé en 1153 : il a cent cinquante pieds de diamétre intérieur.

Le campo santo, ou cimetiere général, est un très-grand édifice public ou cloître bâti en quarré long, & environné de portiques : il est entierement de marbre à l'intérieur & à l'extérieur : on y voit quelques tombeaux antiques, d'autres que l'on peut appeler modernes, quoiqu'ils soient déja très-anciens,

& traités de bon goût. Le cloître à l'intérieur est tout couvert de peintures fort anciennes, qui ont été faites peu de temps après la construction, qui est de la même date que l'église, la tour & le baptistere. On y voit l'histoire de Job en six tableaux, par le Giotto. Le jugement dernier, par Orgagna. L'histoire de saint Rainier, par Simon Memmi. A côté du tableau du jugement universel, est représenté la mort de l'homme, & l'état où tombent les cadavres : on voit trois tombeaux ouverts ; dans l'un est un corps qui commence à se corrompre ; dans l'autre il est presque entierement corrompu, & il commence à se dépouiller de ses chairs ; dans le troisiéme il n'y a plus que des os secs. Plusieurs cavaliers qui paroissent d'un rang distingué, examinent ces cadavres ; l'un d'eux se bouche le nez ; on voit qu'ils raisonnent sur l'effet de la terre de ce cimetiere, que l'on dit avoir été apportée de Jérusalem, & avoir servi à lester quarante ou cinquante galeres des Pisans : dévotion singuliere, mais bien dans le goût du douziéme siécle. De toutes les puissances maritimes de ce temps-là, les Pisans sont les seuls qui ayent imaginé de transporter chez eux une partie du sol des lieux saints. Dans le fond du cloître il y a une chapelle dédiée à l'Annonciation, toute revêtue de peintures anciennes.

Parmi les tombeaux on remarquera ceux.... Du jurisconsulte Decius, orné de bas-reliefs & d'arabesques travaillés dans le goût antique : sa statue est couchée sur l'urne.... De Matheo Curzio, philosophe & médecin, exécuté par Artoldo-Lorenzi Florentin, bon éleve de l'école de Michel-Ange.... Le buste du docteur Chesi.... On y voit aussi une colonne milliaire, & plusieurs inscriptions antiques du temps où la ville de Pise se gouvernoit en république, avec le titre & les droits de colonie romaine.... Parmi les épitaphes modernes, on en voit plusieurs d'étrangers de toutes les nations, morts à Pise, la plûpart de fiévres malignes & ardentes, dans les mois de Juillet & d'Août, temps où l'air de cette ville est très-dangereux.

Sur l'escalier du perron de l'église est une colonne de granit oriental, au-dessus de laquelle est placé un vase antique de marbre blanc, orné d'un bas-relief qui représente plusieurs figures détachées de faunes & autres suivans de Bacchus, d'un beau travail dans le goût grec : la forme du vase ne répond pas à l'élégance de la sculpture.

A côté du *campo santo* est l'hôpital général, d'une belle construction & très-bien entretenu. Les jeunes médecins & étudians en anatomie sont obligés d'y servir un certain temps.

La place qui est devant l'église des chevaliers de saint Etienne, est entourée de beaux bâtimens, & décorée d'une fontaine, au-dessus de laquelle est la statue pédestre du grand duc Cosme premier, instituteur de l'ordre. Sur le grand bassin est une figure grotesque de monstre marin, qui a les jambes d'un homme, le corps & les nageoires d'un poisson, la tête d'un cancre ou écrevisse de mer, d'un beau travail.

La façade de l'église est revêtue de marbre ; elle a été exécutée sur les desseins du Vasari. Le maître-autel, entierement revêtu de porphyre, est l'ouvrage du Foggini, sculpteur de Florence. La plûpart des tableaux de cette église sont de l'école Florentine, & d'assez bonne main : on y remarquera surtout une Nativité de Jesus-Christ, par le Bronzin... A la frise de l'église sont attachés plusieurs fanaux & étendards des galeres turques prises par les chevaliers de saint Etienne.

De ce même côté est le jardin des simples, où la plûpart des plantes médicinales de l'Amérique & des Indes se conservent & croissent avec succès. On a joint à ce jardin un cabinet d'histoire naturelle, où l'on a rassemblé une assez belle suite de minéraux, de fossiles & de coquillages... Vis-à-vis de ce jardin est la tour de l'observatoire, bâtie dans le goût de celle de Bologne.

Toute cette partie de la ville de Pise magnifiquement bâtie, & remplie de tant de beaux établissemens, est si déserte, que l'herbe croît par-tout dans les rues, entre les jointures d'un beau pavé, fait pour la plus grande partie de marbre. Il y a plusieurs autres monumens dans cette ville, la plûpart d'un travail gothique déja fort ancien.

La ville de Pise a en général l'air de la magnificence ; mais elle semble attendre des habitans qui viennent la peupler ; car, à l'exception des quais sur lesquels il y a quelque mouvement, deux ou trois rues qui aboutissent au pont de marbre, & qui sont peuplées de marchands détailleurs, le reste de la ville est d'une tranquillité morne.

Dans la partie orientale, derriere la loge des marchands, est un petit théâtre public assez bien décoré, qui peut contenir environ quinze cents spectateurs. J'y ai vu représenter un opéra bouffon par une troupe de bons acteurs qui passoient par Pise au retour de la foire de Livourne. Le spectacle étoit agréable, la musique bonne & très-bien exécutée ; mais le petit nombre des spectateurs étoit une preuve bien sensible de la pauvreté & de la dépopulation de la ville.

La loge des marchands est un grand édifice à arcades ouvertes, soutenu par des pilastres grouppés, d'ordre dorique, d'une très-belle architecture. Ce bâtiment fut fait lorsque les premiers grands ducs essayerent de rétablir la population, le commerce & l'industrie dans cette ville, qui a eu autrefois plus de quatre-vingt mille habitans, & qui en compte à peine quinze mille à présent... La plûpart des Pisans, jaloux de leur liberté, n'ont pu s'accoutumer au joug des Florentins ; ils ont mieux aimé s'expatrier, que de jouir des bénéfices que leur auroient procurés leurs vainqueurs.

Du côté de la porte de la mer ou de

Livourne, fur le bord de l'Arno, eft l'arfenal, où fe fabriquent les galeres & vaiffeaux de l'ordre de faint Etienne, & où ils viennent fe radouber.

La température de la ville de Pife eft fi douce & fi agréable en hiver, que l'on ne s'y apperçoit prefque pas de la rigueur de cette faifon, fur-tout quand elle n'eft pas pluvieufe. Les étrangers qui font convalefcens, qui fouffrent de la poitrine ou des rhumatifmes, y trouvent un foulagement afluré; mais dès que les premieres chaleurs commencent à s'y faire fentir, il faut quitter cette ville, & fe retirer ou à Florence, ou dans les montagnes. L'air devient malfain, fur-tout pour les étrangers qui y réfiftent difficilement; la plûpart de ceux qui ont voulu y refter pendant l'été, y ont fuccombé, ainfi que le prouvent nombre d'épitaphes qui font au campo fanto.

Dans le voifinage de Pife, à l'orient, on voit les reftes d'anciens thermes ou bains publics, qui ont été très-confidérables; il n'y refte rien d'entier que les étuves & les canaux qui les environnoient, & y portoient la chaleur. Les plus beaux marbres avoient été employés à cette construction, qui est entierement dégradée (a).

Il y a quinze milles, ou environ cinq lieues de Pise à Livourne. Le pays est plat, & coupé de quelques marais formés ou par les eaux de la mer, ou par les débordemens de l'Arno. Cette partie de chemin n'étoit pas encore dressée en 1761, ce qui le rendoit difficile à tenir, sur-tout dans un grand bois de liéges & de chênes verds, où il n'y avoit point de route marquée, & dont quelques parties étoient inondées. Cette forêt, que l'on dit avoir deux lieues de profondeur, est bien fournie d'arbres ; on y voit des

___

(a) Ces bains sont encore en usage. Deux inscriptions modernes posées en 1693, à droite & à gauche de la principale porte, à l'extérieur, apprennent,.... la premiere, que l'étuve de ces bains (*sudatorium*) de construction antique, est entierement conservée, que l'on peut y apprendre comment on construisoit autrefois ces sortes d'édifices, la maniere dont on y distribuoit la chaleur par différens canaux, celle même dont ils étoient éclairés, sans que l'air extérieur causa aucun changement au degré de chaleur que l'on devoit y conserver.... La seconde, que les directeurs du conservatoire ou hôpital de Pise, connu sous le nom de maison de charité, ont fait rétablir cet édifice, par les ordres & la libéralité du grand duc Cosme III, forts très-épais, formés pour la plupart par de grands myrtes domestiques, qui y répandent une excellente odeur, & servent de retraite à quantité de bêtes fauves réservées pour les plaisirs des grands ducs. L'espace qui est entre ce bois & Livourne, est presque entierement occupé par des jardins potagers, qui fournissent des légumes & des herbages à cette ville & aux vaisseaux qui abordent à son port.

Livourne. Port. Commerce. Synagogue.

39. Livourne doit son origine à un château que la comtesse Mathilde fit bâtir à la fin du onzieme siécle sur le bord de la mer, pour garantir cette partie de ses états des descentes & des pillages des Sarrasins. Les habitans de la campagne, & les pêcheurs qui s'y retiroient, y formerent insensiblement un bourg de peu de conséquence; mais comme le mouillage y étoit bon, & que la plage étoit fort sûre, le grand duc Cosme I, qui avoit intention d'y faire construire un port franc, fit l'acquisition de Livourne qui appartenoit alors aux Génois, & leur donna Sarzane en échange. Il fit tracer en même temps le plan d'une nouvelle ville, & des fortifications qui devoient la défendre. Il commença l'enceinte du grand port, fit éle-

ver la tour du fanal, avança beaucoup les travaux. Son succeſſeur, Ferdinand I, continua les ouvrages avec la même activité, fit bâtir la citadelle qui commande la ville au couchant, & mit les choſes à peu près dans l'état où elles ſont aujourd'hui ; c'eſt-à-dire, que Livourne devint une des meilleures places maritimes de l'Europe, & le port le plus ſûr & le plus commerçant de la Méditerranée.

Pour engager de nouveaux habitans à s'y établir, on leur accorda toutes ſortes de priviléges, entr'autres de ne pouvoir y être arrêtés pour dettes de commerce ; ce qui détermina des négocians de toutes les nations à venir s'y fixer. Dans le même temps on chaſſa d'Eſpagne & de Portugal les Juifs qui y reſtoient : le grand duc les invita à venir s'établir à Livourne, où il leur permit d'avoir une ſynagogue, & un corps de magiſtrats de leur nation, avec toute la ſûreté & la liberté poſſibles dans leur commerce. Ils y vinrent, & y ſont aujourd'hui au nombre de quatorze à quinze mille, dont pluſieurs font un commerce très-riche. La protection que le grand duc Ferdinand I. leur accordoit étoit ſi marquée, que l'on disoit à Florence & à Livourne, qu'il auroit mieux vallu l'avoir infulté, que d'avoir fait la moindre injure à un Juif. Ses fucceffeurs n'ont pas eu moins d'égards pour eux, & il n'eft pas douteux qu'ils n'ayent beaucoup contribué à établir le commerce immenfe qui fe fait à Livourne. Plufieurs de ces Juifs font d'une richeffe confidérable, & tiennent beaucoup de vaiffeaux en mer pour leur compte. Outre le grand commerce d'argent qu'ils font, & qui abonde chez eux, ils tirent beaucoup de marchandifes du Levant, des Indes & des ifles de l'Océan, dont ils ont des magafins prodigieux à Livourne. Une manufacture de colliers & de bracelets de corail, à l'ufage des barbarefques d'Afrique & des Indiennes, appartenant à un Juif de Livourne, étoit un objet de commerce annuel, de plus de quinze cents mille livres. On apporte à cette manufacture le corail en branche, tel qu'on le tire de la mer; on le coupe en morceaux, on le perce, on l'arrondit fur une meule cannelée, & on le met enfuite en colliers & en bracelets.

Le grand port défendu par un mole qui s'étend à plus d'un mille dans la mer, & par deux petits forts qui font

aux

aux extrémités de ce mole, est fourni d'une nombreuse & belle artillerie, de même que l'ancien château qui est vis-à-vis de l'autre côté du port, dans lequel on voit douze gros canons de bronze que fit fondre le grand duc Ferdinand I; on les appelle les douze apôtres. Tout le commerce qui se fait dans le grand port de vaisseau à vaisseau est libre; on ne paye de douane que pour les marchandises qui entrent dans la ville par le port intérieur ou petit port, que l'on ferme tous les soirs avec une chaîne. Les fortifications en sont de la plus belle construction, bien entretenues, toujours gardées par une nombreuse garnison, qui fait le service militaire avec la plus grande exactitude. Le port est précédé par une grande rade ou plage, où les vaisseaux trouvent de bons abris à plus d'une demi-lieue en mer. A la tête du port est la tour du fanal; à côté, au levant, sont le lazaret & le bagne, où l'on enferme les forçats. En temps de paix, on compte ordinairement douze à quinze cents vaisseaux de différentes nations dans ce port.

La ville nouvellement bâtie est petite & régulière, toutes les rues en sont alignées; elle est partagée par une grande

Tome III. N

place; à une des extrémités est l'église principale. En entrant à droite, est la maison du gouverneur. Il y a dans cette place quelques autres bâtimens d'assez bon goût. Au couchant de la ville, entre la citadelle & l'ancien château, est la partie de Livourne appellée *La nouvelle Venise*, partagée par des canaux, dans lesquels entre l'eau de la mer; ils sont traversés par plusieurs ponts à une arcade. Le long de ces canaux sont presque tous les magasins des négocians.

Autant la ville de Pise est dépeuplée, autant la population de Livourne est nombreuse; le nombre des habitans établis dans la ville, va au-delà de 40000, dans un très-petit espace. On y trouve des marchands de toutes les parties de l'Europe; les Arméniens & les Grecs y ont des établissemens fixes & des églises de leurs rits. Enfin on n'y a rien négligé de tout ce qui pouvoit assurer une entiere liberté au commerce.

La principale église n'a rien de remarquable; le portail qui devroit être le plus bel ornement de la grande place, n'est pas encore fait. L'église des Grecs est d'une construction fort simple; une inscription en deux vers apprend que les Grecs l'ont fait bâtir à leurs frais en

1628, & qu'ils l'ont dédiée à la mere de Dieu. Au milieu de la nef, devant la tendue qui la sépare du sanctuaire, est la pierre sépulcrale des prêtres Grecs, chargés de la desserte de cette église. On y verra deux tableaux du Sauveur & de la Vierge, peints sur un fond d'or dans l'ancien goût des Grecs.

La synagogue de Juifs est une des plus belles de l'Europe; elle est bâtie en quarré long avec des bas-côtés soutenus par des colonnes d'assez belle proportion: au-dessus est une galerie grillée, où se placent toutes les femmes; elles y montent par deux escaliers qui sont dans le vestibule de la synagogue. Au milieu de la nef est une tribune bâtie de marbres choisis, avec des pupitres de même. A chaque angle sont quatre grands chandeliers d'argent à sept branches; c'est-là que se placent les chantres & les rabbins. Au fond de la nef, vis-à-vis de la tribune, est une espéce de sanctuaire séparé de la nef par un grand rideau, dans lequel est une très-grande armoire, où sont enfermés les différens volumes de l'écriture sainte, qui servent aux rabbins & aux chantres; ils sont conservés avec autant de soin que de respect, enveloppés des plus riches étoffes, recouverts de couronnes d'argent & d'autres ornemens à l'ufage des Juifs. J'ai remarqué un des volumes principaux, celui qui fert aux fêtes folemnelles, qui étoit garni par le bas de grenades & de clochettes d'argent, dans le même goût que celles que le grand prêtre portoit autrefois au bas de la robe. Ces clochettes fe font entendre quand on déploie le facré volume, & tiennent toute l'affemblée dans le plus grand refpect. Toutes les bibles que j'ai vu dans ce fanctuaire, font des rouleaux d'une belle écriture, mais peu ancienne. Entre les colonnes qui foutiennent les bas-côtés, font fufpendues d'efpace en efpace de très-groffes lampes d'argent, qui fervent à éclairer la fynagogue. Au-deffus de la porte du veftibule, eft une infcription à l'honneur de l'empereur Francois de Lorraine, & de l'impératrice reine de Hongrie, qui confirmerent en 1739 les priviléges accordés aux Juifs établis à Livourne. Cette fynagogue eft, dit-on, la plus belle, la plus riche & la mieux tenue que les Juifs ayent en Europe. A côté eft un tribunal, où font établis des juges de leur nation, pour régler leurs affaires domeftiques, telles que tutelles, ventes, achats entr'eux seulement & les étrangers, jusqu'à certaine somme, passé lequel, les étrangers peuvent obliger les Juifs à comparoître devant les Juges ordinaires de Livourne.

Une grande partie des maisons de cette ville sont peintes au dehors.

Près du petit port où l'on fabrique les galeres & vaisseaux, est une fontaine publique, décorée d'une statue colossale du grand duc Ferdinand premier, à la base de laquelle sont attachés quatre esclaves Turcs jettés en bronze. La statue de marbre est médiocre; les quatre esclaves sont traités d'une bien meilleure maniere, sur-tout les deux qui paroissent les plus âgés. On dit à Livourne que ce sont les figures de quatre forçats, le pere & les trois fils, qui avoient conspiré contre la vie du grand duc. Hors du port à l'entrée du golfe, sont élevées deux tours de marbre blanc, sur des rochers qui sont à fleur d'eau. La plus considérable sert de magasin à poudre, & l'autre n'est pas moins utile: il y a au milieu même de la tour une source très-abondante d'eau douce, où les vaisseaux vont s'en pourvoir, la bonne eau étant très-rare à Livourne, & y manquant souvent.

Par la grande quantité de vaisseaux de toutes les nations qui abordent à ce port, on doit juger qu'il s'y fait un très-grand mouvement, & que le spectacle y est très-varié & très-intéressant : aussi est-ce sur le mole, qui l'environne en grande partie, & qui a plus d'un mille de circuit, que se fait la promenade principale. Les consuls des nations étrangeres jouent un rôle important dans ces ports si fréquentés, où ils font nécessairement beaucoup d'affaires. Le commerce de Livourne est immense. Pour en bien juger, il faut voir les magasins de la nouvelle Venise, les changemens qui se font dans le port d'un vaisseau à l'autre, & s'entretenir avec quelques-uns des négocians principaux. Les boutiques où l'on détaille, quoique très-nombreuses pour la ville, ne peuvent pas en donner une idée. On y trouve des gens établis de toutes les nations & de toutes les provinces de l'Europe, & qui tous y font quelque commerce, qui doit leur être utile, eu égard au prix où ils tiennent leurs marchandises.

Le quartier des Juifs, séparé des autres, est assez bien bâti, sans avoir rien de remarquable que les fenêtres & balcons grillés à l'espagnole, où les femmes viennent prendre l'air sans être vues. Ceux qui n'ont pas voyagé en Espagne, peuvent y prendre une idée de ces jalousies, sous lesquelles les galans Espagnols vont jouer de la guittare pour amuser leurs dames. Ces Juifs, tous Portugais & Espagnols, ont conservé dans l'intérieur de leurs maisons tous leurs anciens usages; leurs femmes sortent rarement & toujours voilées; à la maison elles occupent un appartement séparé, où les étrangers ne pénétrent jamais.

Quelques historiens placent à l'année 1016 un fait d'armes fort singulier, qui se passa sur les côtes de Toscane, à peu de distance de Livourne, dans le voisinage de la ville de Lune, aujourd'hui ruinée, dont le siége épiscopal a été transféré à Sarzane, qui n'en est qu'à trois milles au couchant. Le pape Benoît VIII. marcha contre les Sarrasins, & les vainquit après un combat de trois jours. La reine des Sarrasins ayant été prise, le pape ordonna qu'on lui coupât la tête, & se réserva l'ornement d'or & les pierreries qui lui servoient de diadême. Le roi de ces barbares, irrité de la mort tragique de son épouse, & de la perte de ses troupes, envoya au pape un sac plein de pois, & lui fit dire par le porteur, que l'été suivant il arriveroit avec un aussi grand nombre de soldats qu'il y avoit de pois dans le sac. Le pape lui renvoya un sac de pareille grandeur rempli de millet, & fit répondre au Sarrasin, qu'après le tort qu'il avoit fait aux biens de l'église, s'il revenoit une seconde fois, il retrouveroit autant & plus de gens armés pour les défendre, qu'il ne recevoit de grains de millet. On prétend que ce défi, si bien accepté, en imposa aux Sarrasins, qui n'osèrent plus reparoître sur ces côtes.

Une inondation considérable, qui vint à la suite des grandes pluies, nous empêcha de passer de Livourne à Luques, comme nous l'avions projetté. On dit cette ville bien fortifiée & très-jolie; on parle beaucoup de ses remparts, & de la belle promenade formée par plusieurs rangs de grands arbres qui y sont plantés. Cette ville fait un commerce considérable de soies & d'huiles, qui passent pour être les meilleures d'Italie. Elle doit être fort riche: pendant la dernière guerre elle avoit prêté des sommes considérables à la régence de Toscane. Les Luquois sont fins & même subtils, ils ont de l'esprit naturel, &

réussissent sur-tout dans les beaux arts. J'en ai vu plusieurs à Florence, à Rome, & dans d'autres villes d'Italie, qui tous avoient de la politesse & l'esprit fort cultivé.

40. La route de Florence à Rome se fait entierement dans l'Apennin, où l'on entre au sortir même de Florence. Les chemins, quoique faits avec soin & assez bien entretenus, n'en sont pas plus aisés à tenir; on ne fait que monter & descendre par des pavés fort durs; il n'y a pas eu moyen d'y entretenir des chaussées sablées, comme dans le pays plat; il est rare de trouver du sable dans l'Apennin, le terrain y est très-mouvant, & il seroit impossible d'y avoir des chemins solides qui ne fussent point pavés; encore souvent il arrive que dans les temps de dégel, ou après les grandes pluies, les parties de chemins qui se trouvent sur la croupe des montagnes, partent en entier, & descendent bien au-delà de la ligne sur laquelle elles étoient tracées.

Route de Florence à Rome. Qualité du pays.

Tout le pays est fertile & bien cultivé; il présente différens points de vue agréables & très-variés. On voit une quantité de jolies maisons de campagne, beaucoup d'avenues de cyprès, toutes les montagnes couvertes d'oliviers & de vignes élevées fur des arbres au milieu des champs labourés. Comme il y a peu de pâturages dans ces cantons, on n'y nourrit que le bétail néceffaire pour la culture des terres ; le laitage y eft rare ; les payfans qui ont tous des oliviers dans leurs héritages, font beaucoup d'huile, qui leur en tient lieu dans l'ufage ordinaire de la vie. Ce mélange de vignes, d'oliviers, de terres cultivées & d'arbres de toutes fortes, eft riant; l'afpect général eft ruftique, mais n'a rien de fauvage; les parties qui font incultes, foit à caufe du voifinage des torrens, foit à caufe de la roideur de leur pofition, font couvertes de peupliers, de cyprès, de pins & d'autres arbres. On voit qu'en général l'air de ce pays eft fain & doux, le fang y eft beau, les payfannes n'ont rien de groffier dans la phyfionomie, les hommes font honnêtes & affez bien faits : c'eft ce que j'ai remarqué de Florence à Poggibonzi dans l'efpace de vingt-deux milles. On paffe plufieurs ruiffeaux, les uns à gué, les autres fur des ponts ; il y avoit quelques jours qu'il n'avoit plu, ainfi nous ne trouvâmes aucuns obftacles à les traverfer; mais quelque peu considérable qu'ils paroissent, ils arrêtent souvent les voyageurs, dans le temps des pluies de l'automne, ou au commencement du printemps.

Un village un peu considérable a un magistrat principal, connu sous le nom de podestat ou de vicaire : il a sa résidence marquée ; on la reconnoît à la quantité de petits quarrés de marbre, sur lesquels ses prédécesseurs n'ont pas manqué de faire graver leurs noms, leurs armoires, s'ils en avoient, & le temps de leur gestion : ce goût pour l'immortalité est bien répandu en Italie ; on voit de ces maisons entièrement revêtues de pareilles inscriptions, qui donneront beaucoup d'exercice aux antiquaires à venir.

Poggibonzi est un très-gros bourg, situé sur une colline : en allant de-là à Sienne, le chemin traverse pendant un assez long espace, un bois de chêne de haute-futaie, dont il paroît que l'on a coupé les plus beaux arbres : on en défriche déja quelques parties, & insensiblement ce canton se couvrira de vignes & d'oliviers comme le reste du pays. L'intérieur de cette forêt, coupée par des ravins profonds, a l'air très-désert. A six milles environ de Sienne, les montagnes s'abbaissent, les points de vue s'étendent ; on en voit plusieurs très-gracieux qui peuvent fournir bien des idées nouvelles aux peintres de paysages. Cette partie de la Toscane, quoique moins belle & moins riante que la route de Florence à Pise, a des beautés de situation que l'on ne trouveroit pas dans un pays de montagnes, autre que l'Apennin ; une quantité de buissons ardens, de cyprès, d'oliviers, de lauriers, & d'autres arbres & buissons toujours verds, en rendent le spectacle agréable & vivant, même pendant l'hiver. Le pays produit du grain, des huiles, du vin au-delà de ce qu'il lui en faut pour sa consommation, & en exporte beaucoup. On y éleve aussi par-tout des mûriers blancs qui servent à nourrir beaucoup de vers à soie.

Ville de Sienne. Ses révolutions.

41. La ville de Sienne est éloignée de trente-cinq milles de Florence : sa situation est dans les montagnes même de l'Apennin, sur un terrain élevé & inégal. Elle doit son origine aux Gaulois Senonois, qui la fonderent lors de leur entrée en Italie, sous la conduite de Brennus. Les Toscans la comptoient

au nombre de leurs douze cités principales; ensuite elle devint colonie romaine, sous le nom de *Sena Julia*. Dès les temps les plus réculés, cette ville étoit très-considérable. Située dans un pays gras & fertile, dans des siécles où l'on n'imaginoit pas encore que le commerce fût l'unique source de l'opulence, elle s'entretenoit des productions naturelles à son climat, vivoit dans l'abondance, & étoit très-peuplée. Après la décadence de l'Empire Romain en occident, elle fut agitée de factions, & soumise à différens maîtres, jusqu'à ce qu'elle se forma en république libre; ce qui ne put être que dans le neuviéme siécle, après que les François eurent entierement détruit la puissance des Lombards en Italie. Les nobles & le peuple se disputerent le droit de donner des loix à la patrie pendant une longue suite d'années, & exciterent diverses séditions, qui souvent n'étoient terminées que par la mort des chefs des partis vaincus. Enfin l'abus de la liberté porta les choses au point, que les mécontens ayant appellé les princes étrangers pour soutenir leurs prétentions, la ville fut entierement subjuguée par les armées Espagnoles, commandées par le marquis de

Marignano, frere du pape Pie IV.

Cette ville tyrannisée par les Espagnols, qu'elle avoit appellés pour défendre sa liberté contre les entreprises des Medicis, se donna aux François en 1552. Le maréchal de Thermes y établit pour gouverneur le brave Montluc, qui avec peu de troupes, la plûpart étrangeres, peu de vivres & de munitions, y soutint un siége de dix mois contre une armée nombreuse, & ne rendit la place qu'après avoir obtenu la capitulation la plus honorable & la plus sûre pour les habitans & la garnison; ayant exigé encore qu'il se retireroit librement sans signer le traité, ne voulant pas, disoit-il, qu'on vît jamais le nom de Montluc dans aucune capitulation. Il sortit de Sienne en 1555; les Espagnols resterent maîtres absolus de cette ville, que Philippe II, roi d'Espagne, céda en 1557 avec ses dépendances, à Cosme I, grand duc de Toscane, pour la tenir de lui en fief. Depuis ce temps, les factions éteintes dans cette ville sembloient y promettre des jours heureux sous un gouvernement doux & pacifique, mais elle n'a cessé de se dépeupler: elle comptoit, dit-on, dans ses beaux jours, mille habitans, à peine en a-t-elle le quart, encore, dit-on, que le nombre en diminue tous les jours.

Dès que les grands ducs de Toscane en furent paisibles possesseurs, ils firent réparer les murailles, ajouter de nouvelles fortifications aux anciennes, construire une citadelle, qui en défendant la ville contre les entreprises des étrangers, la tiendroit dans le respect; ils y établirent la même forme de gouvernement que dans le reste de la Toscane, & les choses sont restées jusqu'à présent dans cet état. Cette ville est le siége d'un archevêché, érigé en 1459 par le pape Pie II (Æneas-Sylvius Piccolomini) qui en étoit originaire: elle a une université. En 1321, les Siennois, autant pour bannir l'ignorance qui régnoit chez eux par défaut de bons maîtres, que pour s'opposer à un certain Bocin qui tentoit d'y rétablir l'idolâtrie sous une nouvelle forme, firent venir de Bologne des maîtres instruits: ils y établirent un cours d'études réglées, que l'Empereur Charles IV érigea en université en 1357. Cette université manquoit d'une bibliothéque en 1759. Salustio Bandini, archidiacre de l'église de Sienne, connu dans la république des lettres, légua sa bibliothéque à l'univerſité: quelques particuliers l'augmenterent tout de suite, & pour son entretien l'univerſité aſſigna une ſomme annuelle à prendre ſur ſes revenus: elle eſt publique.

L'empereur a établi dans cette ville une académie pour monter à cheval, où il entretient un écuyer & des chevaux à ſes frais, & différens maîtres d'exercices. On doit y recevoir les jeunes gentilshommes de l'état de Sienne à un prix très-modique.

La forme dont la ville de Sienne eſt bâtie, annonce ſon antiquité; il n'y a preſque aucune rue alignée, elles ſont circulaires ou courbes, & aucune dont le ſol ne ſoit inégal, attendu la poſition de la ville; cependant il n'y reſte rien de conſtruction vraiment antique, que quelques parties de murailles d'une aſſez mauvaiſe maniere, que l'on dit avoir été celle des Toſcans. Les bâtimens, dont la plûpart ont encore une ſorte de magnificence ancienne, n'ont rien qui approche de la beauté de ceux de Florence; pluſieurs ſont revêtus de marbre, mais dans le goût gothique.

On n'a pu, dans un terrain auſſi inégal, ménager qu'une feule place, entourée en grande partie de portiques couverts, & des édifices principaux de la ville. Sa forme eft finguliere, elle eft concave comme l'intérieur d'une coquille ; tout autour on a pratiqué un quai élevé, où le peuple peut fe placer comme fur un amphithéâtre, lorfqu'il y a quelque fpectacle dans la place. A une des extrémités eft une fontaine revêtue de marbre, & décorée de quelques ftatues anciennes. La forme de la place & la pofition de la fontaine, donnent lieu de conjecturer que l'on a eu l'intention d'y donner des naumachies.

Toute la ville eft pavée de briques pofées fur champ ; la caufe de cette particularité eft la rigueur de l'hiver à Sienne ; les verglas y rendroient tout autre pavé impraticable aux voitures & aux bêtes de fomme pendant cette faifon.

42. Le feul édifice vraiment beau que l'on voit dans cette ville, eft l'églife cathédrale, conftruite dans le quatorziéme fiécle, de belle architecture gothique. Elle eft entierement revêtue à l'extérieur de marbre noir & blanc, & d'ornemens diftribués avec goût. Le

Cathédrale de Sienne. Statues. Tableaux.

grand portail ouvert de trois portes, a un ordre de colonnes bien entendu ; la partie fupérieure eft chargée d'une multitude de ftatues, de buftes, de pointes ou campanilles gothiques, d'abraefques & d'autres ornemens de ce genre, dont plufieurs ont été dorés. On y voit différens animaux, qui font les fymboles ou devifes des villes qui dépendoient de l'état de Sienne, lorfque le portail fut conftruit. Aux côtés du perron, font deux colonnes antiques de porphyre, fur lefquelles font placées des louves de bronze, avec les deux jumeaux qu'elles alaitent, fymbole de la ville de Sienne, colonie romaine... La grande porte intérieure a des beautés; le travail gothique eft mêlé de compofite, ce qui le releve beaucoup ; les deux colonnes qui foutiennent le fronton, font d'un excellent travail... A chaque pilier font des ftatues d'apôtres, ou de papes Siennois, en marbre blanc, plus grandes que le naturel : celle d'Alexandre VII eft du Bernin. La nef du milieu, féparée des bas-côtés par des piliers ronds, a une galerie qui regne tout autour, contre laquelle eft placée une très-longue fuite de buftes des papes en terre cuite, qui fe termine à Adrien IV. On y voyoit entr'autres celui de la papeſſe Jeanne, que le grand duc Ferdinand I fit enlever en 1600, à la Priere du pape Clément VIII : on mit en place le portrait d'un pape Zacharie. Parmi ces buſtes, qui ſont au nombre de cent ſoixante-dix, on en voit pluſieurs des antipapes ; ils ont été faits en 1400.

Le maître-autel, compoſé de différens marbres tirés des environs de Sienne, eſt d'un très-beau travail, de même que le tabernacle de bronze doré, & les grands candelabres qui ſont au-devant. Mais rien dans cette égliſe n'eſt auſſi magnifique que la chapelle des Chigi, conſtruite par les ordres du pape Alexandre VII ; elle eſt incruſtée en grande partie de lapis lazuli, avec des ornemens de bronze doré, exécutés ſur les deſſeins du cavalier Bernin. La forme, autant que je puis me la rappeller, eſt exagone ; la coupole eſt ſoutenue par des colonnes de beau marbre verd. Dans les pans on a pratiqué quatre niches, où ſont placés des ſtatues de marbre blanc, dont deux du Bernin, celle de la Madelaine & de ſaint Jérôme : cette derniere eſt bien ſupérieure aux autres ; elle eſt traitée d'un goût mâle & point maniéré. On y voit auffi quatre bas-reliefs en marbre blanc & de bonne main ; ils repréfentent les myfteres de la Vierge. On y verra encore deux bons tableaux de Carle Maratte ; l'un a pour fujet la fuite en Egypte, l'autre la Vifitation ; ils font tous les deux d'un ton de couleur frais & gracieux ; les figures de la Vierge font nobles & aimables, & paroiffent avoir emporté toute l'attention du peintre, qui n'a pas travaillé avec le même foin les autres figures de ces tableaux... Tout l'enfemble de cette chapelle eft élégant & riche ; elle a été conftruite pour placer une ancienne image miraculeufe de la Vierge, peinte fur un fond d'or dans la maniere des Grecs de Conftantinople, à laquelle le peuple de Sienne a une grande dévotion... Dans la chapelle de faint Jean-Baptifte, où l'on conferve un bras de ce faint, donné à l'églife de Sienne par le pape Pie II, eft une très-bonne ftatue en bronze, jettée par le Donatelli... Une grande infcription apprend que le pape avoit reçu cette précieufe relique de Thomas Paléologue, roi du Péloponefe, & qu'il en fit préfent à cette églife en 1464, en préfence de huit cardinaux.

Parmi les tableaux des chapelles, on remarquera celui qui repréſente ſaint Bernardin prêchant au peuple, peint par le Calabréſé; il eſt d'une très-belle ordonnance, d'une grande vérité d'expreſſion, les ombres en ſont noircies... Un tableau de Sorri, peintre Siennois, qui a pour ſujet l'adoration des Mages, dans lequel il a heureuſement imité la maniere & le beau coloris de Paul Véroneſe... Deux tableaux du Treviſani, dont l'un repréſente ſaint Jacques & ſaint Philippe, & l'autre le martyre des quatre couronnés... Les plus remarquables des autres monumens de cette égliſe, ſont le tombeau de M. Antoine Zondadari, grand maître de Malthe.... Un autre tombeau de bronze, avec la figure d'un évêque en bas-relief, par le Donatelli... La chaire à prêcher de marbres d'Afrique, avec des ornemens faits dans le treiziéme ſiécle... Le bénitier à droite en entrant par la grande porte, paroît être d'un travail antique grec, d'une bonne main; on y voit en relief des faunes & des bacchantes.

Mais ce qu'il y a d'admirable dans cette égliſe, c'eſt le pavé qui eſt de marbre blanc, gravé en clair obſcur. Les contours des figures taillés dans le marbre, & les lignes remplies d'une couleur brune, forment les ombres: le tout ensemble est une suite de belles gravures qui représentent presque tous les traits remarquables de l'ancien & du nouveau testament, les prophêtes, les sibylles, les apôtres, ou d'autres sujets historiques. Le pavé du chœur fait sur les desseins du Beccafumi, est dessiné de la plus grande maniere, avec des caracteres de tête d'une expression admirable : on y voit entr'autres tableaux le sacrifice d'Abraham, le frappement du rocher, &c... Toute cette partie du pavé est couverte de planches : en regardant celui du reste de l'église, où l'on trouve de temps en temps des morceaux d'une exécution excellente, on regrette qu'un ouvrage si rare soit perpétuellement exposé à être détérioré. Dans le dernier compartiment de la nef du milieu est un grand cercle, autour duquel sont rangés différens ronds, dans lesquels sont gravées les devises des villes alliées de la république de Sienne: au milieu est la ville de Sienne, représentée par la louve & les jumeaux, ensuite Florence par un lion, Luques par une panthere, Pise par un liévre, Viterbe par la licorne, Perouse par une cigogne, Rome par un éléphant portant une tour, Orviete par une oie, Arezzo par un cheval, Massa par un lion chargé de quatre fleurs de lis, Grosseto par un griffon, Pistoie par un dragon, & Volterre par un vautour.

Le plafond de la voûte de l'église est peint d'azur semé d'étoiles d'or, les arabesques & côtes des voûtes sont dorées.

Dans la croisée à gauche est une grande salle voûtée, appellée *la bibliothéque*, où étoient autrefois beaucoup de manuscrits précieux à l'usage de l'église de Sienne, qu'un cardinal de Burgos fit enlever & conduire en Espagne, après que Philippe II se fut rendu maître de la ville. Il n'y reste plus qu'une quarantaine de très-gros volumes de chant, écrits sur velin, très-bien notés, peints & ornés de lettres grises, culs de lampes & vignettes en miniature, de belle couleur & enrichies d'or. L'ouvrage a été conduit & exécuté en grande partie par un Bénédictin de la congrégation du Mont-Cassin. Il y a de la propreté dans l'exécution, mais peu d'intelligence de dessein. Ce qu'il y a de plus curieux dans cette salle, sont les dix grands tableaux à fresque, qui représentent fort au long la naissance & toute la suite de la vie du pape Pie II : au bas de chaque tableau est une inscription latine qui en explique bien le sujet. Ces peintures sont de la plus belle conservation, & fraîches de couleur; il y a de l'expression & de la vérité dans les airs de tête. Pierre Perugin, le Pinturrichio & Raphaël y ont travaillé ; ils y ont employé l'or & l'argent en relief, ce qui enrichit les tableaux, sans rien ôter à leur mérite essentiel. Au-dessus de la porte est un bas-relief qui représente l'expulsion d'Adam & d'Eve du paradis terrestre, avec cette inscription....

Deum maximum & posteros offendi, utriusque debeo, & neuter mihi.

Au milieu de cette salle, sur un piédestal rond, est un grouppe représentant les trois grâces ; il est mutilé, & la tête manque à la figure du milieu. Du temps de Raphaël, & long-temps après encore, on regardoit ce grouppe comme le plus bel antique connu ; on prétendoit qu'il avoit été trouvé dans les ruines de la citadelle d'Athènes, & qu'il étoit l'ouvrage du sculpteur Sophronisque,

pere

père de Socrate : cet antique est d'un marbre brun rougeâtre. On voit par-là que Raphaël, Michel-Ange, André del Sarto, Fr. Bartholomeo della porta, ont beaucoup plus dû à leur propre génie, qu'à l'étude de l'antique qu'ils connoissoient à peine, les antiques les plus précieux ayant été découverts long-temps après eux. La voûte de cette salle est traitée dans le goût de celle de l'église, en or & azur ; il y a des parties d'un travail recherché. On voit par le peu que j'ai dit de cette église, que c'est un des plus beaux édifices de l'Italie, & très-digne de curiosité (*a*).

―――

(*a*) Dans cette même église auprès de la porte qui conduit à la tour du clocher, on lit une inscription latine qui mérite quelque attention. Elle porte qu'en 1059, Ildebrand Archidiacre de l'église de Rome, & depuis Pape sous le nom de Grégoire VII, fit élire dans un concile assemblé dans cette église, le Pape Nicolas II, qui aussi-tôt après son élection, statua par un decret solemnel, qu'à l'avenir le Pape ne seroit plus élu par les suffrages réunis du peuple & du clergé, mais par les seuls Cardinaux, sauf les droits de l'Empereur pour la confirmation du Pontife élû ; sans doute pour prévenir les désordres que les différentes brigues faisoient éclater à Rome dans ces sortes d'occasions. On apprend

L'églife de faint Jean, ou baptiftere, qui eft à côté de la cathédrale, fur un terrain beaucoup plus bas, eft de forme octogone, revêtu de marbre blanc en dedans & en dehors, & couronné d'une grande coupole. Au milieu eft un beau pavillon de marbre blanc, orné de bas-reliefs en bronze; la conftruction m'en a paru riche; je n'ai pu le voir que par une fenêtre du haut en bas : les facriftains qui ont les clefs de ces fortes d'édifices, dès qu'ils voyent des étrangers curieux, les emportent, & fe font chercher pendant long-temps, pour avoir quelque prétexte de fe faire payer plus cherement, ce qui eft très-incommode, fort difpendieux, & prefque inévitable.

L'églife des Auguftins, nouvellement rebâtie fur les deffeins de *Vanvitelli*, architecte Romain, eft d'un très-bon

---

encore par cette infcription, que les premieres feffions du Concile général, convoqué en 1423, furent tenues à Sienne, à caufe que la pefte fe faifoit fentir à Pavie, où il avoit été d'abord indiqué; que le même Concile fut transféré à Bâle l'année fuivante, à caufe du petit nombre des Evêques qui fe trouvoient à Sienne, & qui n'étoient point d'accord entr'eux.

goût. Les colonnes qui portent la voûte sont d'ordre composite ; les pilastres du même ordre, de même que les stucs, dont les plafonds sont ornés, ont de la noblesse & de l'élégance. Cet architecte, dont j'aurai encore occasion de parler, tient à présent le premier rang en Italie ; il connoît l'antique, & en fait passer fort heureusement les beautés dans les constructions modernes. Il y a dans la maison de ces Augustins une bibliothéque publique, ouverte à certains jours de la semaine.

43. *Les Dominicains.* On conserve dans une chapelle de leur église une très-ancienne peinture sur bois, qui représente la Vierge ayant l'Enfant Jesus entre ses bras. Ce tableau, dessiné de bonne maniere, est encore frais de couleur ; il a été peint dans le commencement du treiziéme siécle, ainsi que l'apprend ce distique qu'on lit au bas....

> Epoque du rétablissement de la peinture.

Me Guido de Senis diebus depinxit amœnis,
Quem Christus lenis, nullis nolit agere penis.
A. D. M. CC. XX I.

La beauté de ce tableau fait que les Siennois regardent le Gui de Sienne comme le restaurateur de la peinture en Italie, dont ils difputent le titre au *Cimabué*, auquel les Florentins l'attribuent, & qui paffe pour tel dans tout le refte de l'Europe; cependant le Cimabué n'eft né qu'en 1240, il apprit fon art de quelques peintres Grecs venus à Florence, & dans le cours de fa vie, qui fut de foixante années, à peine a-t-il fait quelques tableaux que l'on puiffe comparer à celui de Gui de Sienne : il eft vrai que l'on a beaucoup de tableaux du Cimabué, & que l'on ne connoît de Gui de Sienne que celui dont je parle; ce qui fait que les Florentins, qui n'en difputent pas l'authenticité, le regardent comme un tableau fait par hazard, par un homme qui peignoit fans principes & fans goût, & qui a rencontré jufte une fois dans fa vie; ce qui ne fuffit pas pour enlever au Cimabué la gloire d'être le reftaurateur de la peinture en Italie. Je dirai à ce fujet que je me fouviens d'avoir vu dans un des appartemens du vatican, un portrait de faint François d'Affife, peint au commencement du treiziéme fiécle, par un peintre de Luques. Il eft fur une planche affez étroite; le deffein, quoique roide, eft correct; il y a de l'expreffion dans l'air de la tête; les mains font bien traitées ; la couleur de la robe est d'un gris cendré ; le capuchon, sans être rond comme le portent les Mineurs Observantins, n'a pas la pointe aussi allongée que celui des Capucins. Je fais cette remarque qui peut contribuer à décider la fameuse querelle entre les Cordeliers & les Capucins sur la forme de l'habit de saint François ; peut-être qu'aucun de ceux qui ont écrit sur ce sujet savoient que ce tableau existât.

44. Dans le même quartier est la maison qu'habitoit dans le quatorziéme siécle Jacques Benincasa, teinturier, pere de sainte Catherine de Sienne, dont on a fait une chapelle ou oratore de confrairie, pour les habitans du voisinage. La piéce principale est un carré long, couvert de grands tableaux peints sur toile, qui représentent les principales circonstances de la vie, & les miracles les plus signalés de la sainte. A côté est une autre petite chapelle, qui a été sa chambre, la même où Jesus-Christ lui apparoissoit. Par derriere est un petit cabinet où elle couchoit à plate terre : on a revêtu d'argent les briques qui lui servoient de chevet.

Dans un autre oratoire qui est dans le même quartier, on conserve le ta-

Maison de Ste Cathérine de Sienne.

bleau miraculeux du crucifix qui imprima les ſtigmates à ſainte Catherine de Sienne : il eſt couvert, & on ne le voit qu'avec la permiſſion des Magiſtrats qui le tiennent ſous clef. Toutes ces piéces différentes ſont ornées de peintures relatives aux lieux où elles ſont placées.

Sainte Catherine naquit à Sienne en 1347 : à l'âge de vingt ans elle embraſſa l'inſtitut des ſœurs de la pénitence de ſaint Dominique, qui ſubſiſte encore en Italie ; elles portent l'habit religieux, & ne ſont point cloîtrées. Elle ſe mêla beaucoup des affaires politiques de ſon ſiécle. Elle réconcilia les Florentins avec le pape Grégoire XI, qu'elle détermina à fixer ſa réſidence à Rome, & à quitter Avignon. Elle écrivit & parla fortement contre le grand ſchiſme qui commençoit à ſe former. Elle mourut à Rome en 1380, âgée ſeulement de trente-trois ans. Pie II la canoniſa en 1461 : cette canoniſation fait le ſujet d'un des plus beaux tableaux de la grande ſacriſtie de la cathédrale de Sienne.

La vie de ſainte Catherine a été écrite par ſon confeſſeur Raimond de Capouë, Frere Prêcheur, & depuis général de ſon ordre. Elle avoit des révélations dans leſquelles elle étoit inſtruite immédiatement par Jesus-Christ lui-même. Elle les racontoit à son confesseur, qui commença par en douter : comme il étoit dans ce doute, il vit tout d'un coup le visage de Catherine transformé en celui d'un homme de moyen âge, portant une barbe médiocre, dont le regard étoit si majestueux, qu'on voyoit évidemment que c'étoit le Sauveur. Cette vision miraculeuse accordée à frere Raïmond, l'empêcha dans la suite de douter de la vérité des révélations de sa pénitente.

Au-dessus de ce quartier est la citadelle à cinq bastions royaux, construite en 1560, par les ordres de Côme premier, grand duc de Toscane.... A côté est l'académie à monter à cheval : j'y ai vu de très-beaux chevaux du pays, dont la race est bonne; ils sont vigoureux, très-vites à la course, & on en dresse beaucoup à Sienne pour cet exercice.

A l'église de *saint Martin*, on voit un grand tableau d'autel du Guide, qui a pour sujet la Circoncision : le dessein & la composition sont dignes de ce grand maître; mais il est très-foible de couleur, ce n'est qu'en l'examinant que l'on en connoît le mérite. L'escalier pour monter à cette église, & l'architecture du portail, sont d'après les desseins du Fontana....

L'hôpital de *santa Maria della scala* est servi par une société de freres, qui assistent les pauvres, sans y être obligés par aucun vœu solemnel. Il y a un séminaire qui y est joint, dans les archives duquel on prétend conserver un manuscrit original de saint Chrysostôme, qui comprend les commentaires de ce pere sur le nouveau testament ; on en parle à tous les voyageurs, & on ne le leur montre point : mais il y a beaucoup de chartres anciennes, & que l'on voit, deux entr'autres de l'empereur Louis le Débonnaire, accordées, l'une en faveur d'un monastere de saint Anthime, l'autre à un abbé de saint Sauveur, qui exempte son abbaye de la jurisdiction des juges séculiers. Ces piéces sont authentiques, & du temps de leur date.

Il y a plusieurs salles pour les malades des différens sexes, tenues très-proprement. Au fond de la principale on voit dans le rond-point une très-grande peinture à fresque, exécutée par Sebastien Concha, peintre Napolitain, mort depuis peu de temps ; c'est l'un des plus beaux ouvrages de ce maître, où il a réuni toutes les parties essentielles de la peinture, le dessein, l'expression & le coloris : le sujet en est la piscine probatique. Le maître-autel est décoré d'une statue du Sauveur, & de deux Anges jettés en bronze.

L'église paroissiale de *san Quirico* est enrichie de quantité de beaux tableaux des meilleurs peintres du pays. On remarquera sur-tout l'*Ecce Homo*, & la fuite en Egypte, par Francesco Vanni, qui a peint dans le goût du Baroccio. La descente de croix d'Alexandre Casolani, & quelques autres.

Le palais de la Seigneurie, où résident le podestat & le capitaine de la justice, & où sont les différens tribunaux pour l'administration de la justice & de la police dans la ville de Sienne, est situé sur la grande place. On y voit plusieurs salles peintes à fresque, dans l'une desquelles sont quelques tableaux de distinction ; entr'autres le jugement de Salomon, par Luc Jordan, d'un beau caractere de dessein & bien colorié.... L'Assomption de la Vierge, par le cavalier Vanni : le grouppe du haut est excellent. Un grand tableau Flamand, qui représente un détachement de cavalerie arrêté au bord d'un ruisseau, vrai, frais de couleur & bien dessiné. Un beau portrait du grand maître Zondadari : cette piéce est grande & bien éclairée.... Dans la chapelle du palais, le tableau d'autel représentant la sainte famille & saint Antoine, par le Sodoma : le coloris en est encore très-brillant. La plus grande partie des appartemens de ce palais ont été décorés fort anciennement ; ils sont obscurs, & actuellement fort négligés. Le long de l'escalier & dans la cour, on a incrusté dans les murs quelques antiques qui n'ont rien de bien remarquable.

Le théâtre public a été nouvellement bâti par Bibiéna, peintre & architecte de Bologne, qui a fait construire le grand théâtre de cette ville : ils sont l'un & l'autre dans le même goût de construction & de décoration, mais celui de Sienne beaucoup moins grand que celui de Bologne. Tous les dégagemens en sont très-bien entendus, & il paroît que l'on n'a rien négligé pour le garantir des incendies qui l'avoient détruit en 1741 & en 1751.

La seule porte de la ville décorée d'architecture, est la porte *Camollia* ; elle mérite d'être vue. Entre cette porte

& les ouvrages extérieurs qui la couvrent, est une colonne de marbre, de belle proportion, érigée par ordre de l'Empereur Fréderic III, qui vint jusqu'à cet endroit au-devant de la princesse Eléonore de Portugal son épouse. L'inscription suivante est gravée sur la colonne.

Cæsarem Fredericum III. imperator & Leonoram sponsam Portugaliæ Regis filiam, hoc se primum salutavisse loco; lætisque inter se consalutavisse auspiciis, marmoreum posteris indicat monumentum.

A. D. M. CCCC. LI. VI. kal. martias.

Au-dessus de la colonne sont les armes accolées de l'Empire & du Portugal. On voit dans les différens quartiers de cette ville plusieurs colonnes avec la louve & les jumeaux; elles sont ordinairement placées devant les édifices publics, ou les annoncent.

L'aspect général de la ville de Sienne est celui d'une ville grande & ancienne, mais qui n'a rien de beau ni de majestueux. La cathédrale & les édifices qui en dépendent, sont le seul endroit de la ville qui ait de la magnificence; les maisons les plus apparentes, celles qui appartiennent aux anciennes familles, quoique vastes & décorées de beaux marbres, sont la plûpart d'un mauvais goût d'architecture, mêlé de gothique & de moderne.

Ce qui manque essentiellement à cette ville, est la population : on voit quelque mouvement dans le centre de la ville ; le reste est triste & désert, & a l'air pauvre. Les environs de la cathédrale, aux jours de solemnité, quand il y a grand concours de peuple, doivent être brillans. Les plus belles constructions rassemblées ne paroissent qu'un corps sans ame, si elles ne sont pas habitées par un peuple nombreux.

Observations sur cette ville & ses habitans. Poëtes improvisseurs.

45. Les habitans de Sienne sont affables ; ils sont regardés comme le peuple d'Italie qui parle le plus correctement ; leur société est douce & agréable ; les femmes y sont aimables ; le sang y est beau. Les étrangers qui y ont fait quelque séjour, disent tous qu'ils y ont été bien reçus : je n'en ai rien éprouvé ; ce que j'ai remarqué, c'est qu'on étoit très-curieux de les voir, & qu'un étranger fait spectacle dans tous les quartiers. Malgré la gayeté douce de ce peuple, il regne sur tous les visages, même sur ceux des gens du premier rang, un air

de langueur qui n'annonce pas la bonne
santé. Soit qu'on ait tort ou raison, on
attribue cette disposition, que l'on peut
regarder comme un très-grand malheur
pour le pays, au long séjour qu'y firent
les Espagnols, il y a environ trente ans.

Le commerce & l'industrie à Sienne
sont peu considérables ; le territoire par
lui-même est gras & fertile, & fournit
abondamment toutes les denrées de consommation ; mais cette fertilité ne suffit pas pour rendre un pays riche & brillant ; il y faut encore quelque commerce,
une circulation d'argent, & une multiplicité de travaux qui augmentent la population, en retenant dans le pays une
quantité d'artisans & de journaliers, qui
n'osent y faire des établissemens, parce
qu'ils ne trouveroient pas dans leur travail le moyen d'entretenir une famille.
Ce malheur devient général presque partout, & est plus sensible en Italie que
dans les autres parties de l'Europe : on
y voit de grandes villes qui autrefois
ont été extrêmement peuplées, & qui à
peine sont à présent habitées ; & on ne
peut pas dire que les habitans soient allés s'établir ailleurs ; car à l'exception de
Naples & de Livourne, dont la population a beaucoup augmenté dans ces

derniers temps, que sont devenues Rome, Milan, Pavie, Pise, sienne, & tant d'autres villes dont les habitans ont été autrefois si nombreux ?

Le goût de la poësie est aussi bien établi à Sienne que dans toute l'Italie ; on y trouve à chaque pas des compositeurs de sonnets & de poësies à impromptu, que l'on appelle *poete estemporanei*, ou poëtes improviseurs. Ces sortes d'illustres, dont le Goldoni a donné une idée dans une de ses comédies, doivent être prêts à parler en vers sur tous les sujets qui peuvent leur être proposés, & souvent même à les traiter dans le goût héroïque : il est aisé de comprendre ce que doivent être ces sortes de productions, peu estimables par elles-mêmes, mais qui demandent une grande habitude, & beaucoup de vivacité d'esprit. On trouve de ces improviseurs sur-tout dans les promenades de nuit. Quand ils se rencontrent plusieurs ensemble, ils se défient réciproquement ; celui qui propose le sujet a ordinairement l'avantage, c'est le public qui est juge de la victoire. Quelques-uns de ces poëtes se sont fait une réputation brillante. On voit dans la cathédrale de Sienne un monument érigé à la gloire du cavalier Bernardino Perfetti, Siennois, *poeta eſtemporaneo*, qui reçut la couronne de laurier à Rome au capitole en 1725.... Cet illuſtre étoit un éleve de l'académie des *intronati* de Sienne, qui tient ſes ſéances dans une des ſalles de l'univerſité ; elles ne ſont point réglées, & n'ont lieu que dans quelques occaſions remarquables qui ſe préſentent rarement.

On voit dans cette ville, ainſi qu'à Pavie, à Viterbe, &c. pluſieurs tours quarrées & fort élevées, ſur leſquelles on raconte des hiſtoires étonnantes, mais qui ne peuvent avoir cours que parmi ceux qui les débitent, & qui ſont accoutumés à prendre l'abſurde pour le merveilleux.

Il y a à Sienne pluſieurs recueils de deſſeins originaux du Beccafumi & des autres peintres Siennois : ſous ce prétexte on ne manque pas d'en propoſer à acheter aux étrangers qui paſſent ; mais ce ne ſont d'ordinaire que des deſſeins faits nouvellement par quelques mains mal-adroites, qui vont deſſiner dans les égliſes de Sienne les tableaux & les monumens les plus connus. Un homme mal vêtu, l'épée au côté, vient les offrir à un prix très-haut, assurant que la nécessité seule l'oblige à s'en défaire, & qu'il aime mieux les remettre à un prix médiocre aux étrangers, que de les vendre à ses concitoyens, dont il ne veut pas que sa misere soit connue. Tous ces marchands se disent cavaliers & alliés aux plus grandes maisons du pays ; mais il ne faut ordinairement pas plus les croire sur la vérité de leur généalogie, que sur l'authenticité du dessein qu'ils proposent à vendre. Il y en a qui portent des bronzes, des médailles frustes, des vieilles monnoies, & toutes sortes d'antiquailles, dont à force de constance & de mensonges ils parviennent à attraper les voyageurs ignorans, qui croyent qu'il est du ton de se charger de ces effets, qui d'ordinaire n'ont aucune valeur.

Suite de la Route de Rome. Buonconvento. Montagne & Château de Radicofani.

46. Le chemin de Sienne à Buonconvento, quoique toujours dans la montagne, est bien fait ; il est presque partout réparé à neuf, commode & fort doux pour les voitures : avec quelque entretien on le maintiendra long-temps dans cet état. Si les environs de Sienne sont très-fertiles, il n'en est pas de même de ceux de Tornieri & de Buon-

convento, qui sont plus arides. On compte quinze milles de Sienne à Buonconvento. La situation de ce bourg au pied de la montagne, sur le bord d'un assez gros ruisseau, est riante; il est bien bâti. Cet endroit est connu dans l'histoire par la mort de l'empereur Henri VII de Luxembourg; il s'y trouva le 15 du mois d'août 1313; il y entendit la messe, & y communia de la main d'un Frere Prêcheur; aussi-tôt après il tomba malade, & mourut le 25 du même mois. Toute sa cour prétendit que le religieux qui l'avoit communié étoit Gibelin, & avoit mis du poison dans le vin de l'ablution qu'il lui avoit donné après la communion, quoique le rapport des médecins, fait par ordre du pape, certifiât que l'empereur n'étoit pas mort de poison, mais d'une fiévre maligne occasionnée par les grandes chaleurs. Les historiens d'Italie disent tous que les Allemands fâchés de n'avoir pas le pillage de Rome & de plusieurs autres bonnes villes que ce prince leur avoit promis, répandirent exprès ce faux fruit.

De *Buonconvento* à *san Quirico*, dans l'espace de dix milles, le chemin est presque toujours sur un ancien pavé fort dégradé & très-difficile à tenir ; on monte & on descecd continuellement ; on ne risque pas à la vérité de culbuter dans des précipices, mais les voitures sont très-fatiguées par des chemins si rudes ; on commence à les réparer, & quelques parties sont assez bonnes.

Ces montagnes, quoiqu'entierement de terre, sont très-élevées. On trouve dans quelques-unes, sur-tout auprès de Buonconvento, des cailloux qui ressemblent, par l'éclat des couleurs & la finesse du grain, au porphyre, au verd campan, & aux marbres les plus précieux. On y remarquera aussi que les angles de ces montagnes ne se correspondent point ; les vallons qui les partagent sont disposés dans tous les sens ; quelques-uns même n'ont point d'issue, & sont à fond de cuve ; les uns sont secs, & sans doute que les eaux de pluie s'écoulent par des canaux souterrains ; dans les autres il y a de petits lacs, qui, sans aucune communication apparente, ne laissent pas d'être poissonneux ; dans d'autres les eaux minent insensiblement les hauteurs voisines, & forment des amas d'eau & de boue, & des marais qui pourront par la suite changer la qualité de l'air du pays, qui jusqu'à présent a été fort saine ; on s'apperçoit que les joncs & les autres plantes marécageuses commencent à s'y multiplier. Les eaux qui se rassemblent dans les vallons qui ont quelque issue, se rendent toutes après beaucoup de détours dans la mer de Toscane, quoique très-souvent elles coulent dans une direction toute contraire.

Les eaux de pluie ont formé en plusieurs endroits des ravins, dans lesquels on voit à découvert des lits de marne grasse, qui fertiliseroit beaucoup les terres, si les habitans savoient l'employer : pour réparer les chemins, on en a enlevé plusieurs tas qui sont jettés négligemment sur le bord des terres ; on s'appercevra de la vigueur des plantes qui croîtront dans le terrain où elle aura séjourné ; on l'étendra pour cultiver, & le hazard en apprendra l'usage. A deux ou trois milles au-delà de Sienne jusqu'à *san Quirico*, les vues sont très-agrestes, mais singulieres & piquantes ; la nature dans ces montagnes se montre sous une forme particuliere à ce canton ; l'horison y est étendu & varié; il y croît beaucoup de bled ; on cultive des mûriers dans les environs de Pont-Arvia & de Buonconvento ; toute la montagne de fan Quirico eft chargée d'oliviers. On voit à droite du chemin, fur une montagne efcarpée, la ville de Mont-Alcino. La température de l'air y eft froide, mais faine ; les habitans y font robuftes & laborieux, & le pays eft fort cultivé. On y trouve quelques plantes aromatiques, entr'autres du thym d'une grande efpece, à fleurs gris de lin, la feuille épaiffe & dentelée, longue de huit à dix lignes, & d'une odeur agréable.

San Quirico eft un très-gros village, avec titre de marquifat, qui appartient au prince Chigi. Il y a un palais & quelques maifons de belle apparence. L'églife eft ornée & tenue proprement, autant que j'en ai pu juger le foir à la lueur de quelques cierges.

De fan Quirico à Radicofani on compte feize milles, dont onze depuis la Scala jufqu'à Radicofani, qui fe paffent à monter prefque continuellement par des parties de chemin fouvent droites & efcarpées. Je crois que cette montagne est le point le plus élevé de l'Apennin ; le haut est presque toujours couvert de brouillards, qui en dérobent la vue, à moins que l'on n'en soit déja fort près. Toute cette étendue de pays est inculte, non que le terrain soit stérile, mais parce qu'il est inhabité ; car la terre végétale y est à une assez grande épaisseur, l'herbe y croît abondamment, & fournit d'excellens pâturages : on voit quelques brossailles ou bois de peu de conséquence, & des plantations de maronniers ou de châtaigniers. On trouve par-tout beaucoup de ruisseaux & de fontaines : dans le lit de ces ruisseaux, sur-tout en remontant la Scala à Radicofani, on voit des cailloux de toute grosseur & de différentes couleurs, veinés à l'intérieur comme les plus beaux marbres ; quelques-uns même sont agathisés. J'ai dit ailleurs ce qui me déterminoit à conjecturer que l'on choisit les plus beaux de ces cailloux pour les employer à la mosaïque de Florence.

Le château de Radicofani, qui est la derniere place de Toscane du côté de l'Etat ecclésiastique, est placé sur un rocher escarpé; on n'y peut aborder que du côté du couchant, encore le passage est-il aisé à défendre. Au bas des ouvrages extérieurs, du côté du midi, il y a une quantité de pierres brutes jettées sans ordre dans un espace assez large : on ne voit pas qu'il y ait eu aucune carriere ouverte de ce côté ; ce ne peut être une lavanche, attendu que ces pierres étant sur la cime de la montagne, n'ont pu y être entraînées par la force de l'eau. Je crus d'abord que c'étoient les restes des pierres employées à la construction du fort ; mais en les examinant avec plus d'attention, je reconnus que ce boulversement n'étoit pas l'ouvrage des hommes ; ce sont des quartiers de rochers brisés par l'effet de quelque explosion, dont la cause étoit dans l'intérieur même de la montagne, qui sûrement a de grandes concavités, à en juger par le ressentiment qu'y occasionnent les voitures lourdes : ce qui me confirme dans cette idée, c'est qu'on a éprouvé des tremblemens de terre très-sensibles à Radicofani & dans les environs. Je m'informai des habitans, de la cause de ce boulversement, dont aucun ne s'étoit apperçu; ils me répondirent seulement qu'ils avoient toujours vu ces pierres où elles étoient (*a*). Le château a une petite garnison ; les uns disent qu'il a été bâti par Didier, roi des Lombards; d'autres par l'empereur Frédéric I : ce qu'il y a de certain, c'est que la construction des ouvrages extérieurs est bien plus moderne que ces dates.

Au bas du rocher sur lequel est le château, sur d'autres rochers qui paroissent avoir été applanis à main d'homme, est le bourg de Radicofani. Il a une porte & des murailles, dont la

---

(*a*) Ils n'avoient conservé aucun souvenir du terrible tremblement de terre qui désola tout ce canton la nuit du 4 au 5 Février 1700. Le P. de Montfaucon en parle (c. 23 de son Journal d'Italie) & dit qu'ayant passé par Radicofani le 23 du même mois, il en trouva les habitans dans une consternation générale ; la plûpart avoient quitté leurs maisons & habitoient des baraques construites en pleine campagne, plusieurs maisons du bourg furent renversées, l'hôtellerie même qui menaçoit ruine étoit étayée de toute part ; mais on ne voit pas que les fortifications du château qui sont d'une construction antérieure à cette datte, ayent souffert aucune altération de ce tremblement de terre.

construction paroît déja très-ancienne; il n'a pas l'air peuplé. Les maisons bâties sans goût & sans symmétrie, sont toutes d'une pierre brune : j'y ai seulement vu deux églises assez proprement décorées. On ne peut rien transporter dans le bourg & dans le château qu'à dos de mulet. Cet endroit, par sa construction, la figure de ses habitans & leur habillement, ressemble beaucoup plus à l'intérieur des montagnes de Savoie, qu'à une partie de la Toscane. L'air y est vif & presque toujours froid. A un mille environ au-dessous de Radicofani, est une hôtellerie où s'arrêtent les passans, qui pour l'ordinaire sont peu curieux de grimper jusqu'au bourg. Il y a beaucoup de fontaines dans les environs, & même jusqu'au sommet de la montagne, mais dont les eaux sont fraîches & crues. La partie de la montagne qui est du côté de l'Etat ecclésiastique, plus heureusement exposée que le reste, est fertile & cultivée; toutes les terres qui avoisinent le bourg sont en culture; il faut nécessairement que les habitans qui ne font aucun commerce trouvent leur subsistance dans le terrain qui les environne. On apperçoit dans toute cette montagne, d'espace

GRAND DUCHÉ DE TOSCANE. 337

en espace, des bâtimens isolés, qui me paroissent destinés à y retirer pendant les nuits froides, les vaches que l'on mene paître dans les herbages qui y croissent, & du lait desquelles il y a apparence que l'on fait des fromages, comme sur les montagnes de Savoie.

47. De *Radicofani* jusqu'à *Pontecentino*, premier village de l'Etat ecclésiastique, il n'y a qu'environ huit milles, que l'on fait par un chemin si roide & si escarpé, que Pontecentino paroît du haut de la montagne être situé dans un précipice obscur. Il y coule un ruisseau que ses bords escarpés rendent difficile à passer. Vis-à-vis d'un mauvais pont en ruine, qui sert aux gens de pied, est la premiere douane de l'Etat ecclésiastique, où l'on paye un leger péage : de-là on marche pendant quelque temps dans le vallon, presqu'entierement occupé par le lit d'un torrent, qui doit être impraticable lorsque les eaux sont grandes. Au sortir de ce vallon, jusqu'à la ville d'Aquapedente, qui est dans la province du patrimoine de Saint Pierre, on monte insensiblement par un terrain gras, planté d'arbres de toute espece, qui bordent des chemins étroits

Etat ecclésiastique. Aquapendente. Bolsene & son lac.

Tome III. P

& difficiles à tenir. Il y a quatre milles de Pontecentino à Aquapedente.

Cette ville n'étoit anciennement qu'un château de peu de conséquence, autour duquel il y avoit quelques habitations qui formoient un bourg (*a*). En 1647 le pape Innocent X y transféra le siége épiscopal de la ville de Castro, dont les habitans assassinerent l'évêque, qui étoit en même-temps gouverneur & premier magistrat de la ville: événement qui a rendu Aquapendente plus considérable. On s'apperçoit très-bien que les quartiers les mieux bâtis sont d'une construction nouvelle; les maisons ou palais où résident le gouverneur, les officiers de justice & l'évêque, sont de belle apparence. A la porte de la ville, du côté de la Toscane, il y a beaucoup de belles eaux qui tombent en cascade du haut des rochers, & desquelles *Aquapendente* tire son nom.

Cette ville est située sur un terrain élevé, & dans un climat qui paroît fertile. Le peuple, comme habitant de

---

(*a*) Connu très-anciennement sous le nom d'*Aquula*.

frontiere, y eſt groſſier & méchant, s'accommode volontiers des effets des voyageurs qui paſſent, quand il peut ſe les approprier ſans riſque. Il faut ſurtout dans cet endroit avoir grande attention ſur ſes équipages. On a ſoin d'avertir les étrangers que la ville eſt pleine de fripons, que tous les jours on y fait des vols ; mais il eſt aiſé avec un peu de réſolution d'en impoſer à cette canaille, qui eſt très-poltrone, & qui craint plus la vengeance de ceux qu'elle tenteroit de voler, que la pourſuite de la juſtice du pays, dont elle peut ſe mettre à couvert en moins d'une heure de temps, en ſe retirant ſur les frontieres de Toſcane.

Au ſortir d'Aquapendente, on marche pendant quelque temps dans une plaine élevée, mais fertile & bien cultivée. A droite & à gauche on voit des futaies, & d'eſpace en eſpace des cavernes creuſées dans le tuf, où les habitans de la campagne ſe retirent avec leur bétail. De-là on deſcend à ſaint Laurent des Grottes, petit bourg audeſſus duquel eſt un ancien château qui tombe en ruine. Il y a le long du chemin dans la montagne une quantité de grottes creuſées qui ſervent au même usage que les autres. Tout ce climat est froid; on en juge par les précautions que prennent les habitans pour s'en garantir : ils portent tous des casaques de peaux de moutons, dont ils tournent le poil en dedans, quand il pleut ou que le froid est vif; quand il fait beau, ils les retournent. Le gros bétail de ce pays est d'une grande & belle espece : j'y ai vu des bœufs de plus de cinq pieds de hauteur; leurs cornes sont prodigieuses; le poil est gris d'ardoise mêlé de blanc : sur le poitrail & sur le front le poil est plus blanc, frisé, & doux comme de la laine; la chair en est excellente à manger. Cette espece de bétail est fort multipliée dans l'État ecclésiastique & le royaume de Naples.

A peu de distance de saint Laurent des Grottes, on se trouve sur le lac de Bolsene, que l'on côtoie pendant quelque temps. Ce lac, de forme presque ronde, a environ trente milles de tour; ses ondes sont quelquefois très-agitées, & ont des flots élevés comme ceux de la mer : les eaux en sont belles & limpides. On y voit deux isles habitées, dans l'une desquelles est une grande église & plusieurs bâtimens qui paroissent appartenir à un monastere: elle est au levant, & se nomme *Martana*: c'est-là que la reine Amalasonte, mere d'Atalaric, roi des Goths, fut enfermée, & ensuite mise à mort par les ordres de Théodat: elle y fut enterrée, suivant l'usage des nations septentrionales, avec ses habits & ses ornemens les plus riches, & une partie de ses trésors: c'est la tradition du pays. L'autre isle, appellée *Bisentina*, est au couchant, & a quelques bâtimens qui paroissent considérables. Il y en a une troisiéme plus petite que les deux autres, où sont quelques cabanes. Ce lac est très-poissonneux; on y voit presque toujours des barques de pêcheurs occupés à la pêche. D'Aquapendente à Bolsene, on compte neuf milles, six jusqu'à saint Laurent des Grottes, & trois jusqu'à Bolsene. Le chemin de saint Laurent à Bolsene est plein, & sur les bords du lac, dont les vues sont belles & variées.

Au nord du lac est la ville de Bolsene, presqu'entierement ruinée, dont le siége épiscopal a été transféré à Orvieto. Au-dessus de la ville, sur la colline, on voit quelques restes d'un ancien château. Bolsene étoit une des douze anciennes colonies des Toscans. C'est dans cette ville qu'arriva dans le treizième siécle le miracle du corporal ensanglanté à la fraction de l'hostie, qui fut opéré pour convaincre de la vérité de la préfence réelle de Jefus-Christ dans l'Euchariftie, un prêtre incrédule qui célébroit. Ce miracle détermina le pape Urbain IV à établir la solemnité de la Fête-Dieu. Il est le sujet d'un des grands tableaux de Raphaël au Vatican. Au fortir de Bolsene, on voit à main gauche une carriere de pierres fingulieres ; elles m'ont paru toutes quarrées, d'environ quatre à cinq pieds de longueur, fur un pied d'épaiffeur de toutes faces, pofées perpendiculairement les unes fur les autres, un peu inclinées au couchant.

Montefiaf-cone. Viterbe.

48. De-là jufqu'à *Montefiafcone*, on compte fept milles, qui fe font prefque toujours dans un bois de chênes de haute-futaie. Les Italiens font fi amateurs des chofes antiques, que les habitans de Montefiafcone, auxquels ce bois appartient, & dont ils auroient pû tirer de groffes fommes, n'ont pas

encore voulu le vendre, parce que, disent-ils, c'est une belle antiquité, plus rare dans le pays que les marbres & les tableaux : cependant ces arbres se couronnent en grande partie, & périssent de vétusté ; mais sans doute qu'un vieux tronc à demi pourri leur est encore plus précieux qu'un arbre frais & vigoureux, parce qu'il a l'air plus antique.

La route de Bolsene à Montefiascone se fait dans un terrain sablonneux & léger, facile à cultiver ; le chemin y est bon & assez bien entretenu. La ville de Montefiascone est placée sur une colline fort élevée, au bord du lac de Bolsene ; elle n'est ni peuplée, ni belle, ni commode à habiter ; elle est située sur un terrain roide & escarpé, ses rues sont mal pavées & incommodes à tenir. La cathédrale qui s'annonce de loin comme un très-bel édifice, n'a rien de près qui soit digne de curiosité ; à côté est la maison du séminaire, qui est vaste & bien bâti. L'évêque qui releve immédiatement du saint siége, a des revenus considérables qui montent, dit-on, à soixante mille livres de rente de notre monnoie ; ainsi c'est un des plus riches bénéfices de l'Italie. Dans l'ancienne église de *san Flaviano* est une tombe plate, sur laquelle est gravée une figure, dont les ornemens ressemblent à ceux d'un évêque ou d'un abbé, avec cette inscription autour.... *Est, est, est..... propter nimium est Johannes de Foucris, dominus meus, mortuus est.....* Ce Jean de Foucris étoit un Allemand d'Ausbourg, qui voyageant en Italie, envoyoit dans toutes les villes où il devoit s'arrêter, un de ses domestiques, qui goûtoit le vin des cabarets, & qui écrivoit sur la porte de celui où il avoit trouvé le meilleur, le mot *est*. Etant arrivé à Montefiascone, il trouva le vin du pays si bon, qu'il écrivit trois fois le mot *est* sur la porte. Le maître fut du goût du valet, & but tant de vin, qu'il en mourut sans aller plus loin. Le cabaret où cette aventure est arrivée, subsiste encore, & a pour enseigne un gros homme à table, avec cette inscription : *est, est, est*. Pendant une assez longue suite d'années, on alloit tous les ans, le mardi après la Pentecôte, verser sur la tombe du défunt deux barils de vin, en conséquence d'une fondation faite par ses héritiers,

GRAND DUCHÉ DE TOSCANE. 345

sans doute dans l'intention de réjouir ses cendres ; mais dans ce siécle on a réformé cet usage, & on employe le prix de ce vin à acheter des pains que l'on distribue aux pauvres. A en juger par les caracteres gothiques de l'inscription, déja fort usés, il y a plus de deux cents ans que Jean de Foucris est mort. Il n'est pas étonnant que cet homme, qui aimoit beaucoup le vin, ait fait excès de celui de Montefiascone, qui est un petit muscat fort agréable à boire, & dont on trouve dans toutes les auberges : celle où l'on s'arrête ordinairement est dans le vallon au-dessous de la ville, par laquelle on ne passe point. Au bas de la ville, du côté de Viterbe, le cardinal Aldrovandi, commissaire pour la réparation des chemins des frontieres de Toscane à Rome, a fait ouvrir en 1745 une porte décorée de belle architecture. On trouve le long de cette route, sur les ponts & à l'entrée des villes, plusieurs inscriptions à la gloire de ce cardinal, qui rendent justice à ses soins. Plusieurs de ces commissions importantes l'avoient fort enrichi, ce qui sans doute l'avoit déterminé à instituer la cham-

P v

bre apostolique son héritiere ; mais le pape Benoît XIV cassa son testament, & rendit toute sa succession à sa famille, qui n'étoit point riche. Tous les côteaux aux environs de Montefiascone sont couverts de vignes d'un bon rapport, qui produisent les vins dont j'ai parlé.

De Montefiascone à Viterbe, on compte neuf milles, qui se font dans une plaine fertile & cultivée, à laquelle aboutissent en partie les côteaux de Montefiascone.

Viterbe est la capitale du patrimoine de saint Pierre, de médiocre grandeur, située sur un ruisseau au pied du mont Cimino. Elle est réguliérement bâtie ; la plupart de ses rues sont belles & alignées, & pavées de grandes pierres larges. Les dômes de quelques églises, & plusieurs anciennes tours quarrées, qui s'élevent d'espace en espace, & qui sont des monumens des différentes factions qui ont autrefois divisé l'Italie, donnent de la noblesse à cette ville vue dans l'éloignement. La place principale, entourée de portiques & de maisons peintes, est d'une construction réguliere ; il y a plusieurs fontaines décorées, & tous les édifices publics paroissent bien entretenus. La cathédrale mérite d'être vue., tant pour les tableaux qui y font, que pour les tombeaux des papes Jean XXI, Alexandre IV, Adrien V, & Clément IV, qui y font enterrés. Hors de la porte de Rome est un couvent de Dominicains nouvellement rebâti. L'église est grande & de belle proportion; le frontispice est de bonne architecture, on travailloit à en décorer l'intérieur. C'est-là qu'habitoit le fameux Annius de Viterbe, Dominicain, maître du sacré palais, connu par ses impostures, qui avoient pour but principal de faire passer sa patrie pour la ville la plus ancienne de l'Italie. Annius mourut en 1502, âgé de soixante-dix ans. Scaliger, qui l'avoit vu, le regardoit comme un fou.

A en juger par une inscription qui est au palais public ou hôtel-de-ville de Viterbe, il paroît que cette ville doit son existence à Didier, dernier roi des Lombards, qui la fit rebâtir en 773, des ruines des anciennes villes *Longula, Vetelonia* & *Volturna,* & qu'il ordonna sous peine de la vie à ses sujets de l'appeller Viterbe, qui étoit, à ce qu'on prétend, son ancien nom Toscan. Elle étoit incontestablement la capitale de la belle succession que la comtesse Mathilde laissa au saint siége dans le douziéme siécle, ainsi que l'apprend une inscription qui est au même lieu. Quant à la prétendue fondation de cette ville par Isis & Osiris, & aux monumens antiques égyptiens qui y furent trouvés à la fin du quinziéme siécle ; il est démontré qu'ils étoient l'ouvrage d'Annius, qui les avoit fait cacher en terre dans un endroit où il savoit que l'on devoit bientôt fouiller : l'explication qu'il en devoit donner étoit déja préparée ; elle portoit sur les prétendus ouvrages de Berose, de Manethon & de Philon, qu'il avoit fabriqués & mis au jour comme nouvellement découverts dans des manuscrits trouvés à Mantoue.

La population de cette ville est d'environ dix mille ames ; elle est entourée d'une bonne muraille flanquée de quelques tours.

Au sortir de Viterbe, hors de la porte de Rome, on commence à grimper sur le Mont Cimino ou de Viterbe, qui est très-élevé; il tient par le nord à une chaîne d'autres montagnes qui rentrent dans l'Apennin. Le côté qui regarde Viterbe est couvert d'une forêt de châtaigniers & de sycomores fort élevés; les bords du chemin étoient ornés de jasmins jaunes, de geranium de différentes especes, de houx sans épines, & d'autres jolis arbustes: les jacintes, les primeveres de toutes couleurs, les lis & autres fleurs y croissent naturellement & sans soins: partout il y a de belles fontaines, ce qui a sans doute engagé à y bâtir tant de jolies maisons de campagne : on dit encore que l'air y est très-bon, & que l'on y trouve quantité de gibier. Le chemin, quoique fort roide, est sûr & bien entretenu. Au haut de la montagne, il y a un corps-de-garde, où résident un caporal avec huit ou dix soldats d'infanterie, pour la sûreté du passage & du chemin qui étoit infesté de brigands: ils n'oublient pas de se procurer quelques libéralités de la part des voyageurs étrangers. En descendant la montagne au nord, est une forêt de grands chênes, qui s'étend jusqu'au bord du lac de Vico, qui portoit anciennement le nom de Cimino : les eaux en font belles ; il est poissonneux & couvert d'oiseaux de riviere. On compte de Viterbe au-dessus de la montagne, quatre milles ; delà jusqu'au lac, trois ; & du lac à Ronciglione, au moins six, qui se font par un chemin inégal, mais aisé à tenir. En arrivant à Ronciglione, on se trouve sur le bord le plus oriental du lac Bolsene.

Ronciglione. Chemin jusqu'à Rome.

49. Ronciglione est un très-gros bourg qui faisoit autrefois partie du duché de Castro. Il est assez bien bâti dans une situation ouverte & fort riante. La grande rue qui aboutit à la porte ou arc de triomphe érigé sur le chemin de Rome, est fort large. Dans la partie supérieure du bourg est une église collégiale, sous le vocable de Saint Pierre & de Sainte Catherine, bâtie de bon goût, & tenue proprement. Dans ce voisinage sont quelques maisons de belle apparence. Près de l'église principale sur une petite élévation, est un château très-ancien, formé de plusieurs tours serrées les unes contre les autres, & séparées par une petite cour obscure : il est entouré de fossés, & on ne peut y entrer que par un pont fort étroit ;

il a l'air de la prison la plus affreuse: comparé à la maniere actuelle de bâtir, il fait juger des précautions que l'on prenoit dans le dixiéme & le onziéme siécle pour se garantir des insultes du plus fort. A gauche de ce château, & tout le long du bourg, est un petit vallon ou grand ravin, resserré & profond, couvert en partie de broussailles, dans le fond duquel coule un gros ruisseau, qui met en mouvement des forges, des papeteries & d'autres usines, dont la plupart sont dans des situations très-pittoresques: de grands rochers qui viennent au niveau des terres de la plaine, couronnent ce vallon. On y voit un grand nombre de retraites creusées dans le roc vif, dont les ouvertures sont de difficile accès, & étoient très-certainement autrefois cachées par les bois: on prétend qu'elles ont servi de retraites aux premiers chrétiens dans le temps des persécutions. La nécessité seule a pu déterminer à se pratiquer des retraites d'un accès aussi difficile, dans un pays où il y a mille situations plus agréables & plus commodes. Ces retraites ou grottes sont encore habitées en grande partie, sur-tout depuis qu'on a établi dans le voisinage plusieurs usines qui ont augmenté la population du pays. Plus nouvellement on a creusé dans le tuf tendre, ou dans une espece d'argile compacte & solide, des chambres ou cavernes rondes, dont plusieurs sont habitées, ou servent à retirer le bétail, soit dans les grandes chaleurs de l'été, ou quelques jours de l'hiver, trop rigoureux pour le laisser à l'air; quoique j'aye vu dans ce pays les moutons parqués au mois de Décembre même, lorsque la terre étoit couverte de verglas & de neige pendant la nuit. Le pays est fort découvert, il n'y a point de loups ni d'autres animaux carnaciers; on laisse les moutons en plein air dans le voisinage des habitations, sans autre précaution que de planter autour d'eux quelques piquets, auxquels est attaché un filet ou réseau à larges mailles, qui suffit pour les tenir rassemblés, & les empêcher de s'écarter pendant la nuit.....

Le bourg de Ronciglione est peuplé; il y a assez de mouvement, quoique l'agriculture y soit fort négligée. A la porte du côté de Rome, est un arc de triomphe d'ordre rustique d'assez grande maniere, surmonté d'un fronton, dans lequel est placé l'écusson de la maison Farnese, avec ces mots gravés dans la frise en très-grosses lettres, *Odoardus Farnesius.*

Les différens objets dont je viens de parler, rassemblés sous un même point de vue deviennent curieux & piquans, & augmentent de prix par rapport à leur situation......

De Ronciglione à Baccano, il y a environ quinze milles. A moitié chemin on trouve sur une hauteur le village de Monterosi, dont il est fait mention dans l'itinéraire d'Antonin, sous le nom de Rosulum, de même que de Baccano, autre village dans le voisinage du lac de ce nom, d'où sort le ruisseau de Cremera, fameux par la défaite des Fabius, dans la guerre de Rome contre les Veïens.

Le long de cette route, on rencontre quelques parties de l'ancienne voie Flaminiene, fort difficile à tenir dans les endroits où elle est absolument découverte & dangereuse pour les voitures, sur-tout le long des bois qui sont dans le voisinage de Baccano. Ce passage étoit autrefois très-dangereux, & il m'a même semblé que l'on n'y devoit encore passer qu'avec précaution. Tout ce que j'ai vu d'habitans de ce lieu, m'ont paru gens désœuvrés, quoique grands & robustes; ils avoient même quelque chose de sinistre dans la physionomie. A droite de Baccano, en approchant de Rome, on apperçoit de loin le lac de Bracciano, (*lacus Sabbatinus*) dont les eaux sont conduites par des aquéducs jusqu'à Rome, & fournissent la magnifique fontaine Pauline. A un mille environ de Baccano, sur la hauteur, on commence à découvrir la ville de Rome, & la belle coupole de saint Pierre, qui domine sur toute la ville, de quelque côté qu'on l'apperçoive.

Dans toute cette partie du patrimoine de saint Pierre, le terrain, quoiqu'excellent, n'est point cultivé; on y voit peu de villages ou d'autres habitations; on se contente d'y nourrir des troupeaux de moutons assez nombreux, mais qui ne suffisent pas pour consommer l'herbe qui croît dans les campagnes, à en juger par la grande quantité qui reste, & qui pourrit sur terre. La campagne de Rome sur-tout est presque tout-à-fait inhabitée ; on apperçoit seulement en approchant de la ville, quelques maisons de campagne ou métairies. J'y ai vu labourer d'espace en espace quelques piéces de terre d'excellente qualité, mais si grasse & si mobile, que pour peu que la saison soit humide, les bœufs y enfoncent jusqu'au jarret, ce qui rend les labours très-difficiles, d'autant plus encore que l'on ne prend aucune précaution pour faire écouler les eaux, & que l'on ne voit point de fossés creusés autour des terres pour les recevoir. Mais ce qui manque essentiellement, c'est la population ; le peu d'habitans qui restent découragés, ne travaillent qu'autant qu'il est nécessaire pour leur propre subsistance. La cause actuelle de ce très-grand inconvénient, est que le commerce est fort géné ; les ministres en place obligent les cultivateurs à transporter leurs grains à Rome, & à les vendre au prix qu'ils y fixent, qui est fort au-dessous de celui qu'ils en tireroient de l'étranger. Il n'en faut pas tant pour jetter dans l'inaction un peuple mou, pareſſeux & vindicatif, qui croit ſe venger de la gêne où on le tient, en ſe laiſſant aller à l'indigence, & en y réduiſant les autres: cette gêne même a été cauſe que pluſieurs petits propriétaires ont abandonné leurs poſſeſſions; la plupart ſe ſont retirés dans la ville, où le faſte qui y regne, leur fait aiſément trouver des places de domeſtiques, dans leſquelles ils vivent juſqu'à ce que leurs infirmités ou la vieilleſſe leur donne le droit d'être reçus dans les hôpitaux; pluſieurs même ne pouvant faire mieux, mandient un pain qu'ils pourroient donner aux autres, s'ils vouloient prendre quelque peine pour jouir des richeſſes qu'ils tireroient ſi aiſément du ſein de la terre. Mais c'eſt le génie de ce peuple, dont je parlerai plus au long dans la ſuite de ces Mémoires, à l'article de Rome.

Fin du Tome troiſième.

TABLE

CARTE DE L'ITALIE Septentrionale,
Composée sur les plus nouvelles Observations, pour servir aux Mémoires Historiques et Critiques qui viennent d'être donnés,
à Dijon,
Chez Frantin Des Ventes, Libraire de S. A. S. Monseig.r le Prince de Condé.
1766.

TABLE
DES MATIERES
DU TOME TROISIEME.

A

Académie de Botanique. 76
-- Della Crusca. 82
-- ou Ecole de Cavalerie. 76
Allégorie des travaux d'Hercule. 199
André del Sarto, Peintre. 63
Annius de Viterbe, Dominicain. 348
Apennins (Monts.) 297. Vue de leur intérieur. 300
Aquapendente, ville. 338
Arc de triomphe moderne à Florence. 121
Archives générales de la ville & de l'état. 108
Arno, fleuve. 244. Ses inondations. 245. 263
Arrotino, ou Aiguiseur, statue : ce que l'on doit en penser. 211
Art de deviner chez les anciens Etrusques. 9

B

Ballon (jeu de) 38
Baptistere de Florence. 27. De Pise. 277. De Sienne. 314
Basle (Concile de) où commencé. 314
Bétail (gros) très-beau. 340

Bibliotheque publique des Médicis à Saint-Laurent. 46
-- Du Palais Pitti. 71
-- De Magliabecchi. 86
-- De Médecine. 55
-- Des Franciscains. 37
Boboli, jardin du Grand Duc. 72
Bologne (Jean de) Sculpteur. 34
Bolsene, ville ancienne : miracle qui s'y est fait. 342
Botta (Maréchal de) Gouverneur de Toscane. 242
Brouillards dangereux à Florence. 125
Buonconvento, bourg. 328

C

Cabinets de curiosité de la Galerie de Florence. 183
-- De Portraits des Peintres célébres. 184
-- Des Porcelaines. 186
-- d'Idoles antiques & de Tableaux. 186
-- Des Arts. 197. De Tableaux anciens. 198
-- De Tableaux Flamands. 201
-- Des Mathématiques. 205
-- Tribune, statue & tableaux. 206
-- De l'Hermaphrodite. 218
Cailloux de Radicofani. 333
Campagne de Rome peu cultivée, & pourquoi. 355
Campo-Santo, Cimetiere de Pise. 278
Canope, Divinité Egyptienne. 194
Carriere remarquable. 342
Cavernes creusées dans le roc. 339
Cédrats de Florence. 259
Chapelle des Grands Ducs. 43

LES MATIERES.

Château de Florence. 82
Chimere (la) : ce que c'étoit.
Citadelle de Sienne. 318
Cimino, montagne de Viterbe. 349
Cléopatre : sa statue. 194
Collection de tableaux & de médailles, à Florence. 235
Commerce de Toscane & de Florence. 256
-- De Livourne. 294
Conseil des deux cents à Florence. 238
Culte religieux extérieur. 246

D

Déhors de Florence : leur beauté. 124
Douanes de Toscane. 246

E

Eglises à Florence : Cathédrale. 23
Saint Marc. 29. La Nunziata. 31. Sainte Madeleine de Pazzi. 35. Sainte-Croix. 35. Saint Laurent. 39. S. Maria-Novella. 48. Le Saint-Esprit. 49. Il Carmine. 51. A Sienne. 305. & suiv.
Empoli, bourg. 262
Epitaphe d'une mule. 60
Essences & parfums de Florence. 259
Etrurie ancienne. 13
Etrusques ou Toscans. 9

F

Fabrique de poterie. 261
Fait d'armes remarquable. 295

Faune qui danse, statue. 210
Fiesoli, ville ancienne. 123
Fiorenzola, ville. 5
Florence: sa fondation. 14
   Situation. 20. Comment divisée. 21. Décorée par les Grands Ducs. 240
Florentins, spirituels & scavans. 248
-- Naturellement bons acteurs. 255
Fontaine publique à Florence. 104
-- A Livourne. 293
-- D'eau douce au milieu de la mer. *Ibid.*
Funérailles. 50

G

GALILÉE: son tombeau. 37
Galerie de Florence. 126. Par qui commencée & formée. 128. Vestibule. 129. Peintures des plafonds. 131. Statues de la Galerie. 136. Bustes antiques des Empereurs. 159
Garde-Robe, ou Trésor des Grands Ducs. 98
Giogo, partie très-élevée de l'Apennin. 6
Giraffe, animal rare. 118
Gouvernement politique de la Toscane. 235

H

HARPOCRATE, Dieu du Silence. 199
Hercule & le Centaure, grouppe. 108
Hermaphrodite, statue. 223. Conformation des Hermaphrodites, & anecdotes à ce sujet. 224
Hôpitaux de Florence. 54
-- De Sienne. 320

DES MATIERES.

J

Jardin public de Botanique. 76
-- Des plantes à Pise. 282
Inscription singuliere à Montefiasconc. 344
Juifs établis à Livourne. 287
-- Richesses de leur Sinagogue. 291
-- Ont un Tribunal de Justice. 289
-- Quartier qu'ils habitent. 294

L

Lac de Bolsene. 340. Isles de ce lac. 341
-- De Vico. 349
-- De Bracciano. 354
Lamies ou Requins, monstres. 190
Livourne, ville nouvelle. 286. Beauté de son port. 288. Ses fortifications. Population. 290
Luques, Ville & République. 296
Lunettes : leur inventeur. 109
Lutteurs, grouppe antique. 213

M

Madona del Sacco, tableau célébre. 33
Manufacture de Corail. 288
Médailles & Camées de la Galerie de Florence. 231
Médicis (Maison de) 15
Ménagerie du Grand Duc. 77
Michel-Ange Buonarotti : son tombeau. 36
Ministre & Gouverneur de Toscane. 242
Mœurs, à Florence. 247
Monastere des Chartreux. 115

— Des Olivetains. 115
Montefiafcone, ville. 342
Monterofi, ancienne place. 353
Mofaïque [de] Florence. 86. Comment on la travaille, & fa matiere. 89

C

Ordre de Saint Etienne. 268

P

Palais Pitti, ou du Grand Duc. 57
 Ses tableaux. 61 & *fuiv*. Buonarotti. 80. Capponi. 79. Corfini. 82. Gerini. 78. Ricardi. 75. Strozzi. 83. Des Magiftrats. 85. Vieux de la République & des Grands Ducs. 94
— De la Seigneurie à Sienne. 321
Pandectes Juftiniennes ou Florentines, manufcrit original. 101
Papes: Anecdotes fur leur élection. 313
Peinture, date de fon rétabliffement.
Pic (Jean) de la Mirandole. 30
Pietra Mala, volcan. 3
Pife, ville ancienne. 264. Ses révolutions. *ibid*. Univerfité. 264. Forme de la ville. 271. Cathédrale. 272. Fort dépeuplé. 282. Température. 284. Ses bains anciens. 285
Place du Grand Duc à Florence. 102
Poëtes improvifeurs. 326
Poggibonzi, bourg. 299
Poggio Impériale, maifon de plaifance. 112.
 Caïano, maifon Royale. 118
Ponts de Florence. 110. De Pife. 271
Pontecentino. 337

DES MATIERES.

Porta (Fra Barth. della) Peintre. 65
Portraits des Papes à Sienne. 306
Pratolino, Maison Royale. 120
Priape, idole: son culte. 227 & *suiv.*
Promenade publique. 117

R

Radicofani, montagne, bourg & châ-
 teau. 333
Ressemblance de Platon à un Ministre d'Etat.
 178
Revenus de la Toscane. 245
Ronciglione, bourg. 350. Vue de ses environs.
 352
Rubens (tableau célebre de) 62

S

Sainte Catherine de Sienne: ses révéla-
 tions. 317
Saint Etienne, Ordre de Chevalerie. 268
San-Miniato, ville. 262
San-Quirico. 332
Savonarole (Jérôme) 30
Scagliola, espece de Mosaïque. 93
Sciences & Arts à Florence. 250
Scarperia, village de l'Apennin. Vue de ses
 environs. 7 & 8
Sienne, ville: ses révolutions. 300. Université.
 303. Académie pour monter à cheval. 304.
 Forme de la ville & place publique. 305.
 Cathédrale. *idem.* Son beau pavé. 300. Affa-
 bilité de ses habitans. 324
Statues remarquables, par Michel Ange. 40.

-- Equestre de Côme I. 105
-- De la Tribune. 206

T

Tableaux de la Tribune. 210
Tagès, premier Devin, ou Aruspice. 9. 11
Théatres à Florence. III. 255
-- A Sienne. 322
Toscane (Grands Ducs de) 18
Tour penchante, ou clocher de Pise. 275

V

Vases étrusques. 232
Vénus Médicis, statue. 206
-- Victorieuse. 209
-- Céleste, ou Junon. 210
Vestiges de tremblemens de terre. 335
Vins de Florence. 256. De Monte-Pulciano,
 256. De Monte-Fiascone. 345
Viterbe, ville. 346
Université de Florence. 81

Fin de la Table des matieres du Tom. III.